MBA MPA MPAcc MEM

管理类与经济类综合能力逻辑25讲

王燚 ▶主编

北京理工大学出版社
BEIJING INSTITUTE OF TECHNOLOGY PRESS

图书在版编目（CIP）数据

MBA MPA MPAcc MEM 管理类与经济类综合能力逻辑 25 讲 / 王燚主编 . -- 北京 : 北京理工大学出版社，

2023.3

ISBN 978 – 7 – 5763 – 2155 – 5

Ⅰ . ① M… 　Ⅱ . ① 王… 　Ⅲ . ① 逻辑 – 研究生 – 入学考试 – 自学参考资料 　Ⅳ . ① B81

中国国家版本馆 CIP 数据核字（2023）第 031725 号

出版发行 / 北京理工大学出版社有限责任公司

社　　　址 / 北京市海淀区中关村南大街 5 号

邮　　　编 / 100081

电　　　话 /（010）68914775（总编室）

　　　　　　（010）82562903（教材售后服务热线）

　　　　　　（010）68944723（其他图书服务热线）

网　　　址 / http://www.bitpress.com.cn

经　　　销 / 全国各地新华书店

印　　　刷 / 三河市良远印务有限公司

开　　　本 / 787 毫米 ×1092 毫米　1/16

印　　　张 / 20　　　　　　　　　　　　　　　　责任编辑 / 申玉琴

字　　　数 / 500 千字　　　　　　　　　　　　　　文案编辑 / 申玉琴

版　　　次 / 2023 年 3 月第 1 版　2023 年 3 月第 1 次印刷　　责任校对 / 刘亚男

定　　　价 / 78.80 元　　　　　　　　　　　　　　责任印制 / 李志强

前　言

本书以管理类综合能力和经济类综合能力的考试大纲与命题方向为依据，从考生学习方法的角度出发，分为通关基础篇和通关强化篇两部分，让考生从知识要点和解题技巧两个维度由浅入深地掌握逻辑学习的方法，不仅能知其然，更能知其所以然。

通关基础篇分为三章，共八讲，每一讲都设置了知识要点、基础训练、要点总结三个模块，一共总结了 34 个要点，从而可以帮助考生快速掌握相关知识点和推理方法，学会分析题干、问题和选项。第一章"形式逻辑基础"是通关基础篇的重点，很多考生在学习这一章时往往只会死记硬背，然而这一章的知识点是需要通过例子和配套视频课程来理解的，在理解的基础上记忆会事半功倍。所以，在学习这一章时，考生必须以理解记忆的方式掌握核心考点、标志词和推理规则，同时通过相应的例题和习题加以巩固，并查漏补缺。对于做错的题目，要分析自己做错的原因，然后按照解题步骤重新梳理自己的解题思路。这一章是培养考生正确解题思路非常关键的环节，建议考生做 2~3 遍例题和习题，重点掌握每讲后面要点总结提及的知识点，本章的学习周期控制在 3 周以内。

第二章"分析推理基础"主要从分析思路和推理方法两个方面出发，着重培养考生的理解能力、分析能力和推理能力，本章有两讲，每讲各有 3 个分析要点，分别对前述思路和方法进行了总结，考生需认真学习，为通关强化篇第五章"分析推理进阶"打好基础。第三章"论证逻辑基础"从概念、论证方法、论证谬误等角度培养考生的论证思维，此章的知识点不需要背诵，但要熟悉，至少在题目考到此章的知识点时，要能联想起来。这两章的内容不多，知识点也不难理解，即便如此，考生也要认真对待这两章中的例题和习题，这样可以更好地掌握这些内容。这两章的学习周期控制在 3 周以内。

通关强化篇与通关基础篇相对应，也分为形式逻辑、分析推理和论证逻辑三章，它们的区别在于通关基础篇以知识点为主，但通关强化篇从题型入手，重点培养考生正确的解题思维，提高解题速度。通关强化篇总结了 79 个解题技巧，并将解题技巧汇编为通俗易懂的记忆口诀，让考生能更好地学以致用；而且每讲都设置了题型精讲、强化训练、技巧总结，这"三维护航"能让考生找到更好的解题套路，达到事半功倍的学习效果。第四章"形式逻辑进阶"，以重要知识点假言判断为主线，总结出了五类题型，让考生根据题型特点选择对应的解题方法，掌握这些题型的解题要点，提高解题效率，拿到高分。本章主要培养考生建立多个条件之间的逻辑关系的能力，在掌握对应推理规则之后，根据题型特点，找到解题的突破口。考生在复习本章时，要结合本书配套的视频课程，这样可以更好地掌握形式逻辑的解题技巧。本章的学习周期控制在 3 周以内。

第五章"分析推理进阶",共有六讲,分别为真假话题型、对应题型、排序题型、分组题型、结构比较题型和信息判断题型。这六讲以题型为主线,能够更全面地考查考生整体的逻辑思维能力和应变能力,考生既要根据题型特点找到对应的解题方法,如真假话题型的解题方法是"确定真假话范围并进行假设",结构比较题型的解题方法是"先还原题干的结构再与选项做比对";还要根据每道题自身的特点找到突破口,这样才能更好地利用好用的条件继续推理。近几年某些分析推理类的题所列的条件非常多,让考生很难找到突破口,所以本书从题型特点入手,每类题型匹配了相应的应对方法,并列出题目进行强化训练,提升考生的应变能力。本章的学习周期控制在 3~4 周,结合本书配套的视频课程进行学习,可以更好地理解题型特点与应对方法,能够准确地判断一道题的难易程度,这样考生在考场上能够合理取舍,避免因个别难题耗费大量时间,提高解题效率。

第六章"论证逻辑进阶",分成削弱、支持、假设、解释、评价和对话分歧六类题型。这六类题型有共同的题解方法,如简化论证结构,找到论证中的核心词,预判优选项和排除干扰项的方法。但每类题型也有各自的考查侧重点和陷阱,本书根据每类题型的特点总结了应对方法,同时精选了不同的例题帮助考生加深理解。论证逻辑的学习重点是培养论证思维,让考生能够主动地预判优选项,分析论证关系,而不是习惯性地通读题干和选项的内容。论证逻辑属于比较容易入门,但比较难得高分,可以拉开分数差距的题型,所以考生在学习论证逻辑的过程中一定要跟随视频课程,结合对应的例题与习题培养论证思维,掌握每讲后面的技巧总结,提升快速排除干扰项、优中选优的解题能力,以便提高论证逻辑部分题目的解题速度和正确率,在逻辑这个科目上实现弯道超车。论证逻辑在考试中占比较高,因而本章的学习周期控制在 4~5 周。

建议各位考生在九月之前完成本书的学习,毕竟每年考试的时间是固定的,大概在 12 月中下旬,九月以后就要开始逻辑真题专训与真题套卷的练习了。

目前管理类综合能力考试和经济类综合能力考试都是由教育部统一命题,考试大纲的内容也是基本一致的,所以本书适合所有备考管理类综合能力考试和经济类综合能力考试的考生。逻辑这个科目重点考查的是逻辑思维能力,但每个人都有自己的思维方式,所以本书从题型特点入手,固化应对方法,实现精准、简单、高效的应试复习。《MBA MPA MPAcc MEM 管理类与经济类综合能力逻辑 25 讲》不是脱离现实的高谈阔论,而是求真务实的应试教材。希望所有用本书备考的考生,都可以感受到学习逻辑的快乐并理解备考逻辑的关键;希望这本书可以帮助每一个心怀梦想的"准研究生"实现自己的人生追求!

王　燚

逻辑备考导学

一、逻辑考试题型及分值

管理类综合能力考试和经济类综合能力考试中逻辑这个科目的考试题型为选择题，每道题有 5 个选项，只有 1 个是正确答案。管理类综合能力考试有 30 道逻辑题，每道题 2 分，共 60 分；经济类综合能力考试有 20 道逻辑题，每道题 2 分，共 40 分。

二、逻辑考试大纲

管理类综合能力考试：

综合能力考试中的逻辑推理部分主要考查考生对各种信息的理解、分析和综合，以及相应的判断、推理、论证等逻辑思维能力，不考查逻辑学的专业知识。试题题材涉及自然、社会和人文等各个领域，但不考查相关领域的专业知识。

经济类综合能力考试：

综合能力考试中的逻辑推理部分主要考查考生对各种信息的理解、分析、综合和判断，并进行相应的推理、论证、比较、评价等逻辑思维能力。试题内容涉及自然、社会的各个领域，但不考查相关领域的专业知识，也不考查逻辑学的专业知识。

试题涉及的内容主要包括：

（一）概念

1. 概念的种类

2. 概念之间的关系

3. 定义

4. 划分

（二）判断

1. 判断的种类

2. 判断之间的关系

（三）推理

1. 演绎推理

2. 归纳推理

3. 类比推理

4. 综合推理

（四）论证

1. 论证方式分析

2. 论证评价

（1）加强

（2）削弱

（3）解释

（4）其他

3. 谬误识别

（1）混淆概念

（2）转移论题

（3）自相矛盾

（4）模棱两可

（5）不当类比

（6）以偏概全

（7）其他谬误

三、逻辑考试大纲解读

（一）逻辑考试的本质

逻辑考试大纲明确了逻辑推理部分考查考生的逻辑思维能力，不考查逻辑学的专业知识，这就说明三段论中大项、小项和中项的周延性等专业的逻辑知识不是备考的重点。而训练逻辑思维能力，快速地判断题型的特点，准确地找到解决问题的突破口，运用正确的应对方法和推理规则解题才是逻辑备考的重点。

逻辑考试大纲中的"试题题材涉及自然、社会和人文等各个领域，但不考查相关领域的专业知识"说明逻辑题涉及的内容五花八门，包罗万象，例如之前考过的天干地支、二十四节气等，但是题目实际上考查的内容与这些专业知识没有任何的关联。

（二）逻辑考试涉及的内容

1. 概念

"概念"是逻辑的基础，但不是考试的重点。这部分内容在本书的通关基础篇第三章"论证逻辑基础"进行了阐述，考生掌握必要的考点即可。

2. 判断

判断包括判断的种类和判断之间的关系。判断的种类，即判断的类型，包括直言判断、模态判断等，在本书的通关基础篇第一章"形式逻辑基础"中阐述，我们不仅要知道判断包括哪几类，也要掌握每类判断的定义、标志词、推理规则等。在近几年的考试中，判断的种类单独考查的较少，而判断之间的关系每年要考 5~7 题，因而要作为重点去掌握。判断之间的关系，即各个判断之间存在的关联性，在通关强化篇的第四章"形式逻辑进阶"中阐述。判断这一知识点属于形式逻辑部分，这部分的内容，考生必须全面掌握，争取拿到满分。

3. 推理

推理包括演绎推理、归纳推理、类比推理、综合推理四种。演绎推理以形式逻辑为主，考生不仅要学习基础知识，还要学会识别题型特点，并根据题型特点找到应对方法，从而更快速地解题。归纳推理和类比推理在通关基础篇第三章"论证逻辑基础"中阐述，且一般以信息判断题型来考查，这两种类型的题目在考试中占比不多，考生在相应章节进行学习即可。综合推理在考试中占比为 35%~45%，且难题多设置在此部分，因而是复习的重中之重。综合推理既需要分析题型特点，也需要找到关键信息进行推理，因此也称为分析推理。此部分内容在通关基础篇第二章"分析推理基础"和通关强化篇第五章"分析推理进阶"中阐述，考生要重点掌握。

4. 论证

"论证"主要考查考生的批判性思维能力，属于入门容易，但是提分比较难的部分。论证逻辑的"论证方式"（论证方法）是比较多样的，有演绎、归纳、类比等基本方法。题目的灵活度非常高，表达形式也非常多元化，考生要准确地找到题干中的关键词，并与选项中的关键词进行比较，因此考生要深入学习通关强化篇的第六章"论证逻辑进阶"，灵活应对各种题型，提高做题正确率。"论证评价"下划分为不同的题型，考查考生分析论证关系的能力，在管理类综合能力考试和经济类综合能力考试中占据 40%~45% 的比例，因此考生要想拿高分，此部分内容必须掌握。"谬误识别"在通关基础篇第三章"论证逻辑基础"中阐述，此部分内容不是逻辑考试的重点，但在写作这个科目的"论证有效性分析"中考查较多，考生掌握必要的考点，打好基础即可。

四、逻辑备考建议

（一）对逻辑考试做到心中有数

1. 管理类综合能力考试中的 30 道逻辑题主要分为形式逻辑、分析推理、论证逻辑三类，形式逻辑和分析推理占 55%~60%，论证逻辑占 40%~45%。经济类综合能力考试中的 20 道逻辑题也分为形式逻辑、分析推理、论证逻辑三类，形式逻辑和分析推理大概占 50%，论证逻辑大概占 50%。

2. 无论考生是参加管理类综合能力考试还是参加经济类综合能力考试，都需要提高逻辑题的解题速度和正确率，每道题的时间尽量控制在 100~120s 之间。

3. 逻辑题的题干长、信息多、阅读量大，因此很多考生可能找不到重点，从而导致耗时长、得分低。只要找到正确的学习方法，跟随本书从基础学起，逐步过渡到进阶，从熟悉定义，掌握推理规则到识别题型，熟知应对方法，循序渐进，逐步深入，就能取得高分。

（二）掌握正确的学习路径

1. 解题需方法

逻辑知识点的定理、定义晦涩难懂，有时和考题关联不大，所以考生在学习的过程中不要死记硬背；对于逻辑学专有名词或理论知识，要以举例的方法理解，重点掌握题目的应对方法。

【例 1】一艘远洋帆船载着 5 位中国人和几位外国人由中国开往欧洲。途中，除 5 位中国人外，全患上了败血症。同乘一艘船，同样是风餐露宿，漂洋过海，为什么中国人和外国人如此不同呢？原来这 5 位中国人都有喝茶的习惯，而外国人却没有。于是得出结论：喝茶是这 5 位中国人未得败血症的原因。

以下哪项和题干中得出结论的方法最为相似？

A. 警察锁定了犯罪嫌疑人，但是从目前掌握的事实来看，都不足以证明他犯罪。专案组由此得出结论，必有一种未知的因素潜藏在犯罪嫌疑人身后。

B. 在两块土壤情况基本相同的麦地上，对其中一块施氮肥和钾肥，另一块只施钾肥。结果施氮肥和钾肥的那块麦地的产量远高于另一块。可见，施氮肥是麦地产量较高的原因。

C. 孙悟空："如果打白骨精，师父会念紧箍咒；如果不打，师父就会被妖精吃掉。"孙悟空无奈得出结论："我还是回花果山算了。"

D. 天文学家观测到天王星的运行轨道有特征 a、b、c，已知特征 a、b 分别是由两颗行星甲、乙的吸引造成的，于是猜想还有一颗未知行星造成天王星的轨道特征 c。

E. 一定压力下的一定量气体，温度升高，体积增大；温度降低，体积缩小。气体体积与温度之间存在一定的相关性，说明气体温度的改变是其体积改变的原因。

【解析】第一步：确定题型特点，本题属于结构比较题型。

第二步：确定应对方法，先还原题干结构，再与选项做比较。

第三步：简化题干信息，"同乘一艘船，同样是风餐露宿，中国人有喝茶的习惯，而外国人没有"，确定论证方法，题干的论证方法是求异法。

第四步：选项代入验证，B 项也是求异法，所以正确答案为 B 项。

2. 解题要速度

近几年，逻辑题每道题的字数有 300~650 字，在考场上，考生不需要阅读完题干，只需要提取其中的有效信息进行分析，所以各位考生必须掌握读题技巧和解题技巧，根据题型特点迅速锁定有效信息，把握正确的解题思路。正如上题题干一共有 118 个字，但简化后的有效信息仅为 27 个字，所以学习逻辑一定不是做简单的阅读理解，实行题海战术，而是在正确的逻辑思维方式和解题技巧、熟练运用推理规则的基础上实现"秒杀"！

3. 题型要分类

每道逻辑题的平均做题时间为 110s，考场上精神高度紧张，还要在规定的时间内高效解题，识别考点、区分题型尤为重要！如果可以通过阅读题目、观察题目特征迅速搞清题目要点、找准解题方向，那么取得理想的分数就不难。

【例 2】随着数字技术的发展，音频、视频的播放形式出现了革命性转变。人们很快接受了一些新形式，比如 MP3、CD、DVD 等。但是对于电子图书的接受并没有达到专家所预期的程度，现在仍有很大一部分读者喜欢捧着纸质出版物。纸质书籍在出版业中依然占据重要地位。因此有人说，书籍可能是数字技术需要攻破的最后一个堡垒。

以下哪项最不能对上述现象提供解释？

A. 人们固执地迷恋着阅读纸质书籍时的舒适体验，喜欢纸张的质感。

B. 在显示器上阅读，无论是笨重的阴极射线管显示器还是轻薄的液晶显示器，都会让人无端地心浮气躁。

C. 现在仍有一些怀旧爱好者喜欢收藏经典图书。

D. 电子书显示设备技术不够完善，图像显示速度较慢。

E. 电子书和纸质书籍的柔软沉静相比，显得面目可憎。

【解析】第一步：确定题型特点，本题属于解释题型，需要选择不能解释题干现象的选项。

第二步：确定应对方法，通过转折词"但是"找到解释的双方。

第三步：简化题干信息。（1）数字技术的发展导致于很多革命性转变，但电子图书的接受度没有达到预期；（2）仍然有人喜欢纸质出版物。

第四步：选项代入验证，排除能解释的选项。

A 项，说明纸质书籍"阅读舒适"，解释了（2），排除。

B项，说明在显示器上阅读"让人心浮气躁"，解释了（1），排除。

C项，"经典图书"既不一定是电子图书也不一定是纸质书籍，与论题无关，正确。

所以，选择C项。

希望各位考生能注意上述三点，高效地把握逻辑科目的考试特点，掌握基础知识点和各类题型的应对方法，在考试中取得理想的成绩！

目录

通关基础篇

<<<<

第一章　形式逻辑基础

形式逻辑学习先导

一、形式逻辑学习要点

1. 准确翻译题干信息

学习形式逻辑的目的是帮助考生运用逻辑标志词和逻辑符号精准地翻译题干信息，而不是按照考生自己的理解解题。若要精准地翻译题干信息，必须熟记形式逻辑标志词，需要考生在通关基础篇部分按照形式逻辑中判断的种类分别记忆。

2. 简化题干信息

形式逻辑中经常运用逻辑符号帮助考生识别题干的考点，熟悉常见逻辑符号的运用能够帮助考生有效地简化题干信息。

以下是本书中常见的逻辑符号：

符号	含义	举例
a→b	a发生推出b发生	如果天下雨，那么地上湿 = 天下雨→地上湿
有的a⇒b	有的a是b	有的花是红色的 = 有的花⇒红色
a∨b	或者a发生，或者b发生，即a、b至少发生一个	或者小明去南京，或者小丽去南京 = 小明去南京∨小丽去南京
a∀b	要么a，要么b，即a、b只能发生一个	要么小明去南京，要么小丽去南京 = 小明去南京∀小丽去南京
a∧b	a与b同时发生	小明和小丽都去南京 = 小明去南京∧小丽去南京
a⇔b	a与b可以相互推出	三角形等边，当且仅当三角形等角 = 等边三角形⇔等角三角形
¬	否定符号／并非符号	明天不下雨 = 并非明天下雨 = ¬明天下雨

3. 正确运用推理规则

把题干信息简化为逻辑符号的目的是在做题的过程中运用相应的推理规则解题，快速找到正确答案。需要考生注意，通关基础篇的题相对比较简单，用自己的理解也能把题做对；但是在通关强化篇，当考生遇到复杂或信息量较大的题型时，会容易陷入僵局。所以在通关基础阶段必须熟记推理规则，并在基础训练的习题中熟练运用。

二、形式逻辑知识要点

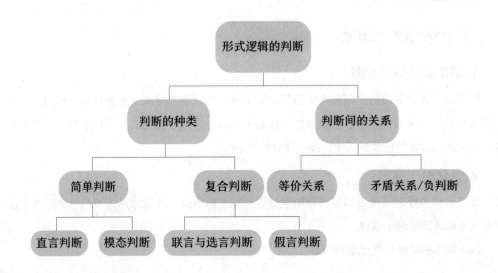

三、形式逻辑考试比重

1. 考试中占比较高的知识要点是复合判断，尤其是假言判断的相关知识要点在近十年的考题中每年会考 6~8 题，所以考生在通关基础阶段务必掌握相关的所有知识要点。

2. 考试中占比较低的知识要点是简单判断，在近十年的考题中每年会考 0~2 题，而且经常与复合判断结合在一起考查等价关系或矛盾关系。虽然简单判断的考频较低，但对这一知识要点的学习是帮助考生养成良好逻辑思维能力的关键，所以考生在备考过程中也要重视这部分知识要点的学习。

第一讲 直言判断

一、知识要点

1. 直言判断定义

直言判断是判断事物对象在一定范围内是否具有某种性质的判断。

例如：有的水瓶座是天生的创造者。

2. 直言判断构成

直言判断结构：量项 + 主项 + 联项 + 谓项。

例如：有些（美国国会议员）是（表里不一的人）。

      量项   主项   联项   谓项

"美国国会议员"在直言判断中称为主项，即判断中的对象，一般用 a 表示；

"表里不一的人"在直言判断中称为谓项，即判断中的属性，一般用 b 表示；

"有的"在直言判断中称为量项，即判断中对象的范围，一般有全称量项、特称量项和单称量项三种类型；

"是"在直言判断中称为联项，即判断对象是否具有某种属性的联结词，一般有肯定对象具有某种属性和否定对象具有某种属性两种类型。

（1）量项的三种类型。

①全称量项："所有的"的判断。

全称量项对主项这个概念的每一个分子都做了断定，一般用"所有""一切"等词语表示。

【燚语点拨】在自然语言中，"所有""一切"等全称量词经常会被省略，例如：凡事皆向好。只要其意思是断定主项的全部，就是全称量项。

例如：所有的鸟都会飞 = 鸟都会飞 = 鸟均会飞 = 每一只鸟都会飞 = 鸟皆会飞。

②特称量项："有的"的判断。

特称量项对主项的部分做了断定，但未确定这部分是主项的全部外延，一般用"有些""有的""有""部分"等语词表示。特称量项不能省略。

【燚语点拨】"有的"的意思是至少有一个发生了，但是具体的数量与具体的对象是无法判断的。例如，"有的女人是天生丽质的"仅说明至少有一个女人是天生丽质的，但是哪个女人天生丽质？具体数量有多少？比例是大还是小？这些都是难以判断的。因此，就不能确定"有的女人不是天生丽质的"是否为真。

这一点和我们的日常表达是有差异的，也是很多考生存在的误区。在平时生活中，当我们说"有些人很努力"时，好像往往意味着"有些人不努力"，但在逻辑上，这是不确定的，最多只能说"可能"，绝对不能推出"一定"。

③单称量项："这个"的判断。

单称量项对主项的一个对象做了断定。通常用"这个""那个"来表示，例如：这个学生考得不错。或者直接用单独概念充当主项，例如：我是一个逻辑教师。

（2）联项的两种类型。

肯定判断："是"的判断。

否定判断："不是"的判断。

【例1】有些昆虫在第一次繁殖幼虫之后便死去，另一些昆虫则在它们的下一代获得生存保障之后还能活几年。在后一种昆虫中，包括那些对生态系统做出有益贡献的昆虫，如蜜蜂。

从以上陈述中能得出以下哪项结论？

A. 在生态系统中不扮演主要角色的昆虫通常在第一次繁殖后便死去。

B. 大多数蜜蜂在下一代能够自行生活之后还会活得很好。

C. 蜜蜂通常不会在第一次繁殖以后立刻死亡。

D. 大多数昆虫一出生就能独立。

E. 大多数昆虫在第一次繁殖幼虫之后便死去。

【答案】C

【解析】第一步：简化题干信息。

（1）有些昆虫在第一次繁殖幼虫之后便死去；

（2）另一些昆虫则在它们的下一代获得生存保障之后还能活几年，包括对生态系统做出有益贡献的昆虫，如蜜蜂。

第二步：排除干扰项。

根据"有的"的定义不能判断具体的量，直接排除包含"大多数"的B、D、E项。

第三步：验证其余选项。

A项，在生态系统中不扮演主要角色的昆虫通常在第一次繁殖后便死去。选项中主项与题干信息无关，直接排除。

所以，选择C项。

3. 直言判断标志词

（1）标准表达。

类别	逻辑形式	举例
全称肯定判断	所有 a 都是 b	所有的水瓶座都是爱创新的
全称否定判断	所有 a 都不是 b	所有的水瓶座都不是爱创新的
特称肯定判断	有的 a 是 b	有的水瓶座是爱创新的

类别	逻辑形式	举例
特称否定判断	有的 a 不是 b	有的水瓶座不是爱创新的
单称肯定判断	这个 a 是 b	小明这个水瓶座爱创新
单称否定判断	这个 a 不是 b	小燚这个水瓶座不爱创新

【燚语点拨】考题中的表达形式比较多元化，有的时候是标准表达，有的时候是非标准表达，但是在解题过程中都要转化为标准表达，所以需要考生掌握非标准表达转化为标准表达的方法。

（2）非标准表达。

非标准表达	标准表达	举例
没有 a 是 b	所有 a 都不是 b	没有人是完美无瑕的 = 所有人都不是完美无瑕的
没有 a 不是 b	所有 a 都是 b	没有人不想中大奖 = 所有人都想中大奖
a 不都是 b	有的 a 不是 b	中国人不都会说英语 = 有的中国人不会说英语
a 不都不是 b	有的 a 是 b	玫瑰花不都不是红色的 = 有的玫瑰花是红色的

4. 直言判断负判断

（1）负判断的定义：负判断就是否定原判断的矛盾判断。

（2）常见表达：不是 p、并非 p、未必 p、p 是假的等。

（3）直言判断负判断的等价。

原判断：所有 a 都是 b。

负判断：并非（所有 a 都是 b）。

负判断的等价判断：有的 a 不是 b。

转换口诀：去掉并非后，所有变有的，有的变所有，动词前面加否定。

【例 2】通过调查得知，并非所有个体商贩都有偷税、逃税行为。

如果上述调查的结论是真实的，则以下哪项一定为真？

A. 所有的个体商贩都没有偷税、逃税行为。

B. 多数个体商贩都有偷税、逃税行为。

C. 并非有的个体商贩没有偷税、逃税行为。

D. 并非有的个体商贩有偷税、逃税行为。

E. 有的个体商贩确实没有偷税、逃税行为。

【答案】E

【解析】考点：并非 + 直言判断。

"并非所有 a 都是 b"等价于"有的 a 不是 b"。所以，选择 E 项。

【例 3】并非一切的美好事物都能被她遇到。

以下哪项最符合上述断定的意思？

A. 并非有的美好事物她不能遇到。

B. 美好的事物有些不是她能遇到的。

C. 并非有的美好事物能被她遇到。

D. 并非所有的美好事物都不能被她遇到。

E. 有的美好事物能被她遇到。

【答案】B

【解析】第一步：简化题干信息。

并非一切……都 = 不是所有……都 = 不都 = 有的……不。

第二步：预判优选项。

题干等价于"有的美好的事物不是她能遇到的"，所以，选择 B 项。

【例 4】班主任：我们班很多同学去过网吧，我要找他们的家长谈话，你作为班长应该知道有谁去吧？

班长：据我所知，我们班没有一个男同学不去网吧，女生不都去过。

根据班长的陈述，以下哪项是班主任得到的准确信息？

A. 该班所有男生都去过网吧，有的女生去过网吧。

B. 该班有的男生去过网吧，有的女生去过网吧。

C. 该班有的男生去过网吧，有的女生没去过网吧。

D. 该班所有男生都去过网吧，有的女生没去过网吧。

E. 班长去过网吧。

【答案】D

【解析】简化题干信息。

（1）我们班没有一个男同学不去网吧 = 所有男生都去过网吧；

（2）女生不都去过 = 有的女生没去过。

所以，选择 D 项。

5. 直言判断对当关系

（1）直言判断对当关系定义。

直言判断之间的对当关系可以用下面的图形来表示，这个图形就叫作"直言判断对当方阵"，如下图所示。

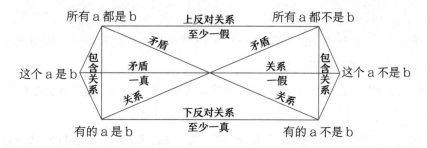

直言判断的对当关系是在 a 和 b 主谓一致的前提下，六种直言判断之间的真假关系，考试时需要根据题干中一个判断的真假情况，判断其他判断的真假情况。

（2）直言判断对当关系真假情况。

对当关系	对象	真假情况
矛盾关系	①"所有 a 都是 b"与"有的 a 不是 b"； ②"所有 a 都不是 b"与"有的 a 是 b"； ③"这个 a 是 b"与"这个 a 不是 b"	一真另必假；一假另必真； 不能同真同假
上反对关系	①"所有 a 都是 b"与"所有 a 都不是 b"； ②"所有 a 都是 b"与"这个 a 不是 b"； ③"所有 a 都不是 b"与"这个 a 是 b"	至少一假 可以同时为假；一真另必假； 一假另不知
下反对关系	①"有的 a 是 b"与"有的 a 不是 b"； ②"有的 a 是 b"与"这个 a 不是 b"； ③"有的 a 不是 b"与"这个 a 是 b"	至少一真 可以同时为真；一假另必真； 一真另不知
包含关系	①所有 a 都是 b→这个 a 是 b→有的 a 是 b； ②所有 a 都不是 b→这个 a 不是 b→有的 a 不是 b	肯前必肯后 否后必否前 其余不确定

【例5】已知"有的摩羯座不爱吃辣椒"为真，则据此不能确定真假的判断是：

Ⅰ. 所有的摩羯座都爱吃辣椒。

Ⅱ. 所有的摩羯座都不爱吃辣椒。

Ⅲ. 有的摩羯座爱吃辣椒。

Ⅳ. 王燚老师是摩羯座且不爱吃辣椒。

A. 仅Ⅰ和Ⅳ。　　　　　　　　B. 仅Ⅱ、Ⅲ和Ⅳ。　　　　　　　C. 仅Ⅱ。

D. 仅Ⅲ。　　　　　　　　　　E. 均可确定真假。

【答案】B

【解析】判断题干与选项的对当关系。

复选项Ⅰ，"所有的摩羯座都爱吃辣椒"与"有的摩羯座不爱吃辣椒"属于矛盾关系，一定为假。

复选项Ⅱ，"所有的摩羯座都不爱吃辣椒"与"有的摩羯座不爱吃辣椒"属于包含关系，"有的"为真，"所有"的真假情况不确定。

复选项Ⅲ，"有的摩羯座爱吃辣椒"与"有的摩羯座不爱吃辣椒"属于下反对关系，两者至少有一真，所以题干"有的……不"为真，该项真假情况不确定。

复选项Ⅳ，"王燚老师是摩羯座且不爱吃辣椒"与"有的摩羯座不爱吃辣椒"属于包含关系，根据"有的"的定义判断不了具体的对象，所以该项真假情况不确定。

所以，选择 B 项。

【例6】所有的五星级酒店都搜查过了，没有发现涉案嫌疑人的踪迹。

如果上述断定为真，则在下面四个断定中，可以确定为假的是：

Ⅰ. 没有五星级酒店被搜查过。

Ⅱ. 有的五星级酒店被搜查过。

Ⅲ. 有的五星级酒店没有被搜查过。

Ⅳ. 怀疑涉案嫌疑人躲藏的某个五星级酒店已被搜查过。

A. 仅Ⅰ和Ⅱ。   B. 仅Ⅰ和Ⅲ。   C. 仅Ⅱ和Ⅲ。

D. 仅Ⅰ、Ⅲ和Ⅳ。   E. Ⅰ、Ⅱ、Ⅲ和Ⅳ。

【答案】B

【解析】判断题干与选项的对当关系。

复选项Ⅰ，没有五星级酒店被搜查过 = 所有……都不，与"所有……都"属于上反对关系，至少一假，题干为真，则该项一定为假。

复选项Ⅱ，有的五星级酒店被搜查过 = 有的……是，与"所有……都"属于包含关系，"所有"为真，"有的"一定为真。

复选项Ⅲ，有的五星级酒店没有被搜查过 = 有的……不是，与"所有……都"属于矛盾关系，一真另必假，所以该项一定为假。

复选项Ⅳ，"某个五星级酒店已被搜查过"与"所有……都"属于包含关系，"所有"为真，"某个"一定为真。

所以，选择 B 项。

【燚语点拨】"怀疑涉案嫌疑人躲藏的某个五星级酒店已被搜查过"的标准表达形式为"某个五星级酒店被搜查过"，题干已经告知"所有的五星级酒店都搜查过了"，一定能得出每个五星级酒店都被搜查过，包括嫌疑人躲藏的五星级酒店。对于形式逻辑题，一定要先重形式。

【例7】近 2 个月来，中国股市经历了一次惊心动魄的下挫，大盘以 6% 的幅度暴跌，如果算上之前 2 个月的疯狂上涨，中国股市在整整 4 个月里，带着全国股民体验了超长时间乘坐过山车般的晕眩。没有人知道这辆快车的终点在哪里，当然更没有人知道该怎样下车。

如果以上陈述为真，以下哪项陈述必然为假？

A. 所有的人都不知道这辆快车的终点在哪里，并且有的人不知道该如何下车。

B. 有的人知道这辆快车的终点在哪里，但所有的人都知道该如何下车。

C. 有的人不知道这辆快车的终点在哪里，并且有的人不知道该如何下车。

D. 没有人知道这辆快车的终点在哪里，并且有的人不知道该如何下车。

E. 没有人知道这辆快车的终点在哪里，并且所有的人都不知道该如何下车。

【答案】B

【解析】第一步：简化题干信息。

（1）没有人知道这辆快车的终点在哪里 = 所有的人都不知道这辆快车的终点在哪里；

（2）没有人知道怎样下车 = 所有的人都不知道怎样下车。

第二步：问题要求找一定为假的选项，根据对当关系中矛盾关系（一真另必假）与上反对关系（至少一假）预判优选项。

"所有……都不"为真，为假的表达形式为"有的……是"与"所有……都是"。

第三步：选项比较验证。

A 项，所有……都不，形式不符，排除。

B 项，有的……知道，所有人……都知道，形式满足，正确。

6. 直言判断变形推理

（1）换质推理。

换质推理是通过改变直言判断的联项，即将"是"改为"不是"或将"不是"改为"是"，从而推出结论的方法。

在进行换质推理时需要注意的是，除了改变联项外，还需要把结论中的谓项变为矛盾概念。直言判断的六种换质推理情况如下：

标准表达	换质表达
所有 a 都是 b	所有 a 不是非 b
所有 a 都不是 b	所有 a 是非 b
有的 a 是 b	有的 a 不是非 b
有的 a 不是 b	有的 a 是非 b
这个 a 是 b	这个 a 不是非 b
这个 a 不是 b	这个 a 是非 b

例如：①"所有商品都是有价值的"可以换质为"所有商品都不是没有价值的"；

②"所有人都不是完美的"可以换质为"所有人都是不完美的"；

③"有些人是自私的"可以换质为"有些人不是不自私的";

④"有些人不是自私的"可以换质为"有些人是不自私的";

⑤"小王是学会计的"可以换质为"小王不是不学会计的";

⑥"小张不是学金融的"可以换质为"小张是学非金融的"。

（2）换位推理。

换位推理就是通过改变直言判断的主项和谓项的位置，从而推出结论的推理方法。

标准表达	逻辑符号	换位表达	换位规则
所有 a 都是 b	a → b	¬b → ¬a	可以逆否换位，不可以直接换位
所有 a 都不是 b	a → ¬b	b → ¬a	
有的 a 是 b	有的 a ⇒ b	有的 b ⇒ a	可以直接换位，不可以逆否换位
有的 a 不是 b	有的 a ⇒ ¬b	有的 ¬b ⇒ a	

（3）换位推理模型。

模型1：

前提：a → b；b → c。

结论：a → b → c=¬c → ¬b → ¬a。

模型2：

前提：a → b；c → ¬b。

结论：a → b → ¬c=c → ¬b → ¬a。

模型3：

前提：有的 a ⇒ b；a → c。

结论：有的 b ⇒ a → c。

【燚语点拨】"有的"与"所有的"直言判断在推结论时，相同项首尾相连的同时要保证"有的"的直言判断在前面。

【例8】**已知判断"所有的神仙都是长生不老的"为真，请判断以下哪项肯定为真？**

A. 所有神仙都不是长生不老的。

B. 所有长生不老的都不是神仙。

C. 有的神仙不是长生不老的。

D. 赤脚大仙是神仙，但不是长生不老的。

E. 不能长生不老的都不是神仙。

【答案】E

【解析】A项，"所有神仙都不是长生不老的"与题干是上反对关系，至少一假，所以题干为真，选项一定为假。

B项，所有长生不老的都不是神仙 = 所有神仙都不是长生不老的，与题干是上反对关系，至少一假，所以题干为真，选项一定为假。

C项，"有的神仙不是长生不老的"与题干是矛盾关系，一定为假。

D项，"赤脚大仙是神仙，但不是长生不老的"可推出"有的神仙不是长生不老的"，与题干是矛盾关系，一定为假。

E项，"不能长生不老的都不是神仙"逆否推理得出"所有的神仙都是长生不老的"，与题干是同真的关系。

所以，选择E项。

【例9】有些工程师有博士学位，所有获得博士学位的人技术水平都很高。

如果上述断定为真，能推出以下哪项结论？

A. 所有技术水平很高的人都是工程师。

B. 有些技术水平很高的人并没有获得博士学位。

C. 有些技术水平很高的人是工程师。

D. 所有工程师的技术水平都很高。

E. 有些有博士学位的工程师技术水平并不高。

【答案】C

【解析】第一步：简化题干信息。

（1）有的工程师⇒博士学位；

（2）博士学位→技术水平很高。

第二步：根据模型搭桥。

由（1）（2）得出"有的工程师⇒博士学位→技术水平很高"，直接换位得出"有的技术水平很高⇒工程师"。所以，选择C项。

【例10】三亚人都是南方人，有些三亚人不是教师。

如果以上判断为真，则以下哪项肯定为真？

A. 有些南方人是教师。

B. 有些南方人不是教师。

C. 有些教师是南方人。

D. 有些教师不是南方人。

E. 有些三亚人不是南方人。

【答案】B

【解析】考点：直言判断换位推理。

第一步：简化题干信息。

（1）三亚人都是南方人 = 三亚人→南方人；

（2）有些三亚人不是教师＝有的不是教师的是三亚人＝有的不是教师⇒三亚人。

第二步：建立多个判断的"连"接。

由（2）（1）得，有的不是教师⇒三亚人→南方人＝有的南方人不是教师。

所以，选择 B 项。

二、基础训练

【题1】在 MBA 的《财务管理》课期终考试后，班长想从老师那里打听成绩。班长说："老师，这次考试不太难，我估计我们班同学们的成绩都在 70 分以上吧。"老师说："你的前半句话不错，后半句话不对。"

根据老师的意思，下列哪项必为事实？

A. 多数同学的成绩在 70 分以上，有少数同学的成绩在 60 分以下。

B. 有些同学的成绩在 70 分以上，有些同学的成绩在 70 分以下。

C. 研究生的课程 70 分才算及格，肯定有的同学成绩不及格。

D. 这次考试太难，多数同学的考试成绩不理想。

E. 这次考试太容易，全班同学的考试成绩都在 80 分以上。

【题2】有球迷喜欢所有参赛球队。

如果上述断定为真，则以下哪项不可能为真？

A. 所有参赛球队都有球迷喜欢。

B. 有球迷不喜欢所有参赛球队。

C. 所有球迷都不喜欢某个参赛球队。

D. 有球迷不喜欢某个参赛球队。

E. 每个参赛球队都有球迷不喜欢。

【题3】某县领导参加全县的乡计划生育干部会，临时被邀请上台讲话。由于事先没有做调查研究，也不熟悉县里计划生育的具体情况，只能说些模棱两可、无关痛痒的话。他讲道："在我们县 14 个乡中，有的乡完成了计划生育指标；有的乡没有完成计划生育指标；李家集乡就没有完成嘛。"在领导讲话时，县计划生育委员会主任手里捏了一把汗，因为领导讲的三句话中有两句不符合实际，真后悔临时拉领导来讲话。

以下哪项正确表示了该县计划生育工作的实际情况？

A. 在 14 个乡中至少有一个乡没有完成计划生育指标。

B. 在 14 个乡中除李家集乡外还有别的乡没有完成计划生育指标。

C. 在 14 个乡中没有一个乡没有完成计划生育指标。

D. 在 14 个乡中只有一个乡没有完成计划生育指标。

E. 在 14 个乡中只有李家集乡完成了计划生育指标。

【题4】大会主席宣布："此方案没有异议，大家都赞同，通过。"

如果以上不是事实，下面哪项必为事实？

A. 大家都不赞同方案。　　　　B. 有少数人不赞同方案。

C. 有些人赞同，有些人反对。　　D. 至少有人是赞同方案的。

E. 至少有人是反对方案的。

【题5】体育课的目标是促使受教育者保持健康的体魄体质、精神状态和生活方式。但许多学校往往只重视竞技运动，这使得大多数在这方面缺少竞争力的学生疏远了体育。他们觉得自己又不想当运动员，因此，很少注意通过足够的锻炼来促进健康。

根据上述断定最可能得出以下哪项结论？

A. 体育课应当包括非竞技运动。

B. 体育课的竞技性使得大多数学生疏远了体育。

C. 见长于竞技运动的学生能进行足够的锻炼。

D. 保持健康的精神状态和保持健康的体魄体质同等重要。

E. 应当教育学生充分认识缺少锻炼的危害。

【题6】大多数受过高等教育的人都事业有成。有些未受过高等教育的人同样事业有成。事业有成有各种原因，但一个共同原因是有良好的成长环境。

如果上述断定为真，以下哪项一定为真？

A．每个有良好成长环境的人都受过高等教育。

B．有些有良好成长环境的人没有受过高等教育。

C．有些有良好成长环境的人没有事业有成。

D．大多数有良好成长环境的人是受过高等教育的。

E．有良好成长环境的未受过高等教育的人，少于有良好成长环境的受过高等教育的人。

【题7】桌子上有四个杯子，每个杯子上写着一句话：第一个杯子写的是"所有的杯子中都有水果糖"；第二个杯子写的是"本杯中有苹果"；第三个杯子写的是"本杯中没有巧克力"；第四个杯子写的是"有些杯子中没有水果糖"。

如果其中只有一句真话，那么以下哪项为真？

A. 所有的杯子中都有水果糖。　　B. 所有的杯子中都没有水果糖。

C. 所有的杯子中都没有苹果。　　D. 第三个杯子中有巧克力。

E. 第二个杯子中有苹果。

【题8】**设"并非无奸不商"为真，则以下哪项一定为真？**

A. 所有商人都是奸商。　　　　B. 所有商人都不是奸商。

C. 并非有的商人不是奸商。　　D. 并非有的商人是奸商。

E. 有的商人不是奸商。

【题9】所有爱斯基摩土著人都是穿黑衣服的；所有北婆罗洲土著人都是穿白衣服的；没有既穿白衣服又穿黑衣服的人；H是穿白衣服的人。

基于以上事实，下列哪个判断必为真？

A. H是北婆罗洲土著人。
B. H不是爱斯基摩土著人。

C. H不是北婆罗洲土著人。
D. H是爱斯基摩土著人。

E. H既不是爱斯基摩土著人，也不是北婆罗洲土著人。

【题10】古罗马的西塞罗曾说："优雅和美不可能与健康分开。"意大利文艺复兴时代的人道主义者洛伦佐强调，健康是一种宝贵的品质，是"肉体的天赋"，是大自然的恩赐。他写道："很多健康的人并不美，但是没有一个美的人是不健康的。"

以下各项都可以从洛伦佐的论述中推出，除了：

A. 没有一个不健康的人是美的。
B. 有些健康的人是美的。

C. 有些美的人不是健康的。
D. 有些不美的人是健康的。

E. 所有美的人都是健康的。

参考答案与解析

【题1】

【答案】C

【解析】第一步：简化题干信息。

（1）这次考试不太难，同学们的成绩都在70分以上；

（2）前半句话不错，后半句话不对。

第二步：确定老师意思。

老师意思1：这次考试不太难。

老师意思2：有的同学成绩不在70分以上。

第三步：选项代入验证。

A项，"多数"与"少数"的量无法判断，排除。

B项，"有些同学的成绩在70分以上"与"有的同学成绩不在70分以上"为下反对关系，一真另不知，排除。

C项，前半句说明了老师意思1，即考试不太难（一般60分及格是常规情况，70分及格间接说明考试不难），后半句说明了老师意思2，正确。

所以，选择C项。

【燚语点拨】"有的"只能判断至少有一个发生。老师意思2"有的同学成绩不在70分以上"不能推出"有些同学的成绩在70分以上"，所以B项的前半句不能确定真假。

【题2】

【答案】C

【解析】题干的矛盾判断为"并非有球迷喜欢所有参赛球队",等价于"所有球迷都不喜欢某支球队"。所以,选择 C 项。

【题 3】

【答案】C

【解析】第一步:简化题干信息。

(1)有的乡完成了指标;

(2)有的乡没有完成指标;

(3)李家集乡没有完成指标。

第二步:确定"一句真话"的范围。

(1)与(2)是下反对的关系,两句话中至少一真,所以真话一定在这两句之中,所以(3)一定为假。

第三步:假话转为真话。

(3)转为真话:(4)李家集乡完成了指标。

(4)可以推出(1)"有的乡完成了指标"一定为真,根据题干要求,只有一句为真,所以(2)一定为假。

(2)转为真话:所有乡都完成了指标。

所以,选择 C 项(没有……不 = 所有……都)。

【燚语点拨】(1)为真不能判断 A、B、D、E 项"有的乡没有完成指标"是否为真。运用好"只有一真"的条件,可以快速判断其他条件均为假。

【题 4】

【答案】E

【解析】简化题干信息:题干的矛盾判断为"并非所有人都赞同",并非所有人都赞同 = 有的人不赞同 = 有的人反对。

所以,选择 E 项。

【燚语点拨】(1)"有的人不赞同"不一定能得出"有的人赞同";(2)"有的人不赞同"无法推出"有少数人不赞同"。

【题 5】

【答案】A

【解析】第一步:简化题干信息。

(1)许多学校往往只重视竞技运动;

(2)大多数缺少竞争力的学生疏远了体育。

第二步:选项代入验证。

A 项,根据题干信息,说明还有除了竞技运动以外的运动,即存在其他的非竞技运动。注意绝对词的运用。

B 项，该项 "大多数" 的对象是 "学生"，题干信息中 "大多数" 的对象是 "缺少竞争力的学生"，所以难以判断 B 项真假。

C 项，题干信息的对象是 "缺少竞争力的学生"，难以判断 "见长于竞技运动的学生" 具有的性质，所以该项不确定真假。

D、E 项，与题干论证内容无关，直接排除。

所以，选择 A 项。

【燚语点拨】直言判断对当关系推理的前提是保证主项 a 与谓项 b 的一致性或相关性。比如："大多数女生是爱逛街的" 难以得出 "大多数北京女生是爱逛街的"。

【题 6】

【答案】B

【解析】第一步：简化题干信息。

（1）有的受过高等教育⇒事业有成；

（2）有的未受过高等教育⇒事业有成；

（3）事业有成⇒良好的成长环境。

第二步：建立题干条件关系。

（2）（3）得出：有的未受过高等教育⇒事业有成→良好的成长环境 = 有的良好的成长环境⇒未受过高等教育。

所以，选择 B 项。

【题 7】

【答案】D

【解析】第一步：简化题干信息。

（1）所有的杯子中都有水果糖；

（2）第二个杯子中有苹果；

（3）第三个杯子中没有巧克力；

（4）有些杯子中没有水果糖。

第二步：确定 "一句真话" 的范围。

（1）与（4）是矛盾关系，必定一真一假，所以真话一定在这两句话之中，所以（2）与（3）一定为假。

第三步：假话转为真话。

（2）转为真话：第二个杯子中没有苹果。

（3）转为真话：第三个杯子中有巧克力。

所以，选择 D 项。

【燚语点拨】（1）和（4）属于矛盾关系，则真话在这二者之间，但是不能确定哪个是真的，即 A、B 项无法判断真假。

【题 8】

【答案】E

【解析】简化题干信息：并非无奸不商 = 并非所有商人都是奸商 = 有的商人不是奸商。所以，选择 E 项。

【燚语点拨】"无奸不商"的等价判断是"所有不奸诈的都不是商人"，其逆否等价为"所有商人都是奸诈的"。

【题 9】

【答案】B

【解析】第一步：简化题干信息。

（1）所有爱斯基摩土著人都是穿黑衣服的 = 爱斯基摩土著人→黑衣服；

（2）所有北婆罗洲土著人都是穿白衣服的 = 北婆罗洲土著人→白衣服；

（3）没有既穿白衣服又穿黑衣服的人 = 白衣服→¬ 黑衣服；

（4）H 是穿白衣服的人。

第二步：建立多个判断的"连"接。

（4）（3）（1）结合可得：H 是穿白衣服的人→H 没有穿黑衣服→H 不是爱斯基摩土著人。所以，选择 B 项。

【燚语点拨】换位推理的模型是从"有的"出发；"所有……都"只能逆否换位，不能直接换位。

【题 10】

【答案】C

【解析】第一步：简化题干信息。

（1）很多健康的人并不美 = 有的健康的人不美；

（2）没有一个美的人是不健康的 = 所有美的人都是健康的 = 所有不健康的人都不美。

第二步：选项代入验证。

A 项，没有一个不健康的人是美的 = 所有不健康的人都不美 =（2），所以一定为真。

B 项，有些健康的人是美的 = 有的美的人是健康的。根据（2）"所有美的人都是健康的"可推出，所以一定为真。

C 项，有些美的人不是健康的，与（2）属于矛盾关系，所以一定为假。

D 项，有些不美的人是健康的 = 有的健康的人不美 =（1），所以一定为真。

E 项，所有美的人都是健康的 =（2），所以一定为真。

所以，选择 C 项。

【燚语点拨】"所有……都"只能逆否换位，不能直接换位。"有的"只能直接换位，不能逆否换位。

三、要点总结

要点1：直言判断定义与结构。

要点2：直言判断标志词，①标准表达；②非标准表达。

要点3：直言判断负判断。

要点4：直言判断对当关系。

要点5：直言判断变形推理。

第二讲　模态判断

一、知识要点

1. 模态判断定义

模态判断主要是反映事物情况存在或发展的必然性或可能性的判断。模态判断包含"必然""可能"等模态词。包含"必然"的模态判断称为必然性判断，包含"可能"的模态判断称为可能性判断。没有模态词的判断一般为事实性判断。

例如：（1）汽车的速度不可能超过光速。（必然性判断）

（2）所有的错误不一定都能够避免。（可能性判断）

（3）北京疫情管控效果显著。（事实性判断）

2. 模态判断标志词

（1）标准表达。

类别	逻辑形式	举例
必然肯定判断	必然是 a	王燚必然喜欢水瓶座
必然否定判断	必然不是 a	王燚必然不喜欢水瓶座
可能肯定判断	可能是 a	王燚可能喜欢水瓶座
可能否定判断	可能不是 a	王燚可能不喜欢水瓶座

【燚语点拨】考题中的表达形式比较多元化，更多时候是非标准表达，所以需要考生掌握非标准表达转化为标准表达的方法。

（2）非标准表达。

非标准表达	标准表达	举例
不必然是 a	可能不是 a	明天不必然下雨 = 明天可能不下雨
不必然不是 a	可能是 a	行星的轨道不必然不是椭圆形 = 行星的轨道可能是椭圆形
不可能是 a	必然不是 a	天上不可能会掉馅饼 = 天上必然不会掉馅饼
不可能不是 a	必然是 a	中国队不可能不进入决赛 = 中国队必然进入决赛

【例1】 **请将下列判断转化为模态判断的标准式。**

（1）变形金刚不可能会表演。

（2）去杭州旅游不必然去西湖景区。

（3）学渣们不可能总在图书馆。

（4）广东人未必会讲普通话。

（5）高铁不可能会晚点。

（6）外星人不必然不存在。

（7）这件作品的设计者不可能不是个左撇子。

（8）有的真心未必不能换来真爱。

【解析】（1）变形金刚必然不会表演。

（2）去杭州旅游可能不去西湖景区。

（3）学渣们必然不总在图书馆。

（4）广东人可能不会讲普通话。

（5）高铁必然不会晚点。

（6）外星人可能存在。

（7）这件作品的设计者必然是个左撇子。

（8）有的真心可能换来真爱。

3. 直言模态负判断

（1）负判断的定义：负判断就是否定原判断的矛盾判断。

（2）常见表达：不是 p、并非 p、未必 p、p 是假的等。

（3）直言模态负判断的等价。

原判断：所有 a 可能都是 b。

负判断：并非（所有 a 可能都是 b）。

负判断的等价判断：有的 a 必然不是 b。

转换口诀：去掉并非后，所有变有的，有的变所有，必然变可能，可能变必然，动词前面加否定。

【例2】 在国际大赛中，即使是优秀的运动员，也有人不必然不失误，当然，并非所有的优秀的运动员都可能失误。

以下哪项与上述意思最接近？

A. 有的优秀的运动员可能失误，有的优秀的运动员可能不失误。

B. 有的优秀的运动员可能失误，有的优秀的运动员不可能失误。

C. 有的优秀的运动员可能不失误，有的优秀的运动员一定不失误。

D. 有的优秀的运动员一定失误，有的优秀的运动员一定不失误。

E. 优秀的运动员都可能失误，其中有的优秀的运动员不可能不失误。

【答案】B

【解析】简化题干信息：

（1）即使是优秀的运动员，也有人不必然不失误 = 有的优秀的运动员可能失误；

（2）并非"所有的优秀的运动员都可能失误" = 有的优秀的运动员必然不失误。

所以，选择 B 项。

4. 模态判断对当关系

（1）模态判断对当关系定义。

模态判断之间的对当关系，用一个正方形图形来表示，这个正方形图形就叫作"模态判断对当方阵"，如下图所示。

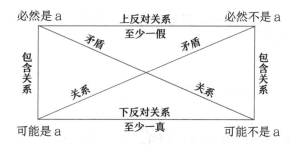

模态判断的对当关系是四种模态判断之间的真假关系，考试时需要根据题干的一个判断的真假情况，判断其他判断的真假情况。

（2）模态判断对当关系真假情况。

对当关系	对象	真假情况
矛盾关系	①"必然是 a"与"可能不是 a"； ②"必然不是 a"与"可能是 a"	一真另必假；一假另必真；不能同真同假
上反对关系	"必然是 a"与"必然不是 a"	至少一假
		可以同时为假；一真另必假；一假另不知
下反对关系	"可能是 a"与"可能不是 a"	至少一真
		可以同时为真；一假另必真；一真另不知
包含关系	①"必然是 a"与"可能是 a"； ②"必然不是 a"与"可能不是 a"	肯前必肯后
		否后必否前
		其余不确定

【例3】如果"天上不可能掉馅饼"为真，判定下列判断的真假。

（1）天上可能掉馅饼。

（2）天上可能不掉馅饼。

（3）天上一定不会掉馅饼。

（4）天上不一定会掉馅饼。

（5）天上不一定不会掉馅饼。

【解析】天上不可能掉馅饼 = 天上必然不会掉馅饼。

（1）一定为假。"可能"与"必然不"属于矛盾关系，一真另必假。

（2）一定为真。"必然不"与"可能不"属于包含关系，必然不（真）→可能不（真）。

（3）一定为真。"一定不" = "必然不"，属于等价关系的同真。

（4）一定为真。"不一定" = "可能不"，"可能不"与"必然不"属于包含关系，必然不（真）→可能不（真）。

（5）一定为假。"不一定不" = "可能"，"可能"与"必然不"属于矛盾关系，一真另必假。

【例4】在宏达杯足球联赛开始前，四个球迷有如下预测：

甲：红队必然不能夺冠。

乙：红队可能夺冠。

丙：如果蓝队夺冠，那么黄队是第三名。

丁：冠军是蓝队。

如果四人的断定中只有一个断定为假，可推出以下哪项结论？

A. 冠军是红队。

B. 甲的断定为假。

C. 乙的断定为真。

D. 黄队是第三名。

E. 丁的断定为假。

【答案】D

【解析】考点：模态判断对当关系。

第一步：简化题干信息。

（1）甲：红队必然不能夺冠。

（2）乙：红队可能夺冠。

（3）丙：蓝队夺冠→黄队是第三名。

（4）丁：冠军是蓝队。

第二步：确定"一假"的范围。

（1）与（2）属于矛盾关系，必然一真一假，所以"一假"一定在（1）与（2）之中，则（3）与（4）一定为真。由（3）（4）为真可得，冠军是蓝队，黄队是第三名。所以，选择D项。

二、基础训练

【题1】不可能有作案者没有作案动机，但不一定作案者都在作案现场，有的作案者可能雇凶作案。

以下哪项最符合题干的断定？

A. 作案者都必然有作案动机，但有的作案者可能没在作案现场。

B. 作案者都必然在作案现场，有作案动机的不一定都作案。

C. 有的作案者必然有作案动机，但作案者都可能不在作案现场。

D. 有作案动机的都可能是作案者，在作案现场的可能不是作案者。

E. 不在作案现场的人都可能是雇凶作案者。

【题2】一把钥匙能打开天下所有的锁，这样的万能钥匙是不可能存在的。

以下哪项最符合题干的断定？

A. 任何钥匙都必然有它打不开的锁。

B. 至少有一把钥匙必然打不开天下所有的锁。

C. 至少有一把锁天下所有的钥匙都必然打不开。

D. 任何钥匙都可能有它打不开的锁。

E. 至少有一把钥匙可能打不开天下所有的锁。

【题3】在上次考试中，老师出了一道非常古怪的难题，有86%的考生不及格。这次考试之前，王见明预测说："根据上次考试的情况，这次老师不一定会出那种难题了。"胡思明说："这就是说这次考试老师肯定不出那种难题了。太好了！"王见明说："我不是这个意思。"

下面哪句话与王见明预测的意思最相似？

A. 这次考试老师不可能不出那种难题。

B. 这次考试老师必定不出那种难题了。

C. 这次考试老师可能不出那种难题了。

D. 这次考试老师不可能出那种难题了。

E. 这次考试老师不一定不出那种难题。

【题4】张飞和李柏今年都报考了管理类综合能力考试，关于他们的考试结果有如下四个断言：

（1）他们两人至少有一个考上；

（2）张飞并不必然考上；

（3）李柏确实考上了；

（4）并非张飞可能没考上。

最后录取结果表明：这四个断言中有两个是真的，两个是假的。

下面哪一个结果可以从上述条件推出？

A. 张飞考上了，李柏没考上。　　B. 张飞和李柏都考上了。

C. 张飞和李柏都没考上。　　D. 李柏考上了，张飞没考上。

E. 以上条件推不出必然的结论。

【题5】奥格·曼狄诺是当今世界撰写自我帮助方面书籍的最流行、最有灵感的作家。他著有14本书，全球销量超过3 000万册，被译成18种语言。成千上万的来自生活中各行各业的人，都盛赞奥格·曼狄诺改变了他们的生活，从他的书中得到了神奇的力量。他的书充满智慧、灵感和爱心。他的著作包括：《世界上最伟大的奇迹》《世界上最伟大的推销员》《世界上最伟大的成功》等。奥格曾说："最高明的推销员，可能在某个时刻说服所有的人，也可能在所有的时刻说服某些人，但不可能在所有的时刻说服所有的人。"

如果奥格的上述断定是真的，那么下述哪项真假不确定？

A. 奥格可能在某个时刻被说服。

B. 奥格可能在任何时候都不被说服。

C. 最高明的推销员也可能在某个时刻被说服。

D. 不存在某个时刻所有的人都必然不被说服。

E. 不存在某个时刻有人可能不被说服。

参考答案与解析

【题1】

【答案】A

【解析】第一步：简化题干信息。

（1）不可能有作案者没有作案动机 = 必然所有作案者都有作案动机；

（2）不一定作案者都在作案现场 = 可能有的作案者不在作案现场；

（3）有的作案者可能雇凶作案。（标准表达）

第二步：选项代入验证，选择A项。

【燚语点拨】"所有……都"中的"所有"可以省略，但"有的"不能省略。

【题2】

【答案】A

【解析】简化题干信息：不可能存在一把钥匙能打开天下所有的锁。去掉"不"之后为：必然不存在一把钥匙能打开天下所有的锁。其等价于：必然所有的钥匙都有不能打开的某些锁。

所以，选择A项。

【燚语点拨】题干为倒装句的表达方式。找出题干中的所有标志词：不"可能 + 一把 + 所有"。

【题3】

【答案】C

【解析】简化题干信息：不一定会出那种难题 = 可能不会出那种难题。所以，选择C项。

【题4】

【答案】A

【解析】第一步：简化题干信息。

（1）张飞与李柏至少有一个考上；

（2）张飞并不必然考上 = 张飞可能考不上；

（3）李柏确实考上了；

（4）并非张飞可能没考上 = 张飞必然考上了。

第二步：确定"两真两假"的范围。

（2）与（4）是矛盾关系，必然一真一假，所以（1）与（3）也是一真一假。

第三步：继续推理。

如果（3）为真，一定得出（1）为真，不满足题干要求，所以（3）一定为假，（1）为真，则李柏没考上，且张飞考上了。

所以，选择A项。

【燚语点拨】真假话判断中一定要把非标准表达转化为标准表达后再判断句子间的关系。

【题5】

【答案】B

【解析】第一步：简化题干信息。

（1）可能在某个时刻说服所有的人；

（2）可能在所有的时刻说服某些人；

（3）不可能在所有的时刻说服所有的人。

第二步：选项代入验证。

A项，奥格可能在某个时刻被说服，与（1）比较，属于所有→奥格，一定为真，排除。

B项，奥格可能在任何时候都不被说服，与（2）比较，属于有的→¬奥格，不确定真假，正确。

C项，最高明的推销员也可能在某个时刻被说服，与（1）比较，属于所有→最高明的推销员，一定为真，排除。

D项，不存在某个时刻所有的人都必然不被说服 = 所有时刻有的人可能被说服 =（2），一定为真，排除。

E项，不存在某个时刻有人可能不被说服 = 所有时刻所有人必然被说服，与（3）"不可能在所有的时刻说服所有的人"比较，"必然"与"不可能/必然不"属于上反对关系，至少一假，题干为真，选项一定为假，排除。

所以，选择 B 项。

【燚语点拨】形成对当关系的前提是题干与选项的主体内容一致。

三、要点总结

要点 6：模态判断标志词，①标准表达；②非标准表达。

要点 7：模态判断对当关系。

第三讲　联言与选言判断

一、知识要点

（一）联言判断

1. 联言判断定义

联言判断就是断定几种事物或情况同时存在的判断。

例如：王燚老师既喜欢喝咖啡，又喜欢喝奶茶。

这个例子包含了两种情况：（1）王燚老师喜欢喝咖啡；（2）王燚老师喜欢喝奶茶。

2. 联言判断逻辑符号

联言判断的逻辑符号为"a∧b"。

（1）a、b同时成立时，a∧b代表联言判断的干。

（2）∧是a、b的连接符号。

（3）a、b表示肢判断，即题干中的多个情况。

例如："嗨特购的商品质量保真且价格便宜"用逻辑符号表示为"嗨特购商品质量保真∧价格便宜"。

3. 联言判断标志词

（1）并列关系。

①和（经济类专业和管理类专业都是热门专业）；

②且（主持人博学且多才）；

③同时（追剧的同时吃零食很快乐）；

④兼得（鱼和熊掌不可兼得）；

⑤既……又（北京今天既刮风又下雨）。

（2）递进关系。

①不仅……而且（这部电影不仅剧情精彩，而且内容深刻）；

②不但……还（垃圾分类不但有利于环境保护，还能实现资源再利用）。

（3）转折关系。

①但（不爱学习但想上名校）；

②而（不进步而不被社会淘汰很难实现）；

③虽然……但是（虽然经常喝奶茶，但是不胖）。

【燚语点拨】联言判断的标志词表达非常灵活，需要考生熟记并能够在考题中识别出来。

4. 联言判断真值表

（1）肢判断推干判断。

a 肢判断	b 肢判断	a ∧ b 干判断
真	真	真
真	假	假
假	真	假
假	假	假

【燚语点拨】只要联言判断有一个肢判断为假，就可以判断整个联言判断的干判断为假；只有肢判断均为真时，联言判断才为真。

（2）干判断推肢判断。

a ∧ b 干判断	a 肢判断	b 肢判断
真	真	真
假	不确定	不确定

5. 联言判断负判断

联言判断的负判断就是否定原判断的矛盾判断。一般表示为"并非（a 且 b）"。

符号化为：¬（a ∧ b）=¬a ∨ ¬b。

【例 1】并非帝都俱乐部的会员都是北京人并且都是企业主。

如果上述断定是真的，那么，下述哪项一定是真的？

A. 帝都俱乐部的会员都不是北京人，并且帝都俱乐部的会员都不是企业主。

B. 帝都俱乐部的会员都不是北京人，或者帝都俱乐部的会员都不是企业主。

C. 帝都俱乐部的会员不都是北京人，并且帝都俱乐部的会员不都是企业主。

D. 帝都俱乐部的会员不都是北京人，或者帝都俱乐部的会员不都是企业主。

E. 帝都俱乐部的会员有的不是北京人，并且帝都俱乐部的会员不都是企业主。

【答案】D

【解析】简化题干信息：¬（帝都俱乐部的会员都是北京人 ∧ 都是企业主）= 帝都俱乐部的会员不都是北京人 ∨ 不都是企业主。

所以，选择 D 项。

（二）相容选言判断

1. 相容选言判断定义

相容选言判断就是断定几种事物或情况至少有一种存在，并且允许多种情况同时存在的判断。

例如：王燚老师或者喜欢喝咖啡，或者喜欢喝奶茶。

这个例子包含三种情况：（1）王燚老师可能喜欢喝咖啡但不喜欢喝奶茶；（2）王燚老师可能不喜欢喝咖啡但喜欢喝奶茶；（3）王燚老师可能既喜欢喝咖啡也喜欢喝奶茶。

2. 相容选言判断逻辑符号与推理规则

相容选言判断的逻辑符号为"a∨b"。

（1）a、b至少有一种情况发生，即包含了同时发生的可能性，a∨b代表相容选言判断的干。

（2）∨是a、b的连接符号。

（3）a、b表示肢判断，即题干中的多种情况。

例如："今年暑假至少去北京和上海其中一个地方旅游"用逻辑符号表示为"今年暑假去北京旅游∨今年暑假去上海旅游"。

（4）a∨b的推理规则：①如果否定a，则肯定b；如果否定b，则肯定a。

例如：今年暑假去北京旅游∨今年暑假去上海旅游 =

如果今年暑假不去北京旅游，那么就去上海旅游 =

如果今年暑假不去上海旅游，那么就去北京旅游。

②如果肯定a，则b不确定；如果肯定b，则a不确定。

例如：今年暑假去北京旅游∨今年暑假去上海旅游 =

如果今年暑假去北京旅游，那么不确定是否去上海旅游 =

如果今年暑假去上海旅游，那么不确定是否去北京旅游。

【燚语点拨】相容选言判断推理规则：（1）如果否定，那么肯定；（2）如果肯定，那么不确定。

3. 相容选言判断标志词

（1）或者……或者（豆瓣评分高的电影，或者演员有演技，或者导演有经验）；

（2）也许……也许（小明考研成功，也许靠运气，也许靠实力）；

（3）可能……可能（今天下午茶可能有水果，也可能有蛋糕）；

（4）至少一个……（吉尔希望今年考研成功和脱单至少有一个实现）。

4. 相容选言判断真值表

（1）肢判断推干判断。

a 肢判断	b 肢判断	a ∨ b 干判断
真	真	真
真	假	真
假	真	真
假	假	假

【燚语点拨】只要相容选言判断有一个肢判断为真，就可以判断整个选言判断的干判断为真；只有肢判断均为假时，选言判断才为假。

（2）干判断推肢判断。

a ∨ b 干判断	a 肢判断	b 肢判断
真	不确定	不确定
假	假	假

5. 相容选言判断负判断

相容选言判断的负判断就是否定原判断的矛盾判断。一般表示为"并非（a 或者 b）"。

符号化为：¬（a ∨ b）=¬a ∧ ¬b。

【例 2】小李考上了清华，或者小孙没考上北大。

增加以下哪项条件，能推出小李考上了清华？

A. 小张和小孙至少有一人未考上北大。

B. 小张和小李至少有一人未考上清华。

C. 小张和小孙都考上了北大。

D. 小张和小李都未考上清华。

E. 小张和小孙都未考上北大。

【答案】C

【解析】第一步：简化题干信息。

前提：小李考上了清华 ∨ ¬ 小孙考上北大。

结论：小李考上了清华。

第二步：预判优选项。

根据相容选言判断推理规则"如果否定，那么肯定"，优选否定"小孙没考上北大"即"小孙考上了北大"的选项。所以，选择 C 项。

【例 3】并非徐同学负责考勤或者负责卫生工作。

如果上述陈述为真，以下哪项陈述一定为真？

A. 徐同学既不负责考勤也不负责卫生。

B. 徐同学负责卫生但不负责考勤。

C. 徐同学负责考勤但不负责卫生。

D. 如果徐同学不负责卫生，那么他负责考勤。

E. 如果徐同学负责卫生，那么他不负责考勤。

【答案】A

【解析】简化题干信息：¬（负责考勤∨负责卫生）=¬负责考勤∧¬负责卫生。

所以，选择 A 项。

（三）不相容选言判断

1. 不相容选言判断定义

不相容选言判断就是断定几种事物或情况中有一种且只有一种事物或情况存在的判断。

例如：王燚老师要么喜欢喝咖啡，要么喜欢喝奶茶。

这个例子包含两种情况：（1）王燚老师可能喜欢喝咖啡但不喜欢喝奶茶；（2）王燚老师可能不喜欢喝咖啡但喜欢喝奶茶。

2. 不相容选言判断逻辑符号与推理规则

不相容选言判断的逻辑符号为"a ∀ b"。

（1）a、b 只能有一种情况发生，不能两种情况同时发生时，a ∀ b 代表不相容选言判断的干。

（2）∀是 a、b 的连接符号。

（3）a、b 表示肢判断，即题干中的多种情况。

例如："今年暑假要么去北京旅游，要么去上海旅游"用逻辑符号表示为"今年暑假去北京旅游∀今年暑假去上海旅游"。

（4）a ∀ b 的推理规则：①如果肯定 a，则否定 b；如果肯定 b，则否定 a。

例如：今年暑假去北京旅游∀今年暑假去上海旅游 =

如果今年暑假去北京旅游，那么就不去上海旅游 =

如果今年暑假去上海旅游，那么就不去北京旅游。

②如果否定 a，则肯定 b；如果否定 b，则肯定 a。

例如：今年暑假去北京旅游∀今年暑假去上海旅游 =

如果今年暑假不去北京旅游，那么就去上海旅游 =

如果今年暑假不去上海旅游，那么就去北京旅游。

【燚语点拨】不相容选言判断推理规则：（1）如果肯定，那么否定；（2）如果否定，那么肯定。

3. 不相容选言判断标志词

（1）要么……要么（选择考研这件事，要么坚持，要么放弃）；

（2）……有且只有一个（这次班长候选人中，小明和小丽有且只有一人当选）；

（3）……必居其一（今天的活动中看电影和密室逃脱必居其一）。

4. 不相容选言判断真值表

（1）肢判断推干判断。

a 肢判断	b 肢判断	a ∀ b 干判断
真	真	假
真	假	真
假	真	真
假	假	假

【燚语点拨】不相容选言判断肢判断只有一真时，干判断才为真，其他情况均为假。

（2）干判断推肢判断。

a ∀ b 干判断	a 肢判断	b 肢判断
真	不确定	不确定
假	不确定	不确定

5. 不相容选言判断负判断

不相容选言判断的负判断就是否定原判断的矛盾判断。一般表示为"并非（要么 a 要么 b）"。

符号化为：¬（a ∀ b）=（a ∧ b）∨（¬a ∧ ¬b）。

【例 4】某大学正在组建队伍参加国际大学生围棋赛。杨明和李乔是两名候选选手。

甲说："要么杨明入选，要么李乔入选"为假。

如果上述陈述为真，以下哪项陈述一定为真？

A. 杨明与李乔都入选。

B. 杨明与李乔都未入选。

C. 杨明与李乔不都入选。

D. 如果两人不都入选，那么就都未入选。

E. 如果两人都未入选，那么就不都入选。

【答案】D

【解析】简化题干信息：杨明入选∀李乔入选，其矛盾判断 =¬（杨明入选∀李乔入选）=（杨明入选∧李乔入选）∨（杨明不入选∧李乔不入选）。

根据相容选言判断推理规则"如果否定，那么肯定"可得：如果否定"都入选"，那么肯定"都不入选"= 如果否定"都不入选"，那么肯定"都入选"。

选项代入验证，选择 D 项。

二、基础训练

【题1】刘子豪并非既懂股票又懂基金。

如果上述断定为真，那么下述哪项断定必定为真？

A. 刘子豪懂基金但不懂股票。

B. 刘子豪懂基金却不懂股票。

C. 刘子豪既不懂股票也不懂基金。

D. 如果刘子豪懂股票，那么他一定不懂基金。

E. 如果刘子豪不懂基金，那么他一定懂股票。

【题2】一方面确定法律面前人人平等，同时又允许有人触犯法律而不受制裁，这是不可能的。

以下哪项最符合题干的断定？

A. 或者允许有人凌驾于法律之上，或者任何人触犯法律都要受到制裁，这是必然的。

B. 任何人触犯法律都要受到制裁，这是必然的。

C. 有人凌驾于法律之上，触犯法律而不受制裁，这是可能的。

D. 如果不允许有人触犯法律而可以不受制裁，那么法律面前人人平等是可能的。

E. 一方面允许有人凌驾于法律之上，同时又声称任何人触犯法律要受到制裁，这是可能的。

【题3】某山区发生了较大面积的森林病虫害。在讨论农药的使用时，老许提出："要么使用甲胺磷等化学农药，要么使用生物农药。前者曾用过，价钱便宜，杀虫效果好，但毒性大；后者未曾使用过，效果不确定，价格贵。"

从老许的提议中，不可能推出的结论是：

A. 如果使用化学农药，那么就不使用生物农药。

B. 或者使用化学农药，或者使用生物农药，两者必居其一。

C. 如果不使用化学农药，那么就使用生物农药。

D. 化学农药比生物农药好，应该优先考虑使用。

E. 化学农药和生物农药是两类不同的农药，两类农药不要同时使用。

【题4】已知：第一，《神鞭》的首次翻译出版用的或者是英语或者是日语，二者必居其一；第二，《神鞭》的首次翻译出版或者在旧金山或者在东京，二者必居其一；第三，《神鞭》的译者或者是林浩如或者是胡乃初，二者必居其一。

如果上述断定都是真的，则以下哪项也一定是真的？

I.《神鞭》不是林浩如用英语在旧金山首次翻译出版的，因此，《神鞭》是胡乃初用日语在东京首次翻译出版的。

II.《神鞭》是林浩如用英语在东京首次翻译出版的，因此，《神鞭》不是胡乃初用日语在东京首次翻译出版的。

III.《神鞭》的首次翻译出版是在东京，但不是林浩如用英语翻译出版的；因此一定是胡乃初用日语翻译出版的。

A. 仅 I 。   B. 仅 II 。   C. 仅 III 。

D. 仅 II 和 III 。   E. I 、 II 和 III 。

【题5】三分之二的陪审员认为证人在被告作案时间、作案地点或作案动机上提供伪证。

以下哪项能作为结论从上述断定中推出？

A. 三分之二的陪审员认为证人在被告作案时间上提供伪证。

B. 三分之二的陪审员认为证人在被告作案地点上提供伪证。

C. 三分之二的陪审员认为证人在被告作案动机上提供伪证。

D. 在被告作案时间、作案地点或作案动机这三个问题中，至少有一个问题，三分之二的陪审员认为证人在这个问题上提供伪证。

E. 以上各项均不能从题干的断定推出。

【题6】高二（二）班需要选拔运动员参加校运动会，由于月考临近，所以同学们想报名当运动员的热情大大减退，然而为了完成学校要求每个班至少要有四个运动员的指标，班主任王老师决定进行抽签盲选。李莉预测说："我感觉我和胡月运气一向很好，我俩不会出现二选一的情况。"然而事实表明李莉的预测是错误的。

根据以上信息，以下除了哪项外都可能为假？

A. 李莉和胡月都没有被选上。

B. 或者李莉没被选上，或者胡月被选上。

C. 要么李莉被选上，要么胡月被选上。

D. 如果李莉被选上了，那么胡月也被选上了。

E. 李莉和胡月都被选上了。

【题7】某经营户违反经营条例，执法人员向他宣布："要么罚款，要么停业，两者必居其一。"他表示不同意。

如果他坚持自己意见的话，以下哪项断定是他在逻辑上必须同意的？

A. 罚款但不停业。

B. 停业但不罚款。

C. 既不停业也不罚款。

D. 如果不能做到既不罚款也不停业，就必须接受既罚款又停业。

E. 如果能做到既不罚款也不停业，就不必接受既罚款又停业。

参考答案与解析

【题1】

【答案】D

【解析】简化题干信息：¬（懂股票∧懂基金）=¬懂股票∨¬懂基金。

根据相容选言判断推理规则"如果否定，那么肯定"可得：懂股票→不懂基金＝懂基金→不懂股票。

所以，选择D项。

【题2】

【答案】A

【解析】简化题干信息：不可能（法律面前所有人都平等∧有人触犯法律不受制裁）＝必然（法律面前有人不平等∨所有人触犯法律都受到制裁）。

所以，选择A项。

【燚语点拨】根据模态词"必然"直接淘汰包含"可能"的C、D、E项。

【题3】

【答案】D

【解析】第一步：简化题干信息。

使用化学农药∀使用生物农药。

第二步：选项代入验证，排除能推出的结论。

A项，如果使用化学农药，那么就不使用生物农药，满足不相容选言判断推理规则"如果肯定，那么否定"，一定为真，排除。

B项，与题干信息等价，一定为真，排除。

C项，如果不使用化学农药，那么就使用生物农药，满足不相容选言判断推理规则"如果否定，那么肯定"，一定为真，排除。

D项，化学农药"比"生物农药好，无法判断。

E项，两类农药不能同时使用，满足不相容选言判断定义"有且只有一种存在"，一定为真，排除。

所以，选择D项。

【题4】

【答案】B

【解析】第一步：简化题干信息。

（1）英语∀日语；

（2）旧金山∀东京；

（3）林浩如∀胡乃初。

根据（1）（2）（3）得出：（4）语种、地点、译者的组合一共有八种情况。

第二步：选项代入验证。

复选项Ⅰ，不成立，因为选项只是否定了八种情况中的一种，还有七种，不能推出具体是七种中的哪一种。

复选项Ⅱ，成立，满足不相容选言判断推理规则"如果肯定，那么否定"。

复选项Ⅲ，不成立，因为确定地点（东京）后还有四种情况，否定其中的一种情况后还有三种，不能确定是哪种情况。

所以，选择 B 项。

【题 5】

【答案】E

【解析】第一步：简化题干信息。

三分之二的陪审员认为证人在被告作案时间∨作案地点∨作案动机上提供伪证。

第二步：选项代入验证。

A、B、C 项，均可能为真，不一定能推出。

D 项，"某一个问题"上有三分之二的陪审员认为证人提供伪证≠三分之二的陪审员认为证人在这"三个问题"上提供伪证，也属于可能为真，不一定能推出。

所以，选择 E 项。

【燚语点拨】（1）题干中只是说三分之二的陪审员认为证人在被告作案时间、作案地点或作案动机上提供伪证，所以可能是三分之一的陪审员认为证人在作案时间上提供伪证，三分之一的陪审员认为证人在作案地点上提供伪证；也可能是三分之二的陪审员认为证人在作案时间上提供伪证，但是这些情况只是"有可能"，均无法确定。（2）注意选项中混淆概念的干扰项。

【题 6】

【答案】C

【解析】第一步：简化题干信息。

（1）李莉与胡月不会出现二选一的情况 =¬（李莉∀胡月）；

（2）事实表明李莉的预测是错误的。

真实情况：¬（李莉∀胡月）为假，则李莉被选上∀胡月被选上。

第二步：审问题。

"除了哪项外都可能为假"说明要选择一定为真的判断。

所以，选择 C 项。

【燚语点拨】逻辑题的问题中要注意"除了"的问法。

【题 7】

【答案】D

【解析】简化题干信息：¬（罚款∀停业）=（罚款∧停业）∨（¬罚款∧¬停业）。

根据相容选言判断推理规则"如果否定，那么肯定"可得：如果做不到（¬罚款∧¬停业），那么（罚款∧停业）。

所以，选择 D 项。

三、要点总结

要点 8：联言判断定义与标志词。

要点 9：联言判断真值表与负判断。

要点 10：相容选言判断定义与标志词。

要点 11：相容选言判断推理规则。

要点 12：相容选言判断真值表与负判断。

要点 13：不相容选言判断定义与标志词。

要点 14：不相容选言判断推理规则。

要点 15：不相容选言判断真值表与负判断。

第四讲　假言判断

一、知识要点

1. 假言判断定义

假言判断就是断定两种事物或情况之间存在充分或必要关系的判断。

例如：王燚老师如果讲逻辑，那么讲写作。

2. 假言判断构成

（1）充分条件。

定义：一种情况发生一定导致另一种情况发生的条件。也就是说，当充分条件为真时，那么另一个条件一定为真；当充分条件为假时，另一个条件的结果不确定。

例如：$x > 7$ 与 $x > 5$，根据定义得出 $x > 7$ 属于充分条件。

特点1：若 $x > 7$ 为真，一定能推出 $x > 5$ 为真。

特点2：若 $x > 7$ 为假，$x > 5$ 的真假不确定。如果 $x=6$，那么 $x > 5$ 为真；如果 $x=4$，那么 $x > 5$ 为假。

充分条件的特点：有它一定行，没它不确定。

（2）必要条件。

定义：一种情况不发生一定导致另一种情况不发生的条件。也就是说，当必要条件为假时，那么另一个条件一定为假；当必要条件为真时，另一个条件的结果不确定。

例如：$x > 7$ 与 $x > 5$，根据定义得出 $x > 5$ 属于必要条件。

特点1：若 $x \leqslant 5 = \neg\,(x > 5)$ 为真，一定能推出 $x \leqslant 7 = \neg\,(x > 7)$ 为真。

特点2：若 $x > 5$ 为真，$x > 7$ 的真假不确定。如果 $x=6$，那么 $x > 7$ 为假；如果 $x=8$，那么 $x > 7$ 为真。

必要条件的特点：没它一定不行，有它不确定。

（3）充要条件。

定义：充要条件是充分必要条件的简称，一般是指一种情况发生能导致另一种情况发生，同时这种情况不发生，也能导致另一种情况不发生。也就是说，这个条件既为另一个条件的充分条件，也为另一个条件的必要条件。

例如：三角形等边与三角形等角，根据定义，等边三角形一定为等角三角形，等角三角形也一定为等边三角形；不等边三角形一定不是等角三角形，不等角三角形也一定不是等边三角形。

充要条件的特点：双肯双否。

3. 假言判断标志词与逻辑符号

（1）充分条件假言判断标志词与逻辑符号。

充分条件的特点是有它一定行。a 为充分条件，如果 a 发生，那么一定导致另一个条件 b 发生。充分条件的标志词为：

标志词	举例	逻辑形式
如果 a，那么 b	如果是美女，那么皮肤白	美女→皮肤白
只要 a，就 b	只要有选举权，就年满 18 岁	有选举权→年满 18 岁
若 a，则 b	若想皮肤好，则早晚用大宝	想皮肤好→早晚用大宝
一 a，就 b	一见到她，就被她吸引	见到她→被她吸引
所有 a，都是 b	所有女人都爱漂亮	女人→爱漂亮

逻辑符号：a→b。

①标志词用"→"表示；

②a 代表充分条件的肢判断，b 代表必要条件的肢判断；

③充分条件标志词口诀：谁在前，谁在箭头前。

（2）必要条件假言判断标志词与逻辑符号。

必要条件的特点是没有它一定不行。b 为必要条件，如果 b 不发生，那么一定导致另一个条件 a 不发生。必要条件的标志词为：

标志词	举例	逻辑形式
只有 b，才 a	只有年满 18 岁，才有选举权	有选举权→年满 18 岁
没有 b，没有 a	没有共产党，没有新中国	新中国→共产党
b 是 a 的基础	感情是婚姻的基础	婚姻→感情
b 是 a 不可或缺的前提	学好逻辑是学好写作不可或缺的前提	学好写作→学好逻辑
必须 b，才 a	必须知人善任，才能人尽其才	人尽其才→知人善任

逻辑符号：a→b。

①标志词用"→"表示；

②a 代表充分条件的肢判断，b 代表必要条件的肢判断；

③必要条件标志词口诀：谁在前，谁在箭头后。

【燚语点拨】充分条件假言判断与必要条件假言判断，只是因为标志词不同导致 a（充分条件）与 b（必要条件）的位置不同，只要两个判断的逻辑符号形式相同即为等价的判断。例如：只要有选举权，就年满 18 岁 = 只有年满 18 岁，才有选举权。

（3）充要条件假言判断标志词与逻辑符号。

充要条件的特点是有条件 a 就一定有条件 b，a 是 b 的充分条件；同时没有条件 a 也没有条件 b，a 是 b 的必要条件。充要条件的标志词为：

标志词	举例	逻辑形式
a 当且仅当 b	三角形等边当且仅当三角形等角	三角形等边⇔三角形等角
a 是 b 的唯一前提	中国人的唯一前提是有中国国籍	中国人⇔有中国国籍

逻辑符号：a⇔b。

①标志词用"⇔"表示；

②a、b 互为充要条件。

（4）特殊假言判断标志词与逻辑符号。

标志词	举例	逻辑形式
a，否则 b	买房，否则离婚	¬买房→离婚
a，除非 b	任教人员是博士，除非是本校硕士	¬任教人员是博士→本校硕士

逻辑符号口诀：如果否定，那么肯定。

①"否则"＝否＋则，即否定一个条件就肯定另一个条件，例如：不买房，就离婚＝不离婚，就买房了。

②"除非"＝非＋则，即否定一个条件就肯定另一个条件，例如：任教人员不是博士，就是本校硕士＝任教人员不是本校硕士，就是博士。

③a 与 b 就是假言判断的两个肢判断，但不能判断是充分条件还是必要条件，"否则"与"除非"的标志词逻辑符号的口诀为"如果否定，那么肯定"。

【例1】请将下列判断转化为假言判断逻辑符号的形式。

（1）如果天下雨，那么地上湿。

（2）若想皮肤好，早晚用大宝。

（3）只要你不思考，大脑就会退化。

（4）所有女人都爱漂亮。

（5）不到长城非好汉。

（6）只有自己会做题，才可能会讲题。

（7）己所不欲，勿施于人。

（8）初试白努力，除非通过复试。

（9）一个人自己有信心，才能带给别人信心。

（10）学习要经过思考，否则一事无成。

【解析】（1）天下雨→地上湿；

（2）皮肤好→早晚用大宝；

（3）不思考→大脑退化；

（4）女人→爱漂亮；

（5）¬到长城→¬好汉 = 好汉→到长城；

（6）可能会讲题→自己会做题；

（7）¬己所欲→¬施于人 = 施于人→己所欲；

（8）¬初试白努力→通过复试 =¬通过复试→初试白努力；

（9）带给别人信心→自己有信心；

（10）¬学习经过思考→一事无成 =¬一事无成→学习经过思考。

4. 假言判断推理规则

（1）充分条件假言判断与必要条件假言判断推理规则。

充分条件假言判断与必要条件假言判断需要将其转化为逻辑符号进行推理，充分条件假言判断与必要条件假言判断的逻辑符号相同，所以推理规则也是相同的。

规则名称	举例	逻辑形式	推理规则
逆否推理规则	只要有选举权，就年满 18 岁 = 没有年满 18 岁，就没有选举权	选举权→年满 18 岁 = ¬ 年满 18 岁→¬ 选举权	a→b=¬b→¬a
前后推理规则	若要皮肤好，早晚用大宝。 ①皮肤好了，一定早晚用大宝； ②没有早晚用大宝，皮肤一定不好； ③早晚都用大宝，皮肤好不好不知道； ④皮肤不好，是否早晚用大宝不知道	①皮肤好→早晚用大宝	肯前必肯后
		②¬ 早晚用大宝→¬ 皮肤好	否后必否前
		③早晚用大宝→皮肤好？ ④皮肤不好→早晚用大宝？	其余不确定

【燚语点拨】在考试中，如果问题类似于"如果上述断定为真，以下哪项一定为真"时，只有满足推理规则的选项才是正确答案。考生在题干中通过标志词找到 a 和 b，运用推理规则可以快速解题。

（2）充要条件假言判断推理规则。

规则名称	举例	逻辑形式	推理规则
双肯推理规则	当且仅当信号灯为绿灯，车辆才能通行。 ①信号灯为绿灯，则车辆能通行； ②若车辆通行，说明信号灯为绿灯	信号灯为绿灯→车辆通行	肯前必肯后
		车辆通行→信号灯为绿灯	肯后必肯前
双否推理规则	当且仅当信号灯为绿灯，车辆才能通行。 ①信号灯不是绿灯，则车辆不能通行； ②若车辆没有通行，说明信号灯不是绿灯	¬ 信号灯为绿灯→¬ 车辆通行	否前必否后
		¬ 车辆通行→¬ 信号灯为绿灯	否后必否前

【燚语点拨】充要条件假言判断的推理规则可以简记为"双肯双否"。

【例2】只有总体素质高的大学生，才能考上公务员。

如果这个断定成立，则以下哪项一定为真？

A. 杨真儿是总体素质高的大学生，所以她考上了公务员。

B. 小赵考上了公务员，所以他的总体素质一定不低。

C. 有越来越多的大学生准备考公务员。

D. 总体素质高低和考上公务员没有关系。

E. 总体素质高的大学生，也可以考研究生。

【答案】B

【解析】简化题干信息：考上公务员→总体素质高的大学生。

根据充分条件假言判断前后推理规则"肯前必肯后"得出B项正确。

【例3】柏拉图学园的门口竖着一块牌子，牌子上写的是"当且仅当懂几何者才可入内"。这天，来了一群人，他们都是懂几何的人。

如果牌子上的话得到准确的理解和严格的执行，那么以下诸断定中，只有一项是真的。这一真的断定是：

A. 他们可能不会被允许进入。

B. 他们一定不会被允许进入。

C. 他们一定会被允许进入。

D. 他们不可能被允许进入。

E. 他们可能被允许进入。

【答案】C

【解析】简化题干信息：（1）懂几何者⇔入内；（2）他们是懂几何的人。

根据充要条件假言判断推理规则"肯前必肯后"得出，他们一定会被允许进入。所以，选择C项。

5. 假言判断负判断与等价判断

由于充分条件假言判断"如果a，那么b"与必要条件假言判断"只有b，才a"的逻辑符号相同，所以两者的负判断即矛盾判断与等价判断都是相同的。

（1）充分/必要条件假言判断负判断：a ∧ ¬b。

负判断就是否定原判断的矛盾判断。a发生b应该一定发生，但是b没有发生，就否定了假言判断的推理规则。同理，b不发生，a应该不发生，但是a发生了，也否定了假言判断的推理规则。所以a→b的负判断即矛盾判断为"a ∧ ¬b"。

【燚语点拨】假言判断矛盾判断的逻辑形式是"联言判断"而不是"假言判断"，注重形式可以快速解题。例如：

原判断：考上公务员→总体素质高的大学生。

负判断：考上公务员∧¬总体素质高的大学生。

（2）充分/必要条件假言判断等价判断。

①充分条件假言判断=必要条件假言判断。

逻辑符号：a→b。

例如：只要有选举权，就年满18岁=只有年满18岁，才有选举权。

②逆否推理等价假言判断。

逻辑符号：a→b=¬b→¬a。

例如：只要有选举权，就年满18岁=没有年满18岁，就没有选举权。

③判断间的等价。

假言判断的等价判断是"否定了负判断的判断"，且假言判断的等价判断是选言判断。

逻辑符号：a→b=¬（a∧¬b）=¬a∨b。

例如：只要有选举权，就年满18岁=没有选举权∨年满18岁。

（3）充要条件假言判断负判断：（a∧¬b）∨（¬a∧b）。

充要条件假言判断中，a发生b应该一定发生，但是b没有发生，就否定了充要条件假言判断"双肯"的推理规则。同理，a不发生，b应该不发生，但是b发生了，就否定了充要条件假言判断"双否"的推理规则。所以a⇔b的负判断即矛盾判断为"（a∧¬b）∨（¬a∧b）"。

例如：

原判断：三角形等边⇔三角形等角。

负判断：（三角形等边∧¬三角形等角）∨（¬三角形等边∧三角形等角）。

【例4】每逢下雨时，街道和人行道就变湿了。

如果这是正确的，则下面哪项也一定是正确的？

Ⅰ.如果街道和人行道都是湿的，那么正在下雨。

Ⅱ.如果街道湿了，但人行道没湿，那么没有下雨。

Ⅲ.如果没有下雨，那么街道和人行道都不会湿。

A.只有Ⅰ。　　　　　　　　　B.只有Ⅱ。　　　　　　　　　C.只有Ⅲ。

D.只有Ⅰ和Ⅱ。　　　　　　　E.只有Ⅱ和Ⅲ。

【答案】B

【解析】第一步：简化题干信息。

下雨时a→街道湿b1∧人行道湿b2。

第二步：选项代入验证。

复选项Ⅰ，b1∧b2→a，与题干推理形式不一致，排除。

复选项 Ⅱ，¬b2 ∧ b1 → ¬a，满足充分条件假言判断的等价逆否推理，一定为真。

复选项 Ⅲ，¬a → ¬b1 ∧ ¬b2，与题干推理形式不一致，排除。

所以，选择 B 项。

【例 5】小雅："每当我看悲剧电影，我就睡不着。"

小美："我和你不一样。"

以下哪项是小美的意思？

A. 我不看悲剧电影，也能睡着。

B. 我看悲剧电影，也能睡着。

C. 我看悲剧电影，就睡不着。

D. 我看悲剧电影，就能睡着。

E. 看悲剧电影和睡觉没有关系。

【答案】B

【解析】简化题干信息：¬（看悲剧电影→睡不着）＝看悲剧电影∧能睡着。

选项代入验证，选择 B 项。

【燚语点拨】假言判断的矛盾判断是联言判断，先看形式，直接排除 C、D 项，考生一定要根据推理规则解题，不要自己理解题干意思。

6. 假言判断连锁推理

假言判断连锁推理的重点是建立多个假言判断的关系，要抓住"相同的词"建立"连锁"推理的过程，同时要运用假言判断的推理规则来搭桥。

假言判断常见连锁推理模型如下：

模型 1：

前提：a → b；b → c。

结论：a → b → c＝¬c → ¬b → ¬a。

模型 2：

前提：a → b；c → ¬b。

结论：a → b → ¬c＝c → ¬b → ¬a。

【例 6】一个产品要做成名牌产品，必须保证过硬的质量；一个产品，只有提高技术含量，才能保证过硬的质量；而一个企业如果忽视技术投资，则产品的技术含量就不可能得到提高。

以下哪项结论可以从题干的断定中推出？

Ⅰ. 一个生产名牌产品的企业，不可能忽视技术投资。

Ⅱ. 一个缺少技术含量的产品，不可能做成名牌产品。

Ⅲ. 一个产品质量不过硬的企业，一定忽视了技术投资。

A. 只有Ⅰ。 B. 只有Ⅱ。 C. 只有Ⅲ。

D. 只有Ⅰ和Ⅱ。 E. Ⅰ、Ⅱ和Ⅲ。

【答案】D

【解析】第一步：简化题干信息。

一个产品要做成名牌产品（a）→保证过硬的质量（b）→提高技术含量（c）→企业不忽视技术投资（d）。

第二步：选项代入验证。

复选项Ⅰ，a→d，与题干推理形式一致，正确。

复选项Ⅱ，¬c→¬a，符合题干推理的逆否推理形式，正确。

复选项Ⅲ，¬b→¬d，与题干推理形式不一致，排除。

所以，选择D项。

二、基础训练

【题1】除非有作案动机，否则不会犯案。

以下各项都表达了与题干相同的含义，除了：

A. 如果有作案动机，就会犯案。

B. 如果犯案，就有作案动机。

C. 有作案动机，才会犯案。

D. 只有没有犯案，才不会有作案动机。

E. 除非不犯案，否则有作案动机。

【题2】如果王林是公司经理，那么他一定学过管理学；王林没有学过管理学。

如果上述命题是真的，必然能推出的是：

A. 管理学知识人人必备。

B. 有些公司经理不懂管理学。

C. 王林可能是公司经理。

D. 王林不是公司经理。

E. 王林是公司经理。

【题3】以"如果甲、乙都不是作案者，那么丙是作案者"为前提，若再增加另一前提可必然推出"乙是作案者"的结论。

下列哪项最适合作为这一前提？

A. 甲不是作案者。 B. 丙不是作案者。

C. 甲或丙不是作案者。 D. 甲和丙都不是作案者。

E. 甲是作案者。

【题 4】"只有认识错误，才能改正错误。"

以下诸项都准确表达了上述断定的含义，除了：

A. 除非认识错误，否则不能改正错误。

B. 如果不认识错误，那么不能改正错误。

C. 如果改正错误，说明已经认识了错误。

D. 认识错误，是改正错误的必不可少的条件。

E. 只要认识错误，就一定能改正错误。

【题 5】一个产品要畅销，产品的质量和经销商的诚信缺一不可。

以下各项都符合题干的断定，除了：

A. 一个质量好且由诚信者经销的产品不一定畅销。

B. 一个产品，只有质量好并且由诚信者经销，才能畅销。

C. 一个产品畅销，说明它质量好并有诚信的经销商。

D. 一个产品，除非有好的质量和诚信的经销商，否则不能畅销。

E. 一个产品滞销，说明或者它质量不好，或者经销商缺乏诚信。

【题 6】这次马拉松比赛被称为阳光助跑计划。除非所有选手都坚持跑完全程，否则不会给所有选手颁发荣誉证书。参赛前，选手签署的协议已经规定，以选手的名义为希望小学捐赠 10 000 元是所有选手共同坚持到终点的必要奖励。所以，这次比赛最终以选手的名义为希望小学捐赠 10 000 元。

假设下面哪一项为真，就可以合理地推出上面的结论？

A. 选手有能力跑完全程。

B. 通过这次阳光助跑计划，将会有更多孩子受到帮助。

C. 有的选手不能跑完全程。

D. 有的选手没有拿到荣誉证书。

E. 所有选手都跑完了全程。

【题 7】当且仅当政府颁布政策，给无家可归的人提供住房时，无家可归的问题才能消失。

然而这一问题仍然存在，以下哪个选项能证明原因？

A. 政府需要解决的问题太多，需要一定的时间。

B. 无家可归的人较多，已经解决部分人的问题。

C. 政府目前只关注税收政策。

D. 政府已经开始关注此问题。

E. 当且仅当解决一个问题需要一个措施时，才应该采用。

【题 8】在中国，只有富士山连锁店经营日式快餐。

如果上述断定为真，以下哪项不可能为真？

I. 苏州的富士山连锁店不经营日式快餐。

Ⅱ. 杭州的樱花连锁店经营日式快餐。

Ⅲ. 温州的富士山连锁店经营韩式快餐。

A. 只有Ⅰ。　　　　　　　　　　　B. 只有Ⅱ。

C. 只有Ⅰ和Ⅱ。　　　　　　　　　D. 只有Ⅲ。

E. Ⅰ、Ⅱ和Ⅲ。

【题9】对当代大学生来说，德育比智育更重要。学校的课程设计如果不注重培养学生的完美人格，那么，即使高薪聘请著名的专家教授，也不能使学生在面临道德伦理、价值观念挑战的21世纪脱颖而出。

以下各项关于当代大学生的断定都符合上述断定的原意，除了：

A. 学校的课程设计只有注重培养学生的完美人格，才能使当代学生取得成就。

B. 如果当代学生在21世纪脱颖而出，那一定是他们注重了完美人格的教育。

C. 不能设想学生在面临道德伦理、价值观念挑战的21世纪脱颖而出，而他的人格却不完美。

D. 除非注重完美人格的培养，否则21世纪的学生难以脱颖而出。

E. 即使不高薪聘请著名的专家教授，学校的课程设计只要注重培养学生的完美人格，当代学生就能在21世纪脱颖而出。

【题10】当且仅当汤姆在法国时，列宾在英国且麦克不在西班牙；当且仅当麦克在西班牙时，劳力斯不在电视台露面；当且仅当劳力斯不在电视台露面时，马力在剧场演出或者露丝参加蒙面舞会。

如果马力在剧场演出，则下面哪项一定是真的？

A. 汤姆不在法国。　　　　　　　　B. 麦克不在西班牙。

C. 列宾在英国。　　　　　　　　　D. 劳力斯在电视台露面。

E. 露丝参加蒙面舞会。

参考答案与解析

【题1】

【答案】A

【解析】第一步：简化题干信息。

除非有作案动机，否则不会犯案 =¬ 有作案动机→ ¬ 犯案 = 犯案→有作案动机。

第二步：选项代入验证，选择与题干推理形式不一致的选项。

A项，有作案动机→犯案，与题干推理形式不一致。所以，选择A项。

【题2】

【答案】D

【解析】第一步：简化题干信息。

（1）王林是公司经理→他一定学过管理学；

（2）王林没有学过管理学。

第二步：预判优选项。

根据充分条件假言判断的前后推理规则"否后必否前"可知，王林不是公司经理。所以，选择 D 项。

【题 3】

【答案】D

【解析】第一步：简化题干信息。

前提：甲、乙都不是作案者→丙是作案者 =¬ 丙是作案者→甲是作案者∨乙是作案者。

结论：乙是作案者。

第二步：预判优选项。

根据题干的前提与结论，需要补充"甲和丙"的情况，优选项为 C、D 项。

C 项，"甲或丙"不是作案者，不能确定甲与丙一定都不是作案者，不能得出结论，排除。

D 项，"丙不是作案者→甲是作案者∨乙是作案者"结合"甲不是作案者"可推出"乙是作案者"，正确。

所以，选择 D 项。

【题 4】

【答案】E

【解析】第一步：简化题干信息。

改正错误→认识错误 =¬ 认识错误→ ¬ 改正错误。

第二步：问题要求找不能准确表达题干断定的含义的选项，选项代入验证。

A 项，改正错误→认识错误，与题干推理形式一致，排除。

B 项，¬ 认识错误→ ¬ 改正错误，与题干推理形式一致，排除。

C 项，改正错误→认识错误，与题干推理形式一致，排除。

D 项，改正错误→认识错误，与题干推理形式一致，排除。

E 项，认识错误→改正错误，与题干推理形式不一致，正确。

所以，选择 E 项。

【题 5】

【答案】E

【解析】第一步：简化题干信息。

产品畅销→产品质量好∧经销商诚信。

第二步：问题要求找不符合题干断定的选项，选项代入验证。

A 项，产品质量好∧经销商诚信→可能不畅销，肯定了题干假言推理的后件，不能推出确定信息，排除。

B、C项，产品畅销→产品质量好∧经销商诚信，与题干推理形式一致，排除。

D项，产品畅销→产品质量好∧经销商诚信，与题干推理形式一致，排除。

E项，¬产品畅销→¬产品质量好∨¬经销商诚信，与题干推理形式不一致，正确。

所以，选择E项。

【题6】

【答案】E

【解析】第一步：简化题干信息。

前提：给所有选手颁发荣誉证书→所有选手都坚持跑完全程→以选手的名义为希望小学捐赠10 000元。

结论：以选手的名义为希望小学捐赠10 000元。

第二步：预判优选项。

根据假言判断的前后推理规则"肯前必肯后"可知，补充任意一个前件就可得出结论，既可补充"给所有选手颁发荣誉证书"，也可补充"所有选手都坚持跑完全程"。所以，选择E项。

【题7】

【答案】C

【解析】第一步：简化题干信息。

（1）政府给无家可归的人提供住房⇔无家可归的问题才能消失；

（2）这一问题仍然存在。

第二步：建立题干条件关系。

根据充要条件假言判断的推理规则"否后必否前"可知，（2）否定了（1）的后件，得出政府没有给无家可归的人提供住房。所以，选择C项。

【题8】

【答案】B

【解析】第一步：简化题干信息。

经营日式快餐→富士山连锁店。

第二步：问题要求找不可能为真的选项，即找假言判断的负判断。

题干假言判断的负判断为"经营日式快餐∧¬富士山连锁店"，只有复选项Ⅱ满足。所以，选择B项。

【题9】

【答案】E

【解析】第一步：简化题干信息。

不注重培养学生的完美人格→不能脱颖而出 = 脱颖而出→注重培养学生的完美人格。

第二步：问题要求找不符合题干断定的选项，选项代入验证。

A项，取得成就→注重培养学生的完美人格，与题干推理形式一致，排除。

B 项，脱颖而出→注重培养学生的完美人格，与题干推理形式一致，排除。

C 项，¬（脱颖而出∧¬完美人格）=¬脱颖而出∨完美人格，与题干假言判断的等价判断形式一致，排除。

D 项，不注重培养学生的完美人格→不能脱颖而出，与题干推理形式一致，排除。

E 项，注重培养学生的完美人格→脱颖而出，与题干推理形式不一致，正确。

所以，选择 E 项。

【题 10】

【答案】A

【解析】第一步：简化题干信息。

（1）汤姆在法国⇔列宾在英国∧麦克不在西班牙；

（2）麦克在西班牙⇔劳力斯不在电视台露面；

（3）劳力斯不在电视台露面⇔马力在剧场演出∨露丝参加蒙面舞会；

（4）马力在剧场演出。

第二步：建立题干条件关系。

（4）和（3）根据充要条件假言判断的推理规则可知，劳力斯不在电视台露面；再结合（2）得出，麦克在西班牙；再结合（1）得出，汤姆不在法国。

所以，选择 A 项。

三、要点总结

要点 16：假言判断的构成，①充分条件；②必要条件；③充要条件。

要点 17：假言判断标志词，①充分条件；②必要条件；③充要条件。

要点 18：假言判断推理规则，①逆否推理规则；②前后推理规则；③双肯推理规则；④双否推理规则。

要点 19：假言判断负判断。

要点 20：假言判断连锁推理。

第二章　分析推理基础

一、分析推理学习要点

1.常见分析思路

分析推理题的题干信息一般比较多，所以考生在学习过程中要学会分析题型特点。分析推理题的基本解题思路是根据题干、问题、选项三部分做出相应的判断，根据三部分的特点判断推理的方法。

2.常见推理方法

分析推理题一般属于题干推选项的题型，如果题干条件信息比较多，可以在找到好用的条件后运用推理规则直接推理，如果不能直接推理可以利用图表法、假设法、代入验证法等进行推理。

二、分析推理常考题型

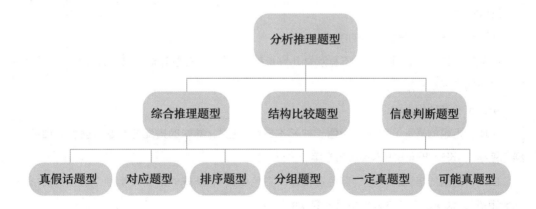

三、分析推理考试比重

1.考试高频题型为综合推理题型，近十年的考试中，每年会考 6~8 题。所以，在通关基础阶段，考生要重点掌握分析思路与推理方法；在通关强化阶段，考生要根据题型分类重点突破。

2.考试低频题型为信息判断题型和结构比较题型，近十年的考试中，每年会考 0~3 题。虽然这两类题型考得不多，但却是考生不能丢分的题型，在做这一类题目时，考生千万不能掉以轻心。

第五讲 分析思路

一、知识要点

分析推理题的分析要点如下：

1. 分析题干

（1）分析题干条件之间的关联性，一般通过题干中共同的话题、相同的条件或相关的条件建立多个条件的关系；

（2）分析题干中好用条件的特点，好用的条件一般是将选项代入验证时排除干扰项的限定条件、建立题干条件关系的搭桥条件，以及限定较多的条件。

【例1】妈妈要带两个女儿去参加一个晚会，女儿在搭配衣服。家中有蓝色短袖衫和粉色长袖衫各一件、绿色短裙和白色长裙各一条。妈妈不喜欢女儿穿长袖配短裙。

以下哪种是妈妈不喜欢的方案？

A. 姐姐穿粉色衫，妹妹穿短裙。

B. 姐姐穿蓝色衫，妹妹穿短裙。

C. 姐姐穿长裙，妹妹穿短袖衫。

D. 妹妹穿长袖衫和白色裙。

E. 姐姐穿蓝色衫和绿色裙。

【答案】B

【解析】第一步：分析好用的条件。

找到题干的限定条件"妈妈不喜欢女儿穿长袖配短裙"，这意味着"粉色长袖衫 + 绿色短裙"是妈妈不喜欢的方案。

第二步：选项代入验证。

A项，姐姐的搭配方案是"粉色长袖衫 + 白色长裙"，妹妹的搭配方案是"蓝色短袖衫 + 绿色短裙"，没有出现妈妈不喜欢的方案，排除。

B项，姐姐的搭配方案是"蓝色短袖衫 + 白色长裙"，妹妹的搭配方案是"粉色长袖衫 + 绿色短裙"，妹妹的搭配方案是妈妈不喜欢的，正确。

C项，姐姐的搭配方案是"粉色长袖衫 + 白色长裙"，妹妹的搭配方案是"蓝色短袖衫 + 绿色短裙"，没有出现妈妈不喜欢的方案，排除。

D、E项，姐姐的搭配方案是"蓝色短袖衫 + 绿色短裙"，妹妹的搭配方案是"粉色长袖衫 + 白色长裙"，没有出现妈妈不喜欢的方案，排除。

所以，选择B项。

【例2】小杨、小方和小孙在一起,他们中有一位是经理,一位是教师,一位是医生。小孙比医生年龄大,小杨和教师不同岁,教师比小方年龄小。

根据上述资料可以推出的结论是:

A. 小杨是经理,小方是教师,小孙是医生。

B. 小杨是教师,小方是经理,小孙是医生。

C. 小杨是教师,小方是医生,小孙是经理。

D. 小杨是医生,小方是经理,小孙是教师。

E. 小杨是医生,小方是教师,小孙是经理。

【答案】D

【解析】第一步:分析好用的条件。

(1)小孙比医生年龄大;

(2)小杨和教师不同岁;

(3)教师比小方年龄小。

"教师"是题干中直接重复的话题,可以建立题干条件关系。

"年龄"是题干中多个条件的共同话题,也可以建立题干条件关系。

第二步:建立题干条件之间的关系。

根据(2)(3)得出,教师不是小杨、小方,所以教师是小孙。

根据(1)(3)得出,小方 > 小孙(教师)> 医生,因此小杨是医生,小方是经理。

所以,选择 D 项。

2. 分析问题

(1)根据问题类型确定解题的方法。

①如果问题为一定真,一般采用题干推选项的方法;

②如果问题为一定假,一般采用选项代入验证法,代入题干后推出矛盾即为一定假的选项;

③如果问题为可能真,一般采用选项代入排除法,排除一定假的选项,剩下的即为可能真的选项。

(2)问题中存在附加的条件。

①如果问题中附加的条件为"确定的事实",需要从该条件入手,通过相同或相关项建立与题干条件的关系,再进行推理;

②如果问题中附加的条件为"限定的对象",解题的重点要放在题干中与这个对象直接相关的条件上,并可以预判优选项。

【例3】某地有两个奇怪的村庄,张庄的人在星期一、三、五说谎,李村的人在星期二、四、六说谎。在其他日子他们说实话。一天,外地的王从明来到这里,见到两个人,分别向他们提出关于日期的问题。两个人都说："前天是我说谎话的日子。"

如果被问的两个人分别来自张庄和李村，则以下哪项判断最可能为真？

A. 这一天是星期五或星期日。

B. 这一天是星期二或星期四。

C. 这一天是星期一或星期三。

D. 这一天是星期四或星期五。

E. 这一天是星期三或星期六。

【答案】C

【解析】第一步：简化题干信息，列表如下。（"×"代表说谎的日子）

	星期一	星期二	星期三	星期四	星期五	星期六	星期日
张庄	×		×		×		
李村		×		×		×	

根据限定条件"前天是我说谎的日子"可知，这一天比较特殊。周三到周六时，两人当天的状态都与前天一致，应当都说"前天是我说真话的日子"；周二时，两人前天都说真话，回答不可能一致，所以优选星期日与星期一代入验证。

第二步：观察选项，预判优选项并代入验证。

A项，假设今天是星期日，张庄的人说真话，前天星期五是说谎话的日子，张庄的人应该回答"前天是我说谎话的日子"；李村的人说真话，前天星期五是说真话的日子，李村的人应该回答"前天是我说真话的日子"。与题干不一致，排除。

C项，假设今天是星期一，张庄的人说假话，前天星期六是说真话的日子，张庄的人回答"前天是我说谎话的日子"；李村的人说真话，前天星期六是说谎话的日子，李村的人回答"前天是我说谎话的日子"。与题干一致，正确。

所以，选择C项。

【例4】曙光机械厂、华业机械厂、祥瑞机械厂都在新宁市辖区。它们既是同一工业局下属的兄弟厂，也是市场上的竞争对手。在有市场需求的五种机械产品中，曙光机械厂擅长生产产品1、产品2和产品4，华业机械厂擅长生产产品2、产品3和产品5，祥瑞机械厂擅长生产产品3和产品5。如果两个厂生产同样的产品，一方面是规模不经济，另一方面是会产生恶性内部竞争。如果一个厂生产三种产品，在人力和设备上也有问题。为了发挥好地区经济合作的优势，工业局召集三个厂的领导对各自的生产产品做了协调，做出了满意的决策。

以下哪项最可能是这几个厂的产品选择方案？

A. 曙光机械厂生产产品1和产品5，华业机械厂只生产产品2。

B. 曙光机械厂生产产品1和产品2，华业机械厂生产产品3和产品5。

C. 华业机械厂生产产品2和产品3，祥瑞机械厂只生产产品4。

D. 华业机械厂生产产品 2 和产品 5，祥瑞机械厂生产产品 3 和产品 4。

E. 祥瑞机械厂生产产品 3 和产品 5，华业机械厂只生产产品 2。

【答案】E

【解析】第一步：简化题干信息，找好用的条件。

题干中的限定条件为"每个产品只有一个厂生产，每个厂最多生产两种产品"，列表如下。（"√"代表擅长生产该产品）

产品 \ 机械厂	曙光	华业	祥瑞
1	√		
2	√	√	
3		√	√
4	√		
5		√	√

根据限定条件及表格可知，曙光机械厂生产产品 1 和产品 4，这可以作为确定的条件继续推理。

第二步：问题为"可能真"，采用选项代入排除法。

根据"曙光机械厂生产产品 1 和产品 4"，排除 A、B 项。

根据限定条件"每个产品只有一个厂生产"以及"曙光机械厂生产产品 4"可知，产品 4 不能由祥瑞机械厂生产，排除 C、D 项。所以，选择 E 项。

【例 5】某个团队去西藏旅游，除拉萨市之外，还有 6 个城市或景区，即 E 市、F 市、G 湖、H 山、I 峰、J 湖可供选择。考虑时间、经费、高原环境、人员身体状况等因素，这个团队旅游还需满足以下条件：

（1）G 湖和 J 湖中至少要去一处；

（2）如果不去 E 市或者不去 F 市，则不能去 G 湖游览；

（3）如果不去 E 市，就不能去 H 山游览；

（4）只有越过 I 峰，才能到达 J 湖。

如果由于气候原因，这个团队不去 I 峰，则以下哪项一定为真？

A. 该团去 E 市和 J 湖游览。

B. 该团去 E 市而不去 F 市游览。

C. 该团去 G 湖和 H 山游览。

D. 该团去 F 市和 G 湖游览。

E. 该团去 G 湖而不去 F 市游览。

【答案】D

【解析】第一步：简化题干信息。

（1）G 湖 ∨ J 湖；

（2）¬E 市 ∨ ¬F 市 → ¬G 湖；

（3）¬E 市 → ¬H 山；

（4）J 湖 → I 峰；

（5）¬I 峰。

第二步：问题中附加的条件为确定条件，从此条件入手建立题干条件关系。

将（5）代入（4）可得，¬J 湖；将"¬J 湖"代入（1）可得，G 湖；再将"G 湖"代入（2）可得，E 市 ∧ F 市。

所以，选择 D 项。

3. 分析选项

（1）如果选项内容充分，如选项列举内容较多、选项给出了多个确定的事实条件，或者选项中的条件关系明确，就可以从选项入手，采用选项代入排除法解题；

（2）将选项代入验证前，可以根据明确的条件关系快速排除不符合条件的选项，剩余的选项则可能是正确答案，再将其代入题干中进行验证；

（3）如果选项内容不充分，例如选项的内容与题干内容没有直接的关联，或给出的信息非常有限，就先选关联性强的优选项验证。

【例6】甲、乙、丙、丁、戊五个短跑运动员进行男子 100 米决赛。看台上，赵明和钱亮在预测他们的名次。

赵明说："名次排序是戊、丁、丙、甲、乙。"

钱亮说："名次排序是甲、戊、乙、丙、丁。"

决赛结果表明：赵明既没有猜对任何一个运动员的正确名次，也没有猜对任何一对名次相邻运动员的顺序关系；钱亮既猜对了两个运动员的正确名次，又猜对了两对名次相邻运动员的顺序关系。

据此可知，五个短跑运动员的名次排序应该是：

A. 甲、乙、丙、丁、戊。

B. 乙、甲、戊、丙、丁。

C. 丁、戊、甲、乙、丙。

D. 丙、丁、戊、甲、乙。

E. 乙、甲、丙、丁、戊。

【答案】B

【解析】第一步：简化题干信息，找好用的条件。

（1）赵明没有猜对任何一个运动员的正确名次；

（2）赵明没有猜对任何一对名次相邻运动员的顺序关系；

（3）赵明说："名次排序是戊、丁、丙、甲、乙。"

（1）（2）为确定的信息，属于好用的条件，只要与赵明说的名次排序一致，名次相邻的顺序一致的选项，就直接排除。

第二步：选项代入验证。

A、E项，"丙"的名次排序与赵明说的一致，排除。

C项，"甲、乙"的名次相邻的顺序与赵明说的一致，排除。

D项，"甲、乙、丁"的名次排序与赵明说的一致，排除。

所以，选择B项。

二、基础训练

【题1】方宁、王宜和余涌，一个是江西人，一个是安徽人，一个是上海人，余涌的年龄比上海人大，方宁和安徽人不同岁，安徽人比王宜的年龄小。

根据上述断定，以下结论都不可能推出，除了：

A. 方宁是江西人，王宜是安徽人，余涌是上海人。

B. 方宁是安徽人，王宜是江西人，余涌是上海人。

C. 方宁是安徽人，王宜是上海人，余涌是江西人。

D. 方宁是上海人，王宜是江西人，余涌是安徽人。

E. 方宁是江西人，王宜是上海人，余涌是安徽人。

【题2】甲、乙、丙猜测他们和丁之中谁被评为三好学生。

甲说："如果我被评上，那么乙也被评上。"

乙说："如果我被评上，那么丙也被评上。"

丙说："如果丁没被评上，那么我也没被评上。"

实际上他们之中至少有两人没被评上三好学生，并且甲、乙、丙说的话都是正确的。

下列说法除了哪项外一定为真？

A. 甲没有被评上三好学生。

B. 乙没有被评上三好学生。

C. 丙没有被评上三好学生。

D. 不知道丙是否被评上三好学生。

E. 不知道丁是否被评上三好学生。

【题3】某市的甲、乙、丙、丁、戊五所中学进行篮球比赛，每所中学互赛一场进行循环赛。比赛结果如下：

乙：1胜3败。丙：4胜0败。丁：2胜2败。戊：0胜4败。且比赛没有平局的情况。

请问甲的成绩如何？

A. 5 胜 2 败。   B. 3 胜 2 败。   C. 2 胜 3 败。

D. 3 胜 1 败。   E. 1 胜 3 败。

【题 4】小光和小明是一对孪生兄弟，刚上小学一年级。一次，他们的爸爸带他们去密云水库游玩，看到了野鸭子。小光说："野鸭子吃小鱼。"小明说："野鸭子吃小虾。"哥俩说着说着就争论起来，非要爸爸给评评理。爸爸觉得他们俩说的都没错，但没有直接回答他们的问题，而是用例子来比喻。说完后，哥俩都服气了。

以下哪项最可能是爸爸讲给儿子们听的话？

A. 一个人的爱好是会变化的。爸爸小时候很爱吃糖，你奶奶管也管不住。到现在，你让我吃我都不吃。

B. 什么事儿都有两面性。咱们家养了猫，耗子就没了。但是，如果猫身上长了跳蚤，就会让人讨厌。

C. 动物有时也通人性。有时主人喂它某种饲料，它会吃得很好，若是陌生人喂，它怎么也不吃。

D. 你们兄弟俩的爱好较相似，只是对饮料的爱好不同。一个喜欢喝可乐，一个喜欢喝雪碧。你妈妈就不在乎，可乐、雪碧都行。

E. 野鸭子和家里饲养的鸭子是有区别的。虽然人工饲养的鸭子是由野鸭子进化而来的，但据说已经有几千年的历史了。

【题 5】四个警员对某受害人的五位朋友进行询问，他们各自做出了如下推测：

甲说："这五个人都有嫌疑。"

乙说："老陈不能逃脱干系，他有嫌疑。"

丙说："这五个人不都是有嫌疑的。"

丁说："五个人中肯定有人作案。"

如果四个人中只有一个人的推测正确，那么以下哪项为真？

A. 甲推测正确，老陈最有嫌疑。

B. 丙推测正确，老陈没有嫌疑。

C. 丙推测正确，但老陈可能作案。

D. 丁推测正确，老陈有嫌疑。

E. 乙推测正确，老陈有嫌疑。

【题 6】某公司的销售部有五名工作人员，其中有两名本科专业是市场营销，两名本科专业是计算机，一名本科专业是物理学。又知道五人中有两名女士，她们的本科专业背景不同。

根据上文所述，以下哪项论断最可能为真？

A. 该销售部有两名男士是来自不同本科专业的。

B. 该销售部的一名女士一定是计算机本科专业毕业的。

C. 该销售部三名男士来自不同的本科专业，女士也来自不同的本科专业。

D. 该销售部至多有一名男士是市场营销专业毕业的。

E. 该销售部本科专业为物理学的一定是男士，不是女士。

【题 7】某学术会议正在举行分组会议。某一组有 8 人出席。分组会议主席问大家原来各自认识与否。结果是全组中仅有 1 个人认识小组中的 3 个人，有 3 个人认识小组中的 2 个人，有 4 个人认识小组中的 1 个人。

若以上统计是真实的，则最能得出以下哪项结论？

A. 会议主席认识小组的人最多，其他人相互认识的少。

B. 此类学术会议是第一次召开，大家都是生面孔。

C. 有些成员所说的认识可能仅是在电视上或报告会上见过而已。

D. 虽然会议成员原来的熟人不多，但原来认识的都是至交。

E. 通过这次会议，小组成员都相互认识了，以后见面就能直呼其名了。

【题 8】锁的密码由五个不同的数字组成。

甲猜：密码是 84261。

乙猜：密码是 26048。

丙猜：密码是 49280。

知道密码的丁告诉他们："每人都猜对了位置正确且不相邻的两个数字。"

请问该密码是什么？

A. 46241。　　　　　　　B. 24068。　　　　　　　C. 86240。

D. 46260。　　　　　　　E. 48026。

【题 9】有四个外表看起来没有区别的小球，它们的重量可能有所不同。取一个天平，将甲、乙归为一组，丙、丁归为另一组分别放在天平的两边，天平是基本平衡的。将乙和丁对调一下，甲、丁一边明显地要比乙、丙一边重得多。可奇怪的是，我们在天平一边放上甲、丙，而另一边刚放上乙，还没有来得及放上丁时，天平就压向了乙一边。

请你判断，这四个球中由重到轻的顺序是什么？

A. 丁、乙、甲、丙。　　　　　　B. 丁、乙、丙、甲。

C. 乙、丙、丁、甲。　　　　　　D. 乙、甲、丁、丙。

E. 乙、丁、甲、丙。

【题 10】先天的遗传因素和后天的环境影响到底哪个对人的发展起到重要作用？双胞胎的研究对于回答这一问题有重要的作用。唯环境影响决定论者预言，如果把一对双胞胎完全分开抚养，同时把一对不相关的婴儿放在一起抚养，那么，待他们长大成人后，在性格等内在特征上，前二者之间决不会比后二者之间有更大的类似。实际的统计数据并不支持这种极端的观点，但也不支持另一种极端观点，即唯遗传因素决定论。

从以上论述最能推出以下哪个结论？

A. 为了确定上述两种极端观点哪一种正确，还需要进一步的研究工作。

B. 虽然不能说环境影响对于人的发展起唯一决定的作用，但实际上起最重要的作用。

C. 环境影响和遗传因素对人的发展都起着重要的作用。

D. 试图通过改变一个人的环境来改变一个人是徒劳无益的。

E. 双胞胎研究是不能令人满意的，因为它得出了自相矛盾的结论。

参考答案与解析

【题1】

【答案】D

【解析】第一步：简化题干信息。

（1）余涌年龄＞上海人年龄；

（2）方宁和安徽人不同岁；

（3）王宜年龄＞安徽人年龄。

第二步：建立题干条件关系。

由（2）（3）得出，安徽人不是方宁、王宜，从而可得，（4）安徽人是余涌。

由（4）（3）（1）得出，王宜年龄＞余涌（安徽人）年龄＞上海人年龄，所以方宁是上海人，王宜是江西人。

所以，选择D项。

【题2】

【答案】C

【解析】题干条件均为真，可以先在它们之间搭桥再进行比较。

第一步：简化题干信息。

（1）甲：甲被评上→乙被评上。

（2）乙：乙被评上→丙被评上。

（3）丙：丁没被评上→丙没被评上＝丙被评上→丁被评上。

（4）甲、乙、丙说的话均为真，至少有两人没被评上。

第二步：进行"连锁推理"。

由（1）（2）（3）可得：甲被评上→乙被评上→丙被评上→丁被评上。

假设甲被评上，则有四人被评上；若只有一人被评上，只能是丁被评上，所以被评上的人要从后开始选取。

假设丁没被评上，则有四人没被评上；若只有一人没被评上，只能是甲没被评上，所以没被评上的人要从前开始选取。

根据（4）"至少有两人没被评上"可以确定，甲、乙没被评上，丙与丁不确定。

第三步：选项代入验证。

问题要求选择不确定真假或一定为假的选项。

综上，C项"丙没有被评上三好学生"不确定真假。所以，选择C项。

【题3】

【答案】D

【解析】第一步：简化题干信息。

（1）乙：1胜3败。

（2）丙：4胜0败。

（3）丁：2胜2败。

（4）戊：0胜4败。

（5）每所中学与其一场进行循环比赛，无平局。

第二步：分析题干中好用的条件，建立它们之间的关系。

根据条件（5）可知，比赛结果为10胜10败。

根据（1）（2）（3）（4）可知，乙、丙、丁、戊总共"7胜9败"，所以剩余的"3胜1败"为甲用的结果。

所以，选择D项。

【题4】

【答案】D

【解析】第一步：简化题干信息。

（1）小光与小明认为"野鸭子吃小鱼"和"野鸭子吃小虾"是不相容的关系；

（2）爸爸觉得他们俩说的都没错。这说明爸爸认为"野鸭子吃小鱼"和"野鸭子吃小虾"是相容的关系。

第二步：预判优选项。

D项，"你们兄弟俩的爱好较相似，只是对饮料的爱好不同。一个喜欢喝可乐，一个喜欢喝雪碧"这句话说明"喜欢喝可乐"和"喜欢喝雪碧"是不相容的关系。"你妈妈就不在乎，可乐、雪碧都行"这句话说明"喜欢喝可乐"和"喜欢喝雪碧"是相容的关系。正确。

【题5】

【答案】B

【解析】第一步：简化题干信息。

（1）甲：这五个人都有嫌疑。

（2）乙：老陈有嫌疑。

（3）丙：有人没有嫌疑。

（4）丁：有人作案。

（5）四个人中只有一个人的推测正确。

第二步：确定"一真"的范围。

（1）和（3）是矛盾关系，必然一真一假，"一真"的范围已经确定，所以（2）和（4）都为假。

第三步：假话转为真话再进行推理。

（2）转为真话：老陈没有嫌疑。

（4）转为真话：所有人都没有作案。

由"老陈没有嫌疑"（3）为真，丙推测正确，B 项正确。

由"所有人都没有作案"可知，老陈没有作案，C 项错误。

所以，选择 B 项。

【题 6】

【答案】A

【解析】第一步：简化题干信息，并列表。

（1）两名本科专业是市场营销；

（2）两名本科专业是计算机；

（3）一名本科专业是物理学。

（4）五人中有两名女士，她们的本科专业背景不同。

分类情况	2 市场营销	2 计算机	1 物理学	男士专业
1	1女	1女		3 名男士不同专业
2	1女		1女	2 名男士不同专业
3		1女	1女	2 名男士不同专业

第二步：问题为"可能真"，选项代入验证并进行排除。

A 项，该销售部有两名男士是来自不同本科专业的，符合上述三种情况，没有出现矛盾，可能为真。

B 项，该销售部的一名女士一定是计算机本科专业毕业的，不符合情况 2，排除。

C 项，该销售部三名男士来自不同的本科专业，不符合情况 2、情况 3，排除。

D 项，该销售部至多有一名男士是市场营销专业毕业的，不符合情况 3，排除。

E 项，该销售部本科专业为物理学的一定是男士，不是女士，不符合情况 2、情况 3，排除。

所以，选择 A 项。

【题 7】

【答案】C

【解析】第一步：简化题干信息。

（1）1人认识3人；

（2）3人认识2人；

（3）4人认识1人。

第二步：分析题干条件关系。

认识的情况为，3+6+4=13种，13为奇数，这说明题干中的"认识"是非对称的。

第三步：预判优选项。

C项，说明有人的认识是单方面的认识，符合上述推理。

所以，选择C项。

【题8】

【答案】C

【解析】第一步：简化题干信息，找好用的条件。

（1）密码由五个不同的数字组成；

（2）每人猜对了两个位置正确且不相邻的数字。

第二步：选项充分，代入验证并排除。

A项，有相同的数字4，不符合（1），排除。

B项，代入题干可得，乙猜对了三个数字，丙未猜对数字，不符合（2），排除。

C项，代入题干可知，符合（1）（2），正确。

D项，有相同的数字6，不符合（1），排除。

E项，代入题干可得，甲未猜对数字，乙、丙只猜对了一个数字，不符合（2），排除。

所以，选择C项。

【题9】

【答案】A

【解析】第一步：简化题干信息。

（1）甲＋乙＝丙＋丁；

（2）甲＋丁＞乙＋丙；

（3）乙＞甲＋丙。

第二步：建立题干条件关系。

由（1）（2）可以得出：（4）丁＞乙。

由（1）（4）可以得出：（5）甲＞丙。

由（3）（4）（5）可以得出，这四个球由重到轻的顺序为"丁＞乙＞甲＞丙"。

所以，选择A项。

【题10】

【答案】C

【解析】第一步：简化题干信息。

结论：实际的统计数据并不支持唯环境影响决定论，也不支持唯遗传因素决定论。

第二步：预判优选项，选项代入验证。

根据结论可知，环境影响与遗传因素都会对人的发展起到作用。

C项，指出环境影响和遗传因素对人的发展都起着重要的作用，符合题干要求。

所以，选择C项。

三、要点总结

要点21：分析题干中好用的条件的特点。好用的条件包括：①排除干扰项的限定条件；②可以搭桥的条件；③限定较多的条件。

要点22：分析问题。具体方法有：①问题为一定真，采用题干推选项；②问题为一定假，采用选项代入验证法；③问题为可能真，采用选项代入排除法；④问题有附加条件，从附加条件入手。

要点23：分析选项。具体方法有：①选项充分，采用选项代入排除法；②选项不充分，预判优选项。

第六讲　推理方法

一、知识要点

1.图表法

（1）方法介绍：用列表或画图的形式表示以简化题干信息。

①列表法步骤：

第一步：题干条件中给出了两类或多类元素的对应关系，根据题干中对应的条件分别把一类元素放在行中，一类元素放在列中。

第二步：根据题干的信息，把已经确定的条件填入表格中。

第三步：根据表格建立题干多个条件的关系，推出确定结果后，填入表格继续推理。

②画图法是比较笼统的称呼，一般是根据题干条件特点，运用画图的方法列举多个条件的关系，如范围关系、大小关系、左右排序关系等。

（2）适用题型：题干信息多，但有共同的话题。

画图表的目的是理清题干中多个条件的关系，如果题干条件少，且以形式逻辑的推理关系为主，是不需要画图表的，所以这个方法一般适用于题干信息多、关系不明朗的题型。但是若多个条件互不相关或没有共同话题，就无法建立题干条件关系，这类题型也不适合画图表。

【例1】张老师将文房四宝装在一个有四层抽屉的柜子里，让学生猜笔、墨、纸、砚分别在哪一层。按照笔、墨、纸、砚的顺序，小李猜测四宝依次装在第一、第二、第三和第四层，小王猜测四宝依次装在第一、第三、第四和第二层，小赵猜测四宝依次装在第四、第三、第一和第二层，而小杨猜测四宝依次装在第四、第二、第三和第一层。张老师说，小赵一个都没有猜对，小李和小王各猜对了一个，而小杨猜对了两个。

由此可以推测：

A. 第一层抽屉里装的是墨。

B. 第二层抽屉里装的是纸。

C. 第三层抽屉里装的不是笔。

D. 第四层抽屉里装的不是砚。

E. 第四层抽屉里装的是笔。

【答案】D

【解析】第一步：简化题干信息。

因为小赵一个都没有猜对，所以与小赵猜测相同的项为假，列表如下。

题干条件	学生	猜对个数	第一层	第二层	第三层	第四层
（1）	小李	1	笔	墨	纸	砚
（2）	小王	1	笔	~~砚~~	~~墨~~	纸
（3）	小赵	0	~~纸~~	~~砚~~	~~墨~~	~~笔~~
（4）	小杨	2	砚	墨	纸	~~笔~~

第二步：结合题干信息继续推理。

根据（1）（2）中的共同话题"第一层是笔"做假设。

假设"第一层是笔"，由（1）可知，小李只猜对一个，所以第二层不是墨，第三层不是纸；结合（4）可得，小杨四层都没有猜对，不满足题干要求，所以假设不成立，可得：（5）第一层不是笔。

根据条件（2）（5）得出，小王猜对第四层。

所以，选择 D 项。

【例2】张萌、王燕、李云和赵芳四人，平时最喜欢看肥皂剧。这天，四人在网上搜了部韩剧来看。"这故事倒还不错，就是女主角年纪大了点儿，最少也得30以上了。"李云很是挑剔。张萌倒是跟她意见不同，"哪儿有，我看人家还青春洋溢着呢，绝对不会超过20岁。"四人七嘴八舌开始讨论起来。

其实呢，猜来猜去，只有一个人说对了，根据下面的总结，请判断以下哪个是正确的？

（1）张萌：她不会超过20岁。

（2）王燕：她不会超过25岁。

（3）李云：她绝对在30岁以上。

（4）赵芳：她的岁数在35岁以下。

A. 张萌说得对。

B. 女主角的年龄在35岁以上或在25~30岁之间。

C. 女主角的年龄在30~35岁之间。

D. 王燕说得对。

E. 以上都不正确。

【答案】B

【解析】第一步：简化题干信息，画图如下。

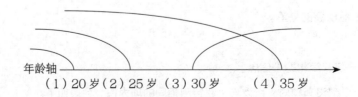

第二步：分析题干条件间的关系。

根据条件"只有一个人说对了"，说明在这个年龄轴内只有一个人说的话满足条件。

如图：25~30岁之间只有（4）（赵的话）为真；35岁以上只有（3）（李的话）为真。

所以，选择B项。

2. 假设法

（1）方法介绍：假设法的目的是在多个题干条件中找到确定的事实条件，以此条件作为继续推理的前提。考生一定要注意，推理的前提是"已知前提为真"。

①反证法假设。

假设题干条件a为真，推出矛盾，则该假设不成立，说明a一定为假（确定的结果）。把假话转为真话，作为确定的事实条件，结合题干其他条件继续推理。

模型1：假设a为真，推出矛盾，则a为假。

②分情况讨论假设。

假设题干条件a为真，没有推出矛盾，反而得出结论b，此时一定要注意结论b只是可能为真，不是确定的结果，所以需要再做另一种情况的假设。

再假设题干条件a为假，也得出结论b，这时结论b一定为真（确定的结果）。

模型2：假设a为真，推出b（可能真）；再假设a为假，推出b（一定真）。

（2）适用题型：一般用于真假话题型，或题干没有确定的条件，无法直接推理的题目。

【例3】某便利店被抢劫，警方逮捕了四名嫌疑人，经过审问得到以下回答：

赵说："我不是抢劫犯。"

钱说："我是抢劫犯。"

孙说："赵不是抢劫犯。"

李说："钱不是抢劫犯。"

真正的抢劫犯是这四个人中的至少一人，真正的抢劫犯一定会说谎，而其他人的话也未必是实话。

根据以上陈述，以下哪项为真？

A. 钱说假话，并且是抢劫犯。

B. 孙说假话，并且是抢劫犯。

C. 李不是抢劫犯，但也没有说真话。

D. 赵说假话，并且是抢劫犯。

E. 孙说假话，但不是抢劫犯。

【答案】D

【解析】第一步：简化题干信息。

（1）赵：¬赵。

（2）钱：钱。

（3）孙：¬赵。

（4）李：¬钱。

（5）真正的抢劫犯是这四个人中的至少一人，真正的抢劫犯一定会说谎，而其他人的话也未必是实话。

第二步：分析题干条件关系。

根据（2）（5）得出钱说假话，但不是抢劫犯，所以（4）为真，李不是抢劫犯，抢劫犯是赵∨孙。

根据（1）（3）选择重复的条件"¬赵"做假设，假设赵不是抢劫犯。

赵不是抢劫犯→赵和孙都说的真话→赵和孙都不是抢劫犯，此时没有人是抢劫犯，与（5）"至少一人是抢劫犯"矛盾，故假设不成立，赵是抢劫犯。结合（1）（3）得出：赵和孙都说假话。

所以，选择 D 项。

【例 4】某岛居民分为骑士和无赖两类。骑士只讲真话，无赖只说假话。甲和乙是该岛上的两个居民，关于他们，甲说："或者我是无赖，或者乙是骑士。"

根据上述条件，可以推出以下哪个结论？

A. 甲和乙都是骑士。

B. 甲和乙都是无赖。

C. 甲是骑士，乙是无赖。

D. 乙是骑士，甲是无赖。

E. 无法断定。

【答案】A

【解析】第一步：简化题干信息。

（1）甲：甲无赖∨乙骑士。

（2）骑士只讲真话，无赖只说假话。

第二步：找单判断做假设。

假设甲是无赖，根据（2）得出"甲说假话"。

根据（1）选言判断部分真则为真，得出"甲说真话"，出现矛盾，所以假设不成立，因此得出：（3）甲是骑士。

第三步：结合题干条件，从确定条件继续推理。

根据（3）（2）得出，甲说真话，即"甲无赖∨乙骑士"为真，根据选言判断的性质，如果甲不是无赖，一定可以得出乙是骑士。

所以，选择 A 项。

3. 算术法

（1）方法介绍：是利用方程、不等式、数字规律等技巧解题从而得出正确答案的方法。

主要方法介绍：

①根据题干中多个条件的共同未知数设定一个假设的对象 x，建立方程式（或数学模型）求解目标函数。

②根据题干中的两个或两个以上的条件关系，建立大于或小于的数字关系，选项代入验证找到对应答案。

③分析多个条件中不同数字的内在关联，总结隐含的规律，推出答案。

（2）适用题型：题干或选项中有数字的题型。

【例5】在国庆50周年仪仗队的训练营地，某连队一百多名战士在练习不同队形的转换。如果他们排成五列人数相等的横队，只剩下连长在队伍前面喊口令；如果他们排成七列这样的横队，仍然只有连长可以在前面领队；如果他们排成八列，就可以有两人作为领队了。

在全营排练时，营长要求他们排成三列横队。以下哪项是最可能出现的情况？

A. 该连队官兵正好排成三列横队。

B. 除了连长外，正好排成三列横队。

C. 排成了整齐的三列横队，另有两人作为全营的领队。

D. 排成了整齐的三列横队，其中有一人是其他连队的。

E. 排成了三列横队，连长在队外喊口令，但营长临时排在队中。

【答案】B

【解析】第一步：简化题干信息。

（1）某连队一百多名战士在练习；

（2）如果排成五列，余1人；

（3）如果排成七列，余1人；

（4）如果排成八列，余2人。

第二步：分析题干条件间的关系。

根据（1）（2）（3）得出，5和7的公倍数，满足大于100的最小数值为105。假设该连有106人，只要满足（4）就可能为真。106÷8=13余2，因此106可能是该连的人数。

第三步：根据问题附加条件列等式。

106÷3=35余1。

所以，选择B项。

二、基础训练

【题1】某天，同班级的小赵、小钱、小孙、小李、小周在谈论各自喜欢的电视频道。已知：小赵不喜欢新闻频道，喜欢艺术频道的和小李不同岁，小钱比喜欢艺术频道的年龄大，喜欢财经频道的和小周不是来自同一个地方，小孙喜欢教育频道。每个人喜欢的电视频道互不重复。

根据上述资料可以推出小赵、小钱、小孙、小李、小周分别喜欢哪些频道？

A. 纪实频道、艺术频道、教育频道、新闻频道、财经频道。

B. 新闻频道、财经频道、教育频道、纪实频道、艺术频道。

C. 纪实频道、教育频道、艺术频道、新闻频道、财经频道。

D. 纪实频道、新闻频道、教育频道、财经频道、艺术频道。

E. 财经频道、艺术频道、教育频道、新闻频道、纪实频道。

【题2】在丈夫或妻子至少有一个是中国人的夫妻中，中国女性比中国男性多2万。

如果上述断定为真，则以下哪项一定为真？

Ⅰ. 恰有2万中国女性嫁给了外国人。

Ⅱ. 在和中国人结婚的外国人中，男性多于女性。

Ⅲ. 在和中国人结婚的人中，男性多于女性。

A. 只有Ⅰ。　　　　　　　　B. 只有Ⅱ。　　　　　　　　C. 只有Ⅲ。

D. 只有Ⅱ和Ⅲ。　　　　　　E. Ⅰ、Ⅱ和Ⅲ。

【题3】海淀一中组织春游活动，初一3班展开了"真假话推理"活动。活动规则如下：（1）该班所有男生都讲假话；（2）该班所有女生都讲真话。活动进行中，甲同学突然说："我是男生或者乙是女生。"

请问没有在现场的你能根据甲同学的话判断甲和乙两位同学的性别吗？

A. 甲和乙性别不同。　　　　B. 甲说假话。

C. 甲是女生。　　　　　　　D. 乙是男生。

E. 不能确定甲、乙的性别。

【题4】甲、乙、丙、丁、戊要么是女足运动员，要么是女排运动员。她们相互知道各自的身份，但其他人却不知道。一次联欢会上，她们请大家推理。

甲对乙说："你是女排队员。"

乙对丙说："你和丁都是女排队员。"

丙对丁说："你和乙都是女足队员。"

丁对戊说："你和乙都是女排队员。"

戊对甲说："你和丙都不是女排队员。"

如果规定同一个队的人之间说真话，不同队的人之间说假话，那么下面哪项必定为真？

A. 甲说真话，女排队员是甲、乙、丁。

B. 甲说真话，女排队员是甲、乙、丙。

C. 丙说真话，女排队员是丙、丁、戊。

D. 丁说假话，女排队员是甲、丙、丁。

E. 乙说真话，女排队员是乙、丙、丁。

【题5】六一儿童节快到了。幼儿园老师为班上的小明、小雷、小刚、小芳、小花5位小朋友准备了红、橙、黄、绿、青、蓝、紫7份礼物。已知所有礼物都送了出去，每份礼物只能由1人获得，每人最多获得2份礼物。另外，礼物派送还需满足如下要求：

（1）如果小明收到橙色礼物，则小芳会收到蓝色礼物；

（2）如果小雷没有收到红色礼物，则小芳不会收到蓝色礼物；

（3）如果小刚没有收到黄色礼物，则小花不会收到紫色礼物；

（4）没有人既能收到黄色礼物，又能收到绿色礼物；

（5）小明只收到橙色礼物，而小花只收到紫色礼物。

根据上述信息，以下哪项可能为真？

A. 小明和小芳都收到2份礼物。　　B. 小雷和小刚都收到2份礼物。

C. 小刚和小花都收到2份礼物。　　D. 小芳和小花都收到2份礼物。

E. 小明和小雷都收到2份礼物。

【题6】甘蓝比菠菜更有营养。但是，因为绿芥兰比莴苣更有营养，所以甘蓝比莴苣更有营养。

以下各项，作为新的前提分别加入题干的前提中，都能使题干的推理成立，除了：

A. 甘蓝与绿芥兰同样有营养。

B. 菠菜比莴苣更有营养。

C. 菠菜比绿芥兰更有营养。

D. 菠菜与绿芥兰同样有营养。

E. 绿芥兰比甘蓝更有营养。

题7~题8基于以下题干：

种类	雄性	雌性
G	H	J、K
L	M	N
P	Q、R、S	T、W

某养鸟者展示数对鸟，每对鸟由同一种类的一雄一雌构成，鸟的种类及性别情况如上表所示。每次最多只能展示2对鸟，剩余的鸟必须被分置在2个鸟笼中，该养鸟者受以下条件的限制：

（1）每个笼子中的鸟不能超过4只；

（2）同一种类相同性别的两只鸟不能放在同一个笼子中；

（3）J或W被展示时，S不能被展示。

【题7】如果从左到右依次代表"第一笼""第二笼"和"展示"，下面哪一种对鸟的分配是符合条件的？

A. H，M，N； J，K，S； Q，R，T，W。

B. K，M，Q； N，R，W； H，J，S，T。

C. K，Q，S； R，T，W； H，J，M，N。

D. H，J，M，R； K，N，S，W； Q，T。

E. R，Q，S； K，T，W； H，J，M，N。

【题8】下面哪一项列出了该养鸟者可以同时展出的两对鸟？

A. H和J；M和N。

B. H和J；S和T。

C. H和K；M和N。

D. H和K；R和W。

E. K和J；M和N。

【题9】某研究所对该所上年度研究成果的统计显示：在该所所有的研究人员中，没有两个人发表的论文的数量完全相同；没有人恰好发表了10篇论文；没有人发表的论文的数量等于或超过全所研究人员的数量。

如果上述统计是真实的，则以下哪项断定也一定是真实的？

Ⅰ. 该所研究人员中，有人上年度没有发表1篇论文。

Ⅱ. 该所研究人员的数量不少于3人。

Ⅲ. 该所研究人员的数量不多于10人。

A. 只有Ⅰ。　　　　　　　B. 只有Ⅱ。　　　　　　　C. 只有Ⅲ。

D. 只有Ⅰ和Ⅲ。　　　　　E. Ⅰ、Ⅱ和Ⅲ。

【题10】相传古时候某国的国民都分别居住在两座坚城中，一座"真城"，一座"假城"。凡真城里的人都说真话，假城里的人都说假话。一位知晓这一情况的国外游客来到其中一座城市，他只向遇到的该国国民提了一个是非问题，就明白了自己所到的是真城还是假城。

下列哪个问题是最恰当的？

A. 你是真城的人吗？

B. 你是假城的人吗？

C. 你是说真话的人吗？

D. 你是说假话的人吗？

E. 你是这座城的人吗？

参考答案与解析

【题1】

【答案】D

【解析】第一步：简化题干信息。

（1）小赵不喜欢新闻频道；

（2）小李不喜欢艺术频道；

（3）小钱不喜欢艺术频道；

（4）小周不喜欢财经频道；

（5）小孙喜欢教育频道。

第二步：选项充分，代入验证排除。

A、E项，根据（3）"小钱不喜欢艺术频道"排除。

B项，根据（1）"小赵不喜欢新闻频道"排除。

C项，根据（5）"小孙喜欢教育频道"排除。

所以，选择D项。

【题2】

【答案】D

【解析】第一步：简化题干信息。

（1）丈夫或妻子至少有1个是中国人的夫妻；

（2）中国女性＝中国男性+2万人。

列表如下。

男性	中国人a	中国人b	外国人c
女性	中国人a	外国人b	中国人c

注意：因为中国实施的是一夫一妻制度，所以每列的男女数量都设成了相同的数值a/b/c。

第二步：将表格的关系代入（2）。

由（2）"中国女性（a+c）＝中国男性（a+b）+2万人"得出：（3）和外国人结婚的中国女性（c）＞和外国人结婚的中国男性（b）。

第三步：选项代入验证。

复选项Ⅰ，恰有2万中国女性嫁给了外国人，仅当b（和外国人结婚的中国男性）=0时为真，所以该项不是一定为真，而是可能为真，排除。

复选项Ⅱ，和中国人结婚的外国男性（c）＞和中国人结婚的外国女性（b），根据（3）可知该项一定为真，正确。

复选项Ⅲ，和中国人结婚的男性（a+c）＞和中国人结婚的女性（a+b），根据（2）可知该项一定为真，正确。

所以，选择 D 项。

【题 3】

【答案】C

【解析】第一步：简化题干信息。

（1）所有男生都讲假话；

（2）所有女生都讲真话；

（3）甲：甲是男生∨乙是女生。

第二步：题干条件无法建立关系，做假设。

假设"甲是男生"，根据（1）得出甲说假话，即"甲是男生∨乙是女生"这句话为假。假话转为真话得出"甲是女生∧乙是男生"，与假设矛盾，所以假设不成立。进而得出：（4）甲是女生。

第三步：由确定条件出发，继续推理。

根据（4）（2）得出，甲讲真话，又因为"甲是男生∨乙是女生"中"甲是男生"已经为假，所以为了保证甲说真话，乙应该是女生。

所以，选择 C 项。

【题 4】

【答案】A

【解析】第一步：简化题干信息，找好用的条件。

（1）甲对乙说："乙女排。"

（2）乙对丙说："丙女排∧丁女排。"

（3）丙对丁说："丁女足∧乙女足。"

（4）丁对戊说："戊女排∧乙女排。"

（5）戊对甲说："¬甲女排∧¬丙女排。"

（6）同一个队的人之间说真话，不同队的人之间说假话。

只有（1）是单判断，所以是好用的条件。

第二步：确定假设的对象，做假设。

情况1：假设甲对乙说真话，结合（6）得出"甲、乙同队，甲是女排队员"。

情况2：假设甲对乙说假话，结合（6）得出"甲、乙不同队，甲是女排队员"。

由此得出：（7）甲一定是女排队员。

第三步：由确定条件出发，继续推理。

由（7）（5）得出戊对甲说的话为假，所以可得：（8）戊是女足队员。

由（8）（4）得出丁对戊说的话为假，所以可得：（9）丁是女排队员。

由（9）（3）得出丙对丁说的话为假，所以可得：（10）丙是女足队员。

由（10）（2）得出乙对丙说的话为假，所以可得：乙是女排队员。

故女排队员是甲、乙、丁，且甲对乙说的话为真。

所以，选择 A 项。

【题 5】

【答案】B

【解析】第一步：简化题干信息，找好用的条件。

（1）小明橙色→小芳蓝色；

（2）¬小雷红色→¬小芳蓝色；

（3）¬小刚黄色→¬小花紫色；

（4）没有人既能收到黄色礼物，又能收到绿色礼物；

（5）小明只收到橙色礼物，小花只收到紫色礼物。

（5）为好用的条件，说明：①小明只收到 1 份礼物；②小花只收到 1 份礼物。

第二步：问题为"可能真"，选项代入验证排除。

根据①排除 A、E 项；根据②排除 C、D 项。

所以，选择 B 项。

【题 6】

【答案】E

【解析】第一步：简化题干信息。

前提：（1）甘蓝营养 > 菠菜营养；（2）绿芥兰营养 > 莴苣营养。

结论：甘蓝营养 > 莴苣营养。

第二步：问题要求找"不能使推理成立"的选项，选项代入验证排除。

A 项，甘蓝营养 = 绿芥兰营养，加上前提（2）可以得出结论，排除。

B 项，菠菜营养 > 莴苣营养，加上前提（1）可以得出结论，排除。

C 项，菠菜营养 > 绿芥兰营养，加上前提（1）与（2）可以得出结论，排除。

D 项，菠菜营养 = 绿芥兰营养，加上前提（1）与（2）可以得出结论，排除。

所以，选择 E 项。

【题 7】

【答案】D

【解析】第一步：找好用的条件。

（2）"同一种类相同性别的两只鸟不能放在同一个笼子中"属于限定苛刻的条件，可以代入排除选项。（3）"J 或 W 被展示→S 不能被展示"属于条件关系，可以验证排除选项。

第二步：选项充分，代入验证排除。

A 项，J、K 属于同种类、同性别，根据（2）排除。

B 项，J、S 根据（3）排除。

C、E项，T、W属于同种类、同性别，根据（2）排除。

所以，选择D项。

【题8】

【答案】D

【解析】第一步：根据问题"可以同时展出的鸟"找好用的条件。

（2）同一种类相同性别的两只鸟不能放在同一个笼子中，由此得出：（4）Q、R、S中至少有1只被展出。

（3）"J或W被展示→S不能被展示"属于条件关系，可以验证排除选项。

第二步：选项代入验证排除。

A、C、E项，均没有展出Q、R、S中的任意一只，根据（4）排除。

B项，J、S根据（3）排除。

所以，选择D项。

【题9】

【答案】D

【解析】第一步：简化题干信息。

（1）没有两个人发表的论文的数量完全相同；

（2）没有人恰好发表了10篇论文；

（3）没有人发表的论文的数量等于或超过全所研究人员的数量。

第二步：分析题干条件关系。

若设全所人员的数量为 n，根据（1）（3）可得：（4）全所人员发表论文的数量必定分别为0，1，2，…，n-1。

根据（2）"没有人恰好发表了10篇论文"可得：（5）该所研究人员的数量不多于10人。否则，则有人恰好发表了10篇论文，和（2）矛盾。

第三步：选项代入验证排除。

复选项Ⅰ，有人上年度没有发表1篇论文，根据（4）可知，有人发表0篇，正确。

复选项Ⅱ，研究人员的数量不少于3人，根据（4）可知，n 可以为2。例如，如果研究人员的数量是2，其中一人未发表论文，另一人发表了1篇论文，题干的三个条件可同时满足。所以该项不成立，排除。

复选项Ⅲ，研究人员的数量不多于10人，根据（5）可知，该项正确。

所以，选择D项。

【题10】

【答案】E

【解析】第一步：简化题干信息。

（1）真城里的人都说真话；

（2）假城里的人都说假话。

题干条件不充分，选项代入验证。

第二步：选项代入验证排除。

A 项，对于问题"你是真城的人吗？"真城、假城的人都会回答"是"，不能判断在哪座城，排除。

B 项，对于问题"你是假城的人吗？"真城、假城的人都会回答"不是"，不能判断在哪座城，排除。

C 项，对于问题"你是说真话的人吗？"真城、假城的人都会回答"是"，不能判断在哪座城，排除。

D 项，对于问题"你是说假话的人吗？"真城、假城的人都会回答"不是"，不能判断在哪座城，排除。

E 项，对于问题"你是这座城的人吗？"真城的人会回答"是"，假城的人会回答"不是"，正确。

所以，选择 E 项。

三、要点总结

要点 24：已知条件必相关，活用图表建关系，图表信息要列全，推出信息要代入。

要点 25：已知条件难推理，假设方法找条件，推出矛盾即事实，确定信息可推理。

要点 26：已知条件有数据，等式画表都可以，注意数据的范围，代入验证找结果。

第三章 论证逻辑基础

论证逻辑学习先导

一、论证逻辑学习要点

1. 常见论证结构

论证逻辑题的题干一般会给出前提和结论的论证过程，所以考生在通关基础阶段的学习中要学会识别论证结构，准确判断论证的前提与结论的位置与内容。概念是论证前提或结论中的基础要素，所以概念相关知识点也是考生学习的要点。

2. 常见论证方法

论证逻辑题在学习过程中重点是培养考生准确地分析题干中的论证关系的能力，所以在通关基础阶段必须掌握论证中常考的演绎、归纳、类比等基本方法。

二、论证逻辑常考题型

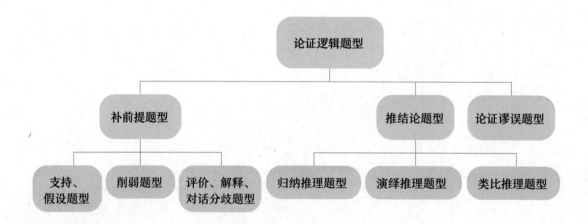

三、论证逻辑考试比重

1. 考试高频题型为补前提题型，近十年的考题中每年考 7~10 题，尤其是支持与削弱题型是考试中的重中之重，所以考生在通关基础阶段要掌握基本的论证方法，在通关强化阶段要能够根据题型分别重点突破。

2.考试低频题型为推结论题型和论证谬误题型，近十年的考题中每年考 0~3 题，这两类题型的信息量一般较大，所以考生在备考中要总结解题技巧，提高解题速度。

第七讲 概念与定义

一、知识要点

1. 概念的内涵与外延

概念是反映某一类事物、现象所包含的范围，同时反映其本质特点的思维形式。概念的定义包含了两个部分，即概念的内涵与概念的外延。

（1）概念的内涵是反映事物本质或特征的思维形式。

（2）概念的外延是反映事物对象所包含的范围或种类。

例如：

人的内涵：是能够使用劳动工具，进行创造性劳动的高级动物。

人的外延：人的范围按照性别来划分，分为男人和女人两种类型。

（3）内涵与外延的关系。

内涵与外延的关系为反变关系，即内涵越多的概念其外延越小，内涵越少的概念其外延越大。

内涵与外延的关系如图所示：

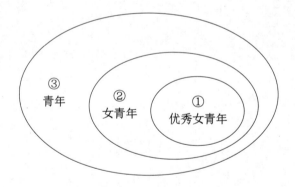

外延由大到小依次为：③ > ② > ①。

内涵由多到少依次为：① > ② > ③。

分析下列下划线的概念的内涵或外延是否一致：

【例1】农历正月十五元宵节，又称为"上元节"，是春节之后的第一个重要节日。恰逢佳节，一女子想到灯市观<u>灯</u>。其丈夫说道："家中已点<u>灯</u>了。"该女子答道："我不仅想观灯，而且还想观人。"

【解析】女子想观的是灯市的"灯"，丈夫说的是家中的"灯"，两个概念的外延不一致，存在偷换概念的问题。

【例2】三个月大的中国男婴的平均<u>体重</u>是 6.70 千克。因此，如果一个 3 个月大的中国男婴体重只有 5 千克，那么他的<u>体重</u>增长低于中国平均水平。

【解析】前面的"体重"是三个月大的中国男婴体重的平均数值，后面的"体重"是一个三个月大的中国男婴在不同阶段的体重变化数值，两个概念的内涵不一致，存在混淆概念的问题。

2. 概念的种类

（1）正概念与负概念。

根据概念所反映的是事物具有某种属性还是不具有某种属性，可以把概念分为正概念和负概念。

正概念：反映事物具有某种属性的概念，例如高端、大气、上档次等。

负概念：反映事物不具有某种属性的概念，例如不高端、不大气、不上档次等。

（2）集合概念与非集合概念。

根据概念所反映的是否为事物的总体，可以将概念分为集合概念与非集合概念。

集合概念：将事物作为一个整体来加以反映的概念，例如森林、犯罪团伙等。

非集合概念：反映事物的非整体性，即反映事物的类或其子类或分子的概念，例如王燚老师、犯罪分子等。

【例3】请判断下列推理是否正确：

天安门是中国人的，我是中国人，因此天安门是我的。

【解析】不正确。

（1）"天安门是中国人的"中的"中国人"是集合概念；

（2）"我是中国人"中的"中国人"是非集合概念。

该推理存在集合体性质误用的问题，集合体具有的特点，个体不一定具有，所以未必能得出"天安门是我的"的结论。

3. 概念间的关系

（1）相容关系。

关系	定义	举例
同一关系	两个或多个概念的外延完全重合的关系	北京和中国首都
包含关系	一个概念的部分外延和另一个概念的全部外延相重合的关系	大学生和学生
交叉关系	一个概念的部分外延和另一个概念的部分外延相重合的关系	大学生和共产党员

附加：欧拉图

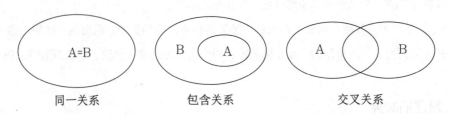

同一关系　　　　　　　包含关系　　　　　　　交叉关系

（2）不相容关系。

关系	定义	举例
矛盾关系	两个概念之和构成了它们共同的邻近属概念的全部外延	成年人和未成年人
反对关系	两个概念之和小于它们共同的邻近属概念的全部外延	老人和小孩

附加：欧拉图

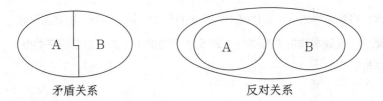

矛盾关系　　　　　　　　　　反对关系

【例4】请判断下列推理是否正确：

（1）琼瑶就是陈喆，很多人知道《还珠格格》是琼瑶的作品，所以一定知道这是陈喆的作品。

（2）小明对自己考研的结果做了如下判断："我觉得自己一定能考上研究生，如果考不上就再考一年。"

（3）小明对这次球赛的结果做了如下判断："我觉得这次比赛既不算成功了，也不算不成功。"

（4）小明预测小红在手机颜色的选择上不是黑色就是白色。

【解析】（1）不正确，因为琼瑶就是陈喆，属于客观事实的同一关系，但不等于主观认知"知道"也是同一关系，存在不当同一替换的问题。

（2）不正确，因为小明的判断同时肯定了矛盾的双方，存在自相矛盾的问题。

（3）不正确，因为小明的判断同时否定了矛盾的双方，存在两不可的问题。

（4）不正确，因为小明的预测存在非黑即白的问题，不是黑色也可能是金色，不一定是白色。

4. 定义

（1）定义的含义。

定义就是以简短的形式揭示语词、概念、判断的内涵和外延，使人们明确它们的意义及其使用范围的逻辑方法。通过定义，可以明确概念所反映的对象的特点和本质。

（2）定义的规则。

①定义项外延与被定义项外延之间必须是全同关系；

②被定义项不得直接或间接出现在定义项中；

③定义项必须用清楚确切的概念，不能使用比喻等抽象表达形式；

④正概念的定义项中不得包括否定形式的语词或负概念。

【例5】"平反是对处理错误的案件进行纠正。"

以下哪项最为确切地说明了上述定义的不严格？

A. 对案件是否处理错误，应该有明确的标准。

B. 应该说明平反的操作程序。

C. 应该说明平反的主体及其权威性。

D. 对平反的客体应该具体分析，平反了，不等于没错误。

E. 对原来重罪轻判的案件进行纠正不应该称为平反。

【答案】E

【解析】根据定义的规则①，定义项与被定义项的外延要一致，"处理错误的案件"包括重罪轻判、轻罪重判、无罪而判三种情况，但"平反"不包括重罪轻判。所以，选择E项。

二、基础训练

【题1】对同一事物，有的人说"好"，有的人说"不好"，这两种人之间没有共同语言。可见，不存在全民族通用的共同语言。

以下除哪项外，都与题干推理所犯的逻辑错误近似？

A. 甲："厂里规定，工作时禁止吸烟。"乙："当然，可我吸烟时从不工作。"

B. 有的写作教材上讲，写作中应当讲究语言形式的美。我的看法不同，我认为语言就应该朴实，不应该追求那些形式主义的东西。

C. 有意杀人者应处死刑，行刑者是有意杀人者，所以行刑者应处死刑。

D. 象是动物，所以小象是小动物。

E. 这种观点既不属于唯物主义，又不属于唯心主义，我看两者都有点像。

【题2】所有与"非典"患者接触的人都被隔离了。所有被隔离的人都与小李接触过。

如果以上命题是真的，以下哪个命题也是真的？

A. 小李是"非典"患者。

B. 小李不是"非典"患者。

C. 可能有人没有接触过"非典"患者，但接触过小李。

D. 所有"非典"患者都与小李接触过。

E. 所有与小李接触过的人都被隔离了。

【题3】某计算机销售部向顾客承诺："本部销售的计算机在一个月内包换、一年内免费保修、三年内上门服务免收劳务费，因使用不当造成的故障除外。"

以下选项符合题干表达的是：

A. 某人购买了一台计算机，三个月后软驱出现问题，要求销售部修理，销售部给他免费更换了软驱。

B. 计算机实验室从该销售部购买了30台计算机，50天后才拆箱安装。在安装时发现有一台显示器不能显示彩色，要求更换。

C. 某学校购买了10台计算机。没到一个月，计算机的鼠标丢失了三个，要求销售部无偿补齐。

D. 李明买了一台计算机，不小心感染了计算机病毒，造成存储的文件丢失，要求销售部赔偿损失。

E. 某人购买了一台计算机，一年后键盘出现故障，要求销售部按半价更换一个新键盘。

【题4】在某校新当选的校学生会的七名委员中，有一个大连人、两个北方人、一个福州人、两个特长生（即有特殊专长的学生）和三个贫困生（即有特殊经济困难的学生）。

假设上述介绍涉及了该学生会中的所有委员，则以下各项关于该学生会委员的断定都与题干不矛盾，除了：

A. 两个特长生都是贫困生。

B. 贫困生不都是南方人。

C. 特长生都是南方人。

D. 大连人是特长生。

E. 福州人不是贫困生。

【题5】概念 A 与概念 B 之间是交叉关系，当且仅当，（1）存在对象 x，x 既属于 A 又属于 B；（2）存在对象 y，y 属于 A 但不属于 B；（3）存在对象 z，z 属于 B 但不属于 A。

根据上述定义，以下哪项中划线的两个概念之间是交叉关系？

A. 国画按题材分主要有人物画、花鸟画、山水画等；按技法分主要有工笔画和写意画等。

B.《盗梦空间》除了是最佳影片的有力争夺者外，它在技术类奖项的争夺中也将有所斩获。

C. 洛邑小学30岁的食堂总经理为了改善伙食，在食堂放了几个意见本，征求学生们的意见。

D. 在微波炉清洁剂中加入漂白剂，就会释放出氯气。

E. 高校教师包括教授、副教授、讲师和助教等。

参考答案与解析

【题1】

【答案】E

【解析】第一步：简化题干信息，确定错误类型。

前提：这两种人之间没有共同语言。结论：全民族不存在共同语言。

"共同语言"在前提与结论中分别是两个概念，存在概念偷换的问题，同时也存在部分推整体的以偏概全的问题。

第二步：选项代入验证，选择与题干错误类型不同的选项。

A项，"工作"的概念被偷换，前者"工作"指时间段的范围，后者"工作"指工作的动作状态；同理，"吸烟"的概念前后也被偷换，与题干存在相同的错误类型，排除。

B项，"语言形式"的概念被偷换，前者"语言形式"是指写作的范围，后者"语言形式"是指所有运用语言的场景，与题干存在相同的错误类型，排除。

C项，"有意杀人者"的概念被偷换，前者触犯了法律，后者没有触犯法律，与题干存在相同的错误类型，排除。

D项，"小"的概念被偷换，小象的"小"是指年龄小，小动物的"小"是指体积小，与题干存在相同的错误类型，排除。

E项，不存在与题干相同的错误类型，正确。

所以，选择E项。

【题2】

【答案】C

【解析】第一步：简化题干信息。

与"非典"患者接触的人→被隔离→与小李接触过。

第二步：选项代入验证。

A、B、D项，"'非典'患者"题干并没有提及，直接排除。

E项，与小李接触过的人可能被隔离了，仅为可能真，不是一定真，排除。

所以，选择C项。

【燚语点拨】注意快速排除与题干概念混淆的选项。

【题3】

【答案】A

【解析】第一步：简化题干信息。

（1）一个月内包换∧一年内免费保修∧三年内上门服务免收劳务费；

（2）使用不当造成的故障除外。

第二步：选项代入验证。

A项，"三个月后要求修理"属于（1）中"一年内免费保修"的服务项目，正确。

B 项，"50 天后要求更换"已过了一个月内包换的期限，排除。

C 项，"鼠标丢失"属于（2）中使用不当造成的情况，排除。

D 项，"计算机感染病毒"属于（2）中使用不当造成的情况，排除。

E 项，"一年后要求更换"已过了一个月内包换的期限，排除。

所以，选择 A 项。

【题 4】

【答案】A

【解析】第一步：简化题干信息。

（1）校学生会的七名委员；

（2）一个大连人、两个北方人、一个福州人、两个特长生和三个贫困生 = 共计 8 个身份。

注意：大连人与北方人是必然包含关系，一共就 2 个人。

第二步：选项代入验证，选择与题干矛盾的选项。

A 项，两个特长生都是贫困生，两个身份重合后就是 6 个人，与（1）矛盾，正确。

【燚语点拨】（1）C 项中即使 2 个特长生都是南方人，总人数也可以是 7 个人，不矛盾；（2）南方人不一定是福州人。

【题 5】

【答案】A

【解析】本题考查概念中交叉关系的定义，直接验证选项即可。

A 项，"人物画"与"工笔画"属于交叉关系，正确。

B 项，"盗梦空间"与"最佳影片"是包含关系，排除。

C 项，"30 岁的食堂总经理"和"学生们"是不相容关系，排除。

D 项，"漂白剂"与"氯气"是两种物质，是不相容关系，排除。

E 项，"高校教师"和"教授"是包含关系，排除。

所以，选择 A 项。

三、要点总结

要点 27：概念的内涵与外延。

要点 28：概念的种类，①正概念与负概念；②集合概念与非集合概念。

要点 29：概念间的关系，①相容关系；②不相容关系。

第八讲　论证与谬误

一、知识要点

（一）论证的识别

1.论证的定义

论证是论证者运用前提（论据）证明结论（论点）的逻辑过程和方式。论证就是用一个或一些真实的命题确定另一命题真实性的思维形式。

2.论证的构成

（1）结论（论点）：是整个论证过程的中心，担负着回答"论证什么"的任务，明确地表示了论证者赞成什么，反对什么。

（2）前提（论据）：用来确定论点真实性的判断，所回答的是"用什么来论证"的问题。在一个论证中，只能有一个论点，论据一般有多个。

（3）论证方法：用论据证明论点的过程。一个论证过程既可以只包含一个推理，也可以包含一系列推理。

3.确定前提与结论的方法

（1）结论指示词。

因此、所以、表明、由此可见、总而言之、由此推出、因此可以断定、这样来说、结论是、其结果是、显示出、证明、告诉我们、意味着、说明……

（2）前提指示词。

由于、因为、根据、理由是、举例来说、支持我们观点的是、鉴于、由以下材料支撑、证据是、研究显示……

（3）事实描述与断定。

如果题干中没有结构词，则可以通过"事实描述→断定"来判断论证方法。事实描述一般由多个现象、数据、定义和背景信息等内容构成。断定一般是某人的观点或对事实的评价或总结。

（二）论证推理基本方法

1.演绎推理：一种由一般到个别的推理过程

（1）演绎推理就是前提与结论之间具有必然性联系的推理。演绎推理的结论所断定的隐含在前提之中，所以，结论所断定的没有超出前提所断定的范围，前提的真足以保证结论的真。

（2）演绎推理的前提真实，推理方法正确，则结论一定真。例如，所有人想一夜暴富→有的人想一夜暴富。只要论证对象没有改变，结论一定真。

（3）削弱演绎推理，一般是要找矛盾判断或直接拆桥，否定论证关系。

（4）支持演绎推理，一般是要肯定推理规则或论证方法。

【例1】足球是一项集体运动，若想不断取得胜利，每个强队都必须有一位核心队员，他总能在关键场次带领全队赢得比赛。友南是某国甲级联赛强队西海队队员。据某记者统计，在上赛季西海队参加的所有比赛中，有友南参赛的场次，西海队胜率高达75.5%，另有16.3%的场次平局，8.2%的场次输球；而在友南缺阵的情况下，西海队的胜率只有58.9%，输球的比率高达23.5%。该记者由此得出结论，友南是上赛季西海队的核心队员。

以下哪项如果为真，最能质疑该记者的结论？

A. 西海队教练表示："球队是一个整体，不存在有友南的西海队和没有友南的西海队。"

B. 上赛季友南缺阵且西海队输球的比赛，都是小组赛中西海队已经确定出线后的比赛。

C. 西海队队长表示："没有友南我们将失去很多东西，但我们会找到解决办法。"

D. 上赛季友南上场且西海队输球的比赛，都是西海队与传统强队对阵的关键场次。

E. 本赛季开始以来，在友南上阵的情况下，西海队胜率暴跌20%。

【答案】D

【解析】简化题干论证结构：

前提：足球是一项集体运动，若想不断取得胜利，每个强队都必须有一位核心队员，他总能在关键场次带领全队赢得比赛。（整体）

结论：友南是上赛季西海队的核心队员。（个体）

削弱论证：直接拆桥，指出个体不具有整体的特点，即友南在关键场次没有赢得比赛。

所以，选择D项。

2. 归纳推理：一种由个别到一般的推理过程

（1）归纳推理是从认识、研究个别事物到总结、概括一般性规律的推断过程。

（2）归纳推理的前提是真实的，但结论却未必真实。

（3）归纳推理分为完全归纳推理与不完全归纳推理。完全归纳推理考查的是一类事物的全部个体对象，根据它们具有（或不具有）某种属性，从而概括出关于该类事物全部对象的一般性结论。完全归纳推理在前提中考查的是某类事物的全部对象，即结论断定的范围并未超出前提断定的范围，所以结论一定真。例如，直角、锐角、钝角三角形的内角之和都是180°，所以平面内的一切三角形的内角和都是180°，属于完全归纳推理，结论一定真。不完全归纳推理考查的是一类事物的部分个体对象，根据它们具有（或不具有）某种属性，从而概括出关于该类事物全部对象的一般性结论。不完全归纳推理在前提中考查的是某类事物的部分对象，即结论断定的范围超出了前提断定的范围，所以结论不一定真。例如，北京、上海、广州、深圳等地的房价较高，所以中国的房价都较高，属于不完全归纳推理，结论不一定真。

（4）削弱不完全归纳推理，一般是要说明样本少、范围小、有针对、调查机构不中立等。

（5）支持不完全归纳推理，一般是要说明样本够、范围大、调查随机、调查机构中立等。

（6）对不完全归纳推理进行解释，一般是要说明实验前后的差异性。

【例 2】目前的大学生普遍缺乏中国传统文化的学习和积累。国家教委有关部门及部分高等院校最近做的一次调查表明，大学生中喜欢和比较喜欢京剧艺术的只占到被调查人数的14%。

下列陈述中的哪一个最能削弱上述观点？

A. 大学生缺乏对京剧艺术欣赏方面的指导，不懂得怎样去欣赏。

B. 喜欢京剧艺术与学习中国传统文化不是一回事，不能以偏概全。

C. 14% 的比例说明培养大学生对传统文化的学习大有潜力可挖。

D. 有一些大学生既喜欢京剧，又对中国传统文化的其他方面有兴趣。

E. 调查的比例太小，恐怕不能反映当代大学生的真实情况。

【答案】B

【解析】简化题干论证结构：

前提：大学生中喜欢和比较喜欢京剧艺术的只占到被调查人数的14%。（个体）

结论：目前的大学生普遍缺乏中国传统文化的学习和积累。（整体）

削弱方法：说明样本以偏概全，喜欢的群体不代表就是学习的群体。

B 项，直接指出题干以偏概全，说明不能将"喜欢京剧艺术"与"学习中国传统文化"混同，强调样本没有代表性。

E 项，"调查的比例太小"质疑前提中的样本量可能不够，但没有直接削弱论证关系，力度弱于 B 项。

所以，选择 B 项。

【例 3】周清打算请一个钟点工，于是上周末她来到惠明家政公司，但该公司工作人员粗鲁的接待方式使她得出结论：这家公司的员工缺乏教养，不适合家政服务。

以下哪项如果为真，最能削弱上述论证？

A. 惠明家政公司的员工通过有个性的服务展现其与众不同之处。

B. 惠明家政公司的员工有近千人，其中绝大多数为外勤人员。

C. 周清是一个爱挑剔的人，她习惯于否定他人。

D. 教养对家政公司而言并不是最主要的。

E. 周清对家政公司员工的态度既傲慢又无礼。

【答案】B

【解析】第一步：简化题干论证结构。

前提：惠明家政公司工作人员的接待方式粗鲁。

结论：惠明家政公司的员工缺乏教养。

第二步：预判优选项，排除干扰项。

优选项是提及惠明家政公司的 A、B 项。

A 项，说明员工的服务有个性，没有削弱论证，排除。

B 项，说明接待人员不能代表所有人员，该公司还有很多外勤人员，指出了论证中存在以偏概全的问题，正确。

所以，选择 B 项。

【例 4】美国加利福尼亚州当局要求司机在通过特定路段时，白天也要像晚上一样使用车灯，结果发现该路段今年的事故发生率比去年降低了 15%。他们由此得出结论，在管辖范围内推行该项日间开灯的规定，会同样地降低事故发生率。

下列哪项如果为真，最能支持作者的论断？

A. 由于可以选择其他路线，因此所测试路段的车流量在测试期间减少了。

B. 司机们对在该测试路段使用车灯要求的了解来自在每个行驶方向上的三个显著的标牌。

C. 在某些条件下，比如在有大雾或暴雨时，加利福尼亚州的大多数司机已经在日间使用了车灯。

D. 全面地推行该项日间规定后，车灯灯泡的损耗速度要高于现在的水平，因此司机们将需要更频繁地更换车灯灯泡。

E. 该测试路段包含了在加利福尼亚州驾车时可能遇见的多种路况。

【答案】E

【解析】简化题干论证结构：

前提：司机在通过特定路段时，白天也要像晚上一样使用车灯，结果该路段今年的事故发生率比去年低。（个体）

结论：在管辖范围内推行该项日间开灯的规定，会同样地降低事故发生率。（整体）

支持方法：说明选取的测试路段具有代表性。

所以，选择 E 项。

3. 类比推理：一种由个别到个别，或者由一般到一般的推理过程

（1）类比推理是根据两个或两类事物在一系列属性上相似，从而推出它们在另一个或另一些属性上也相似的推理。其一般形式是：

A（类）对象具有属性 a、b、c、d；

B（类）对象具有属性 a、b、c；

B（类）对象（可能）也具有属性 d。

（2）进行类比推理的前提是两者相同或具有相似性。

（3）类比推理的前提是真实的，但结论未必真实，因为类比一般属于不同事物或范围之间的比较，若两类事物的特点、属性、规律都非常一致，那么结论真实。但大多数类比是两类事物具有相似的属性，比如中亚细亚平原有丰富的石油，松辽平原与中亚细亚平原的气候相似，这仅能得出松辽平原可能有丰富的石油，但不能得出一定有丰富的石油。

【例5】核电站所发生的核泄漏事故的最初起因，没有一次是设备故障，都是人为失误所致。这种失误，和小到导致交通堵塞、大到导致仓库失火的人为失误，没有实质性的区别。从长远的观点看，交通堵塞和仓库失火几乎是不可避免的。

上述断定最能支持以下哪项结论？

A. 核电站不可能因设备故障而导致事故。

B. 核电站的管理并不比指挥交通、管理仓库复杂。

C. 核电站如果持续运作，那么发生严重核泄漏事故几乎是不可避免的。

D. 人们试图通过严格的规章制度以杜绝安全事故的努力是没有意义的。

E. 为使人类免于核泄漏引起的灾难，世界各地的核电站应当立即停止运行。

【答案】C

【解析】第一步：简化题干信息。

（1）核电站发生的事故都是人为失误导致的；

（2）核电站事故的失误与交通堵塞等失误没有实质区别；

（3）交通堵塞等失误不可避免。

第二步：建立题干条件关系。

（2）说明核电站所发生的事故与交通堵塞等具有可比性，由（3）可以得出，核电站所发生的事故也可能是不可避免的。

所以，选择C项。

4. 因果推理

（1）求同法。

在某一被研究现象出现的若干个不同场合，如果各个不同场合除一个条件相同外，其他条件都不同，那么，这个相同条件就是某被研究现象的原因。

求同法可表示为：

场合	相关情况	被研究现象
1	A、B、C	a
2	A、D、E	a
3	A、F、G	a
……	……	……

所以，A 情况是 a 现象的原因。

【燚语点拨】求同法的重点是异中求同，必须保证"其他条件都不同"，只有一个相同的条件，这样才能保证是相同的原因导致了相同的结果。支持题型运用求同法来支持论证，一般要指出"没有其他相同的原因"；削弱题型运用求同法来削弱论证，一般要指出"还有隐含的其他相同的原因"，不止已知前提中的"一个共同原因"。

【例 6】光线的照射，有助于缓解冬季忧郁症。研究人员曾对九名患者进行研究，他们均因冬季白天变短而患上了冬季忧郁症。研究人员让患者在清早和傍晚各接受三小时伴有花香的强光照射。一周之内，七名患者完全摆脱了忧郁，另外两人也有了显著的好转。由于光照会诱使身体误以为夏季已经来临，这样便治好了冬季忧郁症。

以下哪项如果为真，最能削弱上述论证的结论？

A. 研究人员在强光照射时有意使用花香伴随，对于改善患上冬季忧郁症的患者的适应性有不小的作用。

B. 九名患者中最先痊愈的三位均为女性，而对男性的治疗效果出现得较迟。

C. 该实验均在北半球的温带气候中，无法区分南北半球的实验差异，但也无法预先排除。

D. 强光照射对于皮肤的损害已经得到专门研究的证实，其中夏季比冬季的危害更大。

E. 每天六小时的非工作状态，改变了患者原来的生活环境，改善了他们的心态，这是对忧郁症患者的一种主要影响。

【答案】E

【解析】第一步：简化题干论证结构。

前提：（1）患者在清早和傍晚各接受三小时伴有花香的强光照射；（2）患者的忧郁症都好转了。

结论：光照治好了冬季忧郁症。

第二步：选项代入验证。

A 项，说明"花香"也可以改善冬季忧郁症，但是没有否定光照的作用，削弱力度弱。

B 项，"患者的性别差异"与题干论证无关，排除。

C 项，"实验均在北半球的温带气候中"与题干论证无关，排除。

D 项，"强光照射对皮肤有害"与题干论证无关，排除。

E 项，说明除了"光照"这个共同的原因外还有"生活环境改变"这个共同的原因存在，削弱了论证关系，削弱力度强，正确。

所以，选择 E 项。

【燚语点拨】（1）考生需要注意，论证的前提可以是多个现象的列举。（2）结论中也可以存在论证关系，如本题的结论就包含了一个论证关系。（3）指示词仅是帮助考生确定前提与结论的一个方法，但不是唯一方法。本题的论证关系就是"事实→评价"。

（2）求异法。

比较被研究现象出现的场合和被研究现象不出现的场合，如果这两个场合除了一点不同外，其他情况都相同，那么这个不同点就是这个现象的原因。

求异法可表示为：

场合	相关情况	被研究现象
1	A、B、C	a
2	B、C	——

所以，A情况是a现象的原因。

【燚语点拨】求异法的重点是同中求异，必须保证"其他条件都相同"，只有一个不同的条件，这样才能保证是这个不同的条件导致了不相同的结果。支持题型运用求异法来支持论证，一般要指出"没有其他不相同的原因"；削弱题型运用求异法来削弱论证，一般要指出"还有隐含的其他不相同的原因"，不止已知前提中的"一个不同的原因"。

【例7】在村庄东、西两块玉米地中，东面的地施用了过磷酸钙单质肥料，西面的地则没有。结果，东面的地亩产玉米300千克，西面的地亩产仅150千克。因此，东面的地比西面的地产量高的原因是施用了过磷酸钙单质肥料。

以下哪项如果为真，最能削弱上述论证？

A. 给东面的地施用的过磷酸钙是过期的肥料。

B. 北面的地施用过硫酸钾单质化肥，亩产玉米220千克。

C. 每块地种植了不同种类的四种玉米。

D. 两块地的田间管理无明显不同。

E. 东面和西面两块地的土质不同。

【答案】E

【解析】第一步：简化题干论证结构。

前提：（1）东面的地施用了过磷酸钙单质肥料，西面的地则没有；（2）东面的地亩产量高于西面的地。

结论：过磷酸钙单质肥料→东面的地比西面的地产量高。

第二步：预判优选项，排除干扰项。

D、E项与题干对象一致，都是东、西两块地，为优选项。

D项，说明东、西两块地没有其他的差异，支持了题干论证，排除。

E项，说明东、西两块地除了存在肥料的差异，还存在土质的差异，用他因削弱论证关系，正确。

（3）共变法。

在被研究现象发生变化的各个场合，如果只有一种情况发生变化，而其他情况均保持不变，那么这种唯一变化的情况便是被研究现象的原因。

共变法可表示为：

场合	相关情况	被研究现象
1	A_1、B、C	a_1
2	A_2、B、C	a_2
3	A_3、B、C	a_3
……	……	……

所以，A 情况是 a 现象的原因。

【燚语点拨】共变法中需要注意，隐含的前提是，只有"其他情况不变时"才可以确定变化的情况与现象之间的因果联系，若两者共变的环境发生改变，则可能不是变化的因导致变化的果。支持题型运用共变法来支持论证，一般要指出"没有其他情况发生变化"；削弱题型运用共变法来削弱论证，一般要指出"还有隐含的其他情况也发生了变化"，不止已知前提中的那个"变化的情况"。

【例 8】海拔越高，空气越稀薄。因为西宁的海拔高于西安，因此，西宁的空气比西安稀薄。

以下哪项中的推理与题干的最为类似？

A. 一个人的年龄越大，他就变得越成熟。老张的年龄比他的儿子大，因此，老张比他的儿子成熟。

B. 一棵树的年头越长，它的年轮越多。老张院子中槐树的年头比老李家的槐树年头长，因此，老张家的槐树比老李家的年轮多。

C. 今年马拉松冠军的成绩比前年好。张华是今年的马拉松冠军，因此，他今年的马拉松成绩比他前年的好。

D. 在激烈竞争的市场上，产品质量越高并且广告投入越多，产品需求就越大。甲公司投入的广告费比乙公司的多，因此，市场对甲公司产品的需求量比对乙公司的需求量大。

E. 一种语言的词汇量越大，越难学。英语比意大利语难学，因此，英语的词汇量比意大利语大。

【答案】B

【解析】第一步：简化题干论证结构。

前提：（1）海拔越高，空气越稀薄；（2）西宁的海拔高于西安。

结论：西宁的空气比西安稀薄。

论证方法：共变法。

第二步：预判优选项，排除干扰项。

A、B、D、E 项与题干形式看似一致，为优选项。

A 项，"一个人的年龄越大，他就变得越成熟"是自己与自己的年龄比，但结论是老张与儿子比，不符合共变法，与题干论证方法不一致，排除。

B项，一棵树的年头越长，它的年轮越多，可以与自己比，也可以与其他的树比，符合共变法，与题干论证方法一致，正确。

D项，"甲公司投入的广告费比乙公司的多"不等于"广告投入多"，属于混淆概念，与题干论证方法不一致，排除。

E项，"词汇量大导致难学"得不出"难学的语言词汇量大"，属于论证关系混乱，与题干论证方法不一致，排除。

所以，选择B项。

（4）剩余法。

如果某一复合现象已确定是由某种复合情况引起的，把其中已确认有因果联系的部分减去，那么，剩余部分也必然有因果联系。

剩余法可表示为：

复合情况（A、B、C、D）是复合现象（a、b、c、d）的原因。

已知：A是a的原因；

　　　　B是b的原因；

　　　　C是c的原因。

所以，D是d的原因。

【例9】雌性斑马和它们的幼小子女离散后，可以在相貌、体形相近的成群斑马中很快又聚集到一起。研究表明，斑马身上的黑白条纹是它们互相辨认的标志，而幼小斑马不能将自己母亲的条纹与其他成年斑马的条纹区分开来。显而易见，每个母斑马都可以辨别出自己后代的条纹。

上述论证采用了以下哪种论证方法？

A. 通过对发生机制的适当描述，支持关于某个可能发生现象的假说。

B. 在对某种现象的两种可供选择的解释中，通过排除其中的一种，来确定另一种。

C. 论证一个普遍规律，并用来说明某一特殊情况。

D. 根据两组对象有某些类似的特性，得出它们具有另一个相同特性。

E. 通过反例推翻一个一般性结论。

【答案】B

【解析】简化题干论证结构：

前提：（1）斑马身上的黑白条纹是它们互相辨认的标志；（2）幼小斑马不能辨认出自己母亲的条纹。

结论：每个母斑马都可以辨别出自己后代的条纹。

论证方法：剩余法。

B项的表述与剩余法相符，所以B项正确。

（三）逻辑三大定律

正确的逻辑推理都要遵守一定的规律，不然会出现各种各样的论证谬误或逻辑错误，逻辑推理主要有三条基本规律，即同一律、矛盾律和排中律。

1. 同一律

定义：在同一论证过程中，必须在同一意义上使用概念和判断，不能在不同意义上使用概念和判断。

公式：A=A（或"A → A"）。

其主要表现在三个方面：

（1）论证对象的同一。在同一论证过程中，论证的对象必须保持同一；在讨论问题、回答问题或反驳别人的时候，各方的论证对象也要保持同一，不然会出现转移论题的论证谬误。

（2）概念的同一。在同一论证过程中，使用的概念必须保持同一；在讨论问题、回答问题或反驳别人的时候，各方使用的概念也要保持同一，不然会出现偷换概念或混淆概念的论证谬误。

（3）判断的同一。同一个主体（个人或集体）在同一时间（相应的客观事物处于相对稳定状态时），从同一方面对同一事物做出的判断必须保持同一。

【例 10】甲：人口统计发现一条规律，在新生婴儿中，女婴的出生率总是在 48.8% 左右波动，而不是 50%。

乙：不对，许多资料都表明，多数国家和地区，例如，日本、联邦德国，以及中国台湾地区都是女人比男人多。可见，认为女婴出生率总在 48.8% 左右波动是不成立的。

下列哪一个选项能说明甲或乙的逻辑错误？

A．甲说的统计规律不存在。

B．甲说的统计调查不符合科学。

C．乙混淆了概念。

D．乙违反了矛盾律。

E．乙说的资料不可靠。

【答案】C

【解析】第一步：简化"乙"的论证过程。

前提：很多国家和地区都是女人比男人多。

结论：女婴出生率总在 48.8% 左右波动是不成立的。

第二步：确定论证错误。

前提中的"女人"与结论中的"女婴"属于不同的概念，乙在质疑甲的观点时"混淆了概念"，所以，选择 C 项。

2. 矛盾律

定义：在同一论证过程中，对同一对象不能同时做出两个矛盾的判断，即不能既肯定它，又否定它。

公式：A 一定不是非 A（A 为真，非 A 为假）。

其主要表现在两个方面：

（1）概念的要求。在同一话题中，不能用两个互相矛盾或互相反对的概念"A"与"非 A"指称同一对象。如关于小明年纪的话题，不能既说小明是"成年人"又说小明是"未成年人"，这两种情况不能同时发生，不然会出现自相矛盾的论证谬误。

（2）判断的要求。在判断关系中，不能同时肯定两个互相矛盾或互相反对的判断都是真的。例如简单判断中"所有 a 都是 b"与"有的 a 不是 b""所有 a 都不是 b"不能同时为真；原判断与它的负判断也不能同时为真。

3. 排中律

定义：在同一论证过程中，两个相互排斥的思想不可能同时为假，其中必有一真。

公式：A 与非 A 必有一真（A∨非 A）。

其主要表现在两个方面：

（1）概念的要求。在同一话题中，对两个相互排斥的概念不能同时予以否定。例如，"这个杯子是金属的"和"这个杯子是非金属的"不可能同时为假，如果对两者都加以否定，就会违反排中律，出现模棱两可的论证谬误。

（2）判断的要求。在判断关系中，排中律不能同时否定两个矛盾判断，例如，"所有 a 都是 b"与"有的 a 不是 b"不能同时为假；也不能同时否定简单判断中下反对关系的判断，例如"有的 a 是 b"与"有的 a 不是 b"不能同时为假。

【例 11】这次预测只是一次例行的科学预测。这样的预测我们以前做过多次，既不能算成功，也不能算不成功。

以上陈述中的不当，也存在于以下哪项中？

A. 在即将举行的大学生辩论赛中，我不认为我校代表队一定能进入前四名，我也不认为我校代表队可能进不了前四名。

B. 这次关于物价问题的社会调查结果，既不能说完全反映了民意，也不能说一点也没有反映民意。

C. 这次考前辅导，既不能说完全成功，也不能说彻底失败。

D. 人有特异功能，既不是被事实证明的科学结论，也不是纯属欺诈的伪科学结论。

E. 能称得上是中国"千古一帝"的，既不是秦始皇，也不是汉武帝。

【答案】A

【解析】第一步：简化题干中的不当。

"成功"与"不成功"属于矛盾关系，不能同时否定，违反了排中律。

第二步：选项代入验证。

A项，"一定能进入前四名"与"可能进不了前四名"属于矛盾关系，不能同时否定，与题干一样违反了排中律，正确。

B项，"完全反映了民意"与"一点也没有反映民意"不属于矛盾关系，可以同时否定，排除。

C项，"完全成功"与"彻底失败"不属于矛盾关系，可以同时否定，排除。

D项，"科学结论"与"伪科学结论"不属于矛盾关系，可以同时否定，排除。

E项，"秦始皇"与"汉武帝"不属于矛盾关系，可以同时否定，排除。

所以，选择A项。

（四）常见论证谬误

1. 混淆概念：在论证中把不同的概念当作同一概念来使用的错误。

例如：公司这个季度产品的利润率增长了20%，所以这个季度公司利润一定增长了。

谬误："利润率"与"利润"是不同的概念，利润率增长难以得出利润一定增长。

2. 转移论题：论证前后讨论的话题或对象并不一致。

例如：与"非典"患者接触过的人都与小李接触过，小王是"非典"患者，所以小王接触过小李。

谬误：与"非典"患者接触过的人都与小李接触过，不等于"非典"患者都与小李接触过，所以不能得出小王接触过小李。

3. 自相矛盾：同时肯定两个互相矛盾的命题。

例如：评委对中国男篮的比赛结果做出预判，这次比赛一定成功，但也可能失败。

谬误："一定成功"与"可能失败"是矛盾关系，不能同时为真，所以论证存在自相矛盾的谬误。

4. 模棱两可：同时否定两个互相矛盾的命题。

例如：中国男足比赛结束后，评委发出这样的感叹，这次比赛不算成功，也不算不成功。

谬误："成功"与"不成功"是矛盾关系，不能同时为假，所以论证存在模棱两可的谬误。

5. 非黑即白：将反对关系的两个概念误判为矛盾关系，认为不是黑的就是白的，但黑与白并没有穷尽全部的可能性。

例如：小明父母对小明考研的学校选择做出预测，小明考研不选择北京大学，就一定选择清华大学。

谬误：北京大学与清华大学并不是矛盾关系，小明不选择北京大学也可能选择复旦大学，不一定选择清华大学。

6. 不当类比：根据事物 A 具有某种属性，推出事物 B 也具有此种属性。但如果 A、B 在本质上或类别属性上不具有一致性，就不能进行类推，这种推理被称为"不当类比"。

例如：美国有终身雇佣制的教授，既然教授可以实行此种制度，为何工人不能实行终身雇佣制呢？

谬误：教授与工人属于不同的工作类型，不具有可比性，所以由教授实行终身雇佣制，不一定能得出工人也能实行终身雇佣制。

7. 以偏概全：从部分推出整体时，部分具有的属性整体不具有。

例如：北京的经济增长速度很快，所以中国北方城市的经济增长速度一定都很快。

谬误：北京仅是中国北方的一座城市，不能代表所有的北方城市，所以难以得出北方城市的经济增长速度都很快的结论。

8. 强制因果：原因与结果具有空间共存性和时间先后性。但具有空间共存性与时间先后性的事物之间不一定有因果关系。

例如：小明在这次英语六级考试之前去剪了头发，结果考试通过，所以小明总结经验，剪头发给他带来了好运，从而通过了英语六级考试。

谬误：剪头发只是恰巧发生在英语六级考试之前，两者之间仅具有时间上的先后顺序，但不必然具有因果关系。

9. 循环定义：定义项中间接包含被定义项的情况，被称为"循环定义"。

例如：鸡蛋是鸡生的蛋，鸡是鸡蛋孵出的小动物。

谬误：在解释"鸡蛋"的定义时，间接包含了被解释的定义"鸡"；同理，在解释"鸡"的定义时，间接包含了被解释的定义"鸡蛋"，所以存在循环定义的谬误。

10. 循环论证：前提与结论的内容直接或间接地重复。

例如：吸鸦片之所以会令人昏睡，是因为鸦片中含有令人昏睡的药物成分。

谬误：论证的结果是吸鸦片会令人昏睡，论证的前提是鸦片中的药物成分让人昏睡，其论证过程为因为鸦片令人昏睡，所以鸦片令人昏睡。此论证的结论直接重复前提的内容，所以存在循环论证的谬误。

二、基础训练

【题 1】人们认为，20 世纪 80 年代是一个被自私的个人主义破坏了社会凝聚力的时代，但是，这一时代特征在任何时代都有。在整个人类历史发展过程中，所有人类行为的动机都是自私的，从人类行为最深的层次看，即使是最无私的行为，对人类自身的存在来说也可以被看作自私的。

以下哪项指出了上述论证中的错误？

A. 关于在人类历史发展过程中一直有自私存在的断言与论证实际上没有关系。

B. 没有统计数据表明人类的自私行为多于人类的无私行为。

C. 论证假设自私是当前时代唯一仅有的。

D. 论证所提到的只与人类的行为相关，而没有考虑到其他物种的行为。

E. 论证依赖于在不同的意义上使用"自私"这个概念。

【题2】评估专业领域中的工作成绩是在实际的工作中进行的。医生可以自由地查阅医书，律师可以参考法典和案例，物理学家和工程师可以随时翻阅他们的参考手册，以此类推，学生在考试的时候也可以看他们的课本。

上述论证中的推理是有问题的，因为：

A. 所引证的事例不足以支持"评估专业领域中的工作成绩是在实际的工作中进行的"这个一般的概括。

B. 没有考虑这种可能性，即使采纳了文中的建议也不会显著地提高大多数学生的考试成绩。

C. 忽视了这样的事实，专业人士在学校考试的时候也不能看课本。

D. 忽视了这样的事实，与学生不同的是，专业人士要花费数年的时间研究一个专业对象。

E. 没有考虑这种可能性，在专业领域与在学校中的评估目的截然不同。

【题3】自2020年以来，香港"新冠"疫情的传播程度很严重；就在这一年，香港陷入比较严重的经济衰退。有人声称，是"新冠"疫情造成了香港的经济衰退。

以下哪一个问题对于反驳上述推理最为有效？

A. 两件事情同时发生或相继发生，就能确定它们之间有因果关系吗？

B. 为什么中国台湾、新加坡、韩国、美国在此期间也出现了经济衰退？

C. 为什么中国大陆的经济一派欣欣向荣？

D. 为什么以前管制香港的英国在此期间的经济状况也很糟糕？

E. 为什么历史上香港也出现过严重的经济衰退？

【题4】李栋善于辩论，也喜欢诡辩。有一次他论证道："郑强知道数字87654321，陈梅家的电话号码正好是87654321，所以郑强知道陈梅家的电话号码。"

以下哪项与李栋论证中所犯的错误最为类似？

A. 中国人是勤劳勇敢的，李岚是中国人，所以李岚是勤劳勇敢的。

B. 金砖是由原子组成的，原子不是肉眼可见的，所以金砖不是肉眼可见的。

C. 黄兵相信晨星在早晨出现，而晨星其实就是暮星，所以黄兵相信暮星在早晨出现。

D. 张冉知道如果1∶0的比分保持到终场，他们的队伍就出线，现在张冉听到了比赛结束的哨声，所以张冉知道他们的队伍出线了。

E. 蚂蚁是动物，所以大蚂蚁是大动物。

【题5】某品牌的一款节油型车售价27万元，而另一款普通车售价17万元。根据目前的汽油价格以及这两款车每一百千米耗油量的测试数据，购买这款节油型车的人需开满30万千米才能补足比购买普通车高出的价差。如果将来油价上涨，那么，为补足购车价差所需的里程数还要相应增加。

以下哪项陈述最准确地指出了以上论证的缺陷？

A. 论证没有考虑将来油价下调这种可能性。

B. 论据与结论是互相矛盾的。

C. 论据不能充分地支持其结论。

D. 论证使用了未经证实的假设作为论据。

E. 论证没有考虑车辆在使用过程中的维修费与保养费。

参考答案与解析

【题1】

【答案】E

【解析】第一步：简化题干论证结构。

前提：所有人类行为的动机都是自私的。

结论：自私的个人主义破坏了社会凝聚力。

第二步：确定论证错误。

前提中"自私"强调是从自我出发、从不同的个体出发，彼此之间存在差异化的自私，与整体利益无关；结论中"自私"则强调自私对整体利益的影响。

所以前后"自私"的概念被偷换，选择E项。

【题2】

【答案】E

【解析】第一步：简化题干论证结构。

前提：医生、律师、物理学家等可以随时翻阅他们的参考手册。

结论：学生在考试的时候也可以看他们的课本。

论证方法：类比推理。

第二步：确定论证错误。

进行类比推理的前提是两者相同或具有相似性，但是学生考试时看课本与其他专业人士翻阅书籍的目的不同，不具有可比性。

所以，选择E项。

【题3】

【答案】A

【解析】第一步：简化题干论证结构。

前提：（1）2020年以来，香港"新冠"疫情的传播程度很严重；（2）就在这一年，香港陷入比较严重的经济衰退。

结论："新冠"疫情造成了香港的经济衰退。

第二步：确定论证错误。

两件事情在相近的时间点相继发生，不一定能确定它们之间有因果关系。题干犯了强制因果的论证谬误。

所以，选择 A 项。

【题 4】

【答案】C

【解析】第一步：简化题干论证错误。

前提：（1）郑强知道数字 87654321；（2）陈梅家的电话号码正好是 87654321。

结论：郑强知道陈梅家的电话号码。

论证错误：偷换概念（不当同一替换）。

（2）是客观事实的一致性，不等于主观上也存在同一关系的一致性。

第二步：选项代入验证。

A 项，存在集合体性质误用的错误，中国人勤劳是"整体的性质"，不一定能够得出"个体"李岚也是勤劳的，与题干错误不一致，排除。

B 项，存在以偏概全的错误，原子不可见是"部分"的特点，不一定能得出"整体"金砖也具有此特点，与题干错误不一致，排除。

C 项，是不当同一替换的错误，与题干错误一致，正确。

D 项，是论据不足的错误，与题干错误不一致，排除。

E 项，是偷换概念的错误，大蚂蚁的"大"不等于大动物的"大"，此项的错误虽然属于偷换概念，但不属于"不当同一替换"，与题干错误不一致，排除。

所以，选择 C 项。

【燚语点拨】只要是相同的词前后范围改变都属于偷换概念，但要根据题干的范围确定更具体的问题，例如集合体性质误用，则属于整体与个体的范围差异导致的偷换概念。同理，不当同一替换是属于主观与客观的范围差异导致的偷换概念，例如"琼瑶就是陈喆"这是客观事实，很多人"知道"《还珠格格》是琼瑶的作品，但不一定"知道"《还珠格格》是陈喆的作品，说明主观认知与客观事实之间不存在前后一致的关系。

【题 5】

【答案】B

【解析】第一步：简化题干论证结构。

前提：（1）节油型车比普通车售价高 10 万元；（2）根据目前油价，节油型车需要开 30 万千米才能补足 10 万元价差。

结论：油价上涨，补足价差所需里程数要增加。

第二步：分析题干论证关系。

前提：两类车售价之差（10 万元）＝ 里程数 * 两类车每千米耗油量之差 * 目前油价。

论证过程：油价上涨，那么补足价差 10 万元所需要的里程数是下降的。

结论：油价上涨，补足价差所需里程数要增加。

可见，论证的结论与正确的论证推理的结果是前后矛盾的。

所以，选择 B 项。

三、要点总结

要点 30：论证的定义与构成。

要点 31：论证推理基本方法，①演绎推理；②归纳推理；③类比推理；④因果推理。

要点 32：四种因果分析法，①求同法；②求异法；③共变法；④剩余法。

要点 33：逻辑三大定律，①同一律；②矛盾律；③排中律。

要点 34：常见论证谬误。

通关强化篇

<<<<

第四章　形式逻辑进阶

第九讲　假言判断等价题型

一、题型精讲

1.题型特点

（1）题干特点：假言判断＋假言判断。

（2）选项特点：假言判断。

2.应对方法

（1）判断多个假言判断是否存在"连锁"推理的关系。

如果多个假言判断中存在相同或相关的条件，一般先通过相同或相关项建立"连锁"推理关系，再代入选项验证；如果多个假言判断中没有相同或相关项，就不能建立"连锁"推理，直接将选项代入验证。

（2）根据假言判断标志词简化题干信息（要点17）。

通过假言判断的标志词快速判断充分条件 a 与必要条件 b 的内容，简化为 a→b 的逻辑符号形式，更容易判断多个条件的关联性。

（3）熟练运用假言判断推理规则与连锁推理模型（要点18与要点20）。

【例1】一本小说要畅销，必须有可读性；一本小说，只有深刻触及社会的敏感点，才能有可读性；而一个作者如果不深入生活，他的作品就不可能深刻触及社会的敏感点。

以下哪项结论可以从题干的断定中推出？

Ⅰ.一个畅销小说作者，不可能不深入生活。

Ⅱ.一本不触及社会敏感点的小说，不可能畅销。

Ⅲ.一本不具有可读性的小说的作者，一定没有深入生活。

A.只有Ⅰ。　　　　　　　　B.只有Ⅱ。　　　　　　　　C.只有Ⅲ。

D.只有Ⅰ和Ⅱ。　　　　　　E.Ⅰ、Ⅱ和Ⅲ。

【答案】D

【解析】第一步：简化题干信息。

（1）畅销→可读性；

（2）可读性→深刻触及社会的敏感点；

（3）不深入生活→不可能深刻触及社会的敏感点 = 深刻触及社会的敏感点→深入生活。

第二步：建立题干条件关系。

（1）（2）（3）得出：畅销→可读性→深刻触及社会的敏感点→深入生活。

第三步：选项代入验证。

复选项Ⅰ，畅销→深入生活，与题干推理形式一致，正确。

复选项Ⅱ，不触及社会敏感点→不可能畅销 = 畅销→触及社会敏感点，与题干推理形式一致，正确。

复选项Ⅲ，不具有可读性→没有深入生活 = 深入生活→可读性，与题干推理形式不一致，排除。

所以，选择 D 项。

【例 2】如果把一杯酒倒进一桶污水中，你得到的是一桶污水；如果把一杯污水倒进一桶酒中，你得到的仍然是一桶污水。在任何组织中，都可能存在几个难缠人物，他们存在的目的似乎就是把事情搞砸。如果一个组织不加强内部管理，一个正直能干的人进入某低效的部门就会被吞没，而一个无德无才者很快就能将一个高效的部门变成一盘散沙。

根据以上信息，可以得出以下哪项？

A. 如果组织中存在几个难缠人物，很快就会把组织变成一盘散沙。

B. 如果不能将一杯污水倒进一桶酒中，你就不会得到一桶污水。

C. 如果一个正直能干的人在低效部门没有被吞没，则该部门加强了内部管理。

D. 如果一个正直能干的人进入组织，就会使组织变得更为高效。

E. 如果一个无德无才的人把组织变成一盘散沙，则该组织没有加强内部管理。

【答案】C

【解析】第一步：简化题干信息。

（1）把一杯酒倒进一桶污水中→得到的是一桶污水；

（2）把一杯污水倒进一桶酒中→得到的是一桶污水；

（3）任何组织中→都可能存在几个难缠人物；

（4）一个组织不加强内部管理→一个正直能干的人进入某低效的部门就会被吞没 ∧ 一个无德无才者很快就能将一个高效的部门变成一盘散沙。

第二步：题干条件无关系，选项代入验证。

A 项，"组织中存在几个难缠人物"肯定了（3）的后件，直接排除。

B 项，"不能将一杯污水倒进一桶酒中"否定了（2）的前件，直接排除。

C 项，一个正直能干的人在低效部门没有被吞没→该部门加强了内部管理，符合（4）的逆否推理规则，正确。

D 项,"一个正直能干的人进入组织"与题干条件无关,直接排除。

E 项,"一个无德无才的人把组织变成一盘散沙"肯定了(4)的后件,直接排除。

所以,选择 C 项。

【燚语点拨】根据假言判断逆否推理规则"a → b=¬b → ¬a",充分条件标志词(例如"如果")后面只能是肯定的前件 a,或否定的后件 b,其他情况直接排除即可。同理,必要条件标志词(例如"只有")后面只能是肯定的后件 b,或否定的前件 a,其他情况直接排除。

二、强化训练

【题1】一个心理健康的人必须保持自尊;一个人只有受到自己所尊敬的人的尊敬,才能保持自尊;而一个用"追星"的方式来表达自己尊敬情感的人,不可能受到自己所尊敬的人的尊敬。

以下哪项结论可以从题干的断定中推出?

A. 一个心理健康的人,不可能用"追星"的方式来表达自己的尊敬情感。

B. 一个心理健康的人,不可能接受用"追星"的方式所表达的尊敬。

C. 一个人如果受到了自己所尊敬的人的尊敬,他(她)一定是个心理健康的人。

D. 没有一个保持自尊的人,会尊敬一个用"追星"方式表达尊敬情感的人。

E. 一个用"追星"方式表达自己尊敬情感的人,完全可以同时保持自尊。

【题2】环宇公司规定,其所属的各营业分公司,如果年营业额超过 800 万元,其职员可获得优秀奖;只有年营业额超过 600 万元,其职员才能获得激励奖。年终统计显示,该公司所属的 12 个分公司中,6 个年营业额超过了 1 000 万元,其余的则不足 600 万元。

如果上述断定为真,则以下哪项关于该公司今年获奖的断定一定为真?

Ⅰ. 获得激励奖的职员,一定获得优秀奖。

Ⅱ. 获得优秀奖的职员,一定获得激励奖。

Ⅲ. 半数职员获得了优秀奖。

A. 仅Ⅰ。   B. 仅Ⅱ。   C. 仅Ⅲ。

D. 仅Ⅰ和Ⅱ。   E. Ⅰ、Ⅱ和Ⅲ。

【题3】若要人不知,除非己莫为;若要人不闻,除非己莫言。为之而欲人不知,言之而欲人不闻,此犹捕雀而掩目,盗钟而掩耳者。

根据以上陈述,可以得出以下哪项?

A. 若己不言,则人不闻。

B. 若己为,则人会知;若己言,则人会闻。

C. 若能做到盗钟而掩耳,则可言之而人不闻。

D. 若己不为,则人不知。

E. 若能做到捕雀而掩目,则可为之而人不知。

【题4】为防御电脑受到病毒侵袭，研究人员开发了防御病毒、查杀病毒的程序，前者启动后能使程序运行免受病毒侵袭，后者启动后能迅速查杀电脑中可能存在的病毒。某台电脑上现装有甲、乙、丙三种程序，已知：

（1）甲程序能查杀目前已知的所有病毒；

（2）若乙程序不能防御已知的一号病毒，则丙程序也不能查杀该病毒；

（3）只有丙程序能防御已知的一号病毒，电脑才能查杀目前已知的所有病毒；

（4）只有启动甲程序，才能启动丙程序。

根据上述信息，可以得出以下哪项？

A. 如果启动了丙程序，就能防御并查杀一号病毒。

B. 如果启动了乙程序，那么不必启动丙程序也能查杀一号病毒。

C. 只有启动乙程序，才能防御并查杀一号病毒。

D. 只有启动丙程序，才能防御并查杀一号病毒。

E. 如果启动了甲程序，那么不必启动乙程序也能查杀所有病毒。

【题5】如果这项改革措施不受干部们欢迎，我们就应该进行修改；如果它不受工人们欢迎，我们就应该采取一项新的改革措施。实际上，这项改革措施要么不受干部们的欢迎，要么不受工人们的欢迎。

如果以上陈述为真，以下哪项也一定正确？

A. 我们应当修改这项改革措施，当且仅当这样做不会降低该措施在工人中的声望时。

B. 我们应该在干部或者工人中间努力推广这项改革措施。

C. 如果修改这项改革措施不会影响到它在干部们中受欢迎的程度，我们就应该立即进行修改。

D. 如果这项改革措施受到了工人们的欢迎，我们就应该采取一项新的改革措施。

E. 如果这项改革措施受到了干部们的欢迎，我们就应该采取一项新的改革措施。

参考答案与解析

【题1】

【答案】A

【解析】第一步：简化题干信息。

（1）心理健康的人→保持自尊；

（2）保持自尊→受到自己所尊敬的人的尊敬；

（3）用"追星"的方式来表达自己尊敬情感的人→不可能受到自己所尊敬的人的尊敬＝受到自己所尊敬的人的尊敬→¬用"追星"的方式来表达自己尊敬情感的人。

第二步：建立题干条件关系。

（1）（2）（3）得出：心理健康的人→保持自尊→受到自己所尊敬的人的尊敬→¬用"追星"的方式来表达自己尊敬情感的人。

第三步：选项代入验证。

A项，心理健康的人→¬用"追星"的方式来表达自己的尊敬情感，与题干推理形式一致，正确。

【题2】

【答案】A

【解析】第一步：简化题干信息。

（1）年营业额超过 800 万元→职员可获得优秀奖；

（2）职员获得激励奖→年营业额超过 600 万元；

（3）12 个分公司中 6 个年营业额超过 1 000 万元，其余不足 600 万元 = 年营业额超过 600 万元→年营业额超过 1 000 万元。

第二步：建立题干条件关系。

（2）（3）得出：（4）职员获得激励奖→年营业额超过 600 万元→年营业额超过 1 000 万元。

（4）（1）得出：职员获得激励奖→年营业额超过 600 万元→年营业额超过 1 000 万元（年营业额超过 800 万元）→职员可获得优秀奖。

第三步：选项代入验证。

复选项 I，获得激励奖的职员→一定获得优秀奖，与题干推理形式一致，正确。

复选项 II，获得优秀奖的职员→一定获得激励奖，与题干推理形式不一致，排除。

复选项 III，"半数职员获得了优秀奖"无法判断，注意半数分公司中的职员不一定占一半。

所以，选择 A 项。

【题3】

【答案】B

【解析】第一步：简化题干信息。

（1）人不知→己莫为；

（2）人不闻→己莫言。

第二步：题干条件无关系，选项代入验证。

A项，"己不言"肯定了（2）的后件，直接排除。

B项，"己为→人会知"符合（1）的逆否推理规则；"己言→人会闻"符合（2）的逆否推理规则。

所以，选择 B 项。

【燚语点拨】"除非"是假言判断标志词中最不重要的表达，当"除非"与其他标志词结合使用时，只需要关注其他标志词即可。

例如：若要 a，除非 b= 若 a，则 b=a → b；

除非 b，才 a= 只有 b，才 a=a → b；

除非 a，否则 b=a，否则 b=¬a → b。

【题 4】

【答案】A

【解析】第一步：简化题干信息。

（1）甲程序→查杀目前已知的所有病毒；

（2）乙程序不能防御已知的一号病毒→丙程序也不能查杀该病毒；

（3）电脑能查杀目前已知的所有病毒→丙程序能防御已知的一号病毒；

（4）启动丙程序→启动甲程序。

第二步：建立题干条件关系。

（4）（1）（3）得出：启动丙程序→启动甲程序→查杀目前已知的所有病毒→丙程序能防御已知的一号病毒。

第三步：选项代入验证。

A 项，启动了丙程序→能防御∧查杀一号病毒，因为启动丙程序能查杀目前已知的所有病毒，所以也包括一号病毒，因此能够得出"能防御∧查杀一号病毒"，正确。

E 项，启动了甲程序→能查杀"所有病毒"，但（1）仅能得出甲程序能查杀"目前已知的所有病毒"，不能得出能查杀"所有病毒"，排除。

所以，选择 A 项。

【题 5】

【答案】E

【解析】第一步：简化题干信息。

（1）不受干部们欢迎→应该进行修改；

（2）不受工人们欢迎→采取新措施；

（3）不受干部们欢迎∀不受工人们欢迎 = 受干部们欢迎→不受工人们欢迎 = 受工人们欢迎→不受干部们欢迎。

第二步：建立题干条件关系。

（3）（1）得出：（4）受工人们欢迎→不受干部们欢迎→应该进行修改。

（3）（2）得出：（5）受干部们欢迎→不受工人们欢迎→采取新措施。

第三步：选项代入验证。

D 项，受工人们欢迎→采取新措施，与（4）不一致，排除。

E 项，受干部们欢迎→采取新措施，与（5）一致，正确。

所以，选择 E 项。

三、技巧总结

技巧 1：题干选项均假言，判断题干相关性，题干有关先搭桥，题干无关验选项。

技巧 2：题干假言或选言，选项假言与其他，优选假言做验证，满足推理为答案。

技巧 3：注意选项中混淆概念的干扰项。

第十讲　假言与事实条件题型

一、题型精讲

1. 题型特点

（1）题干特点：假言判断 + 事实条件。

（2）选项特点：事实结果。

2. 应对方法

（1）识别事实条件（事实条件一般为确定的条件，例如联言判断或单判断）；

（2）由事实条件出发，找题干中与事实条件相同或相关条件搭桥，建立题干的"连锁"推理；

（3）熟练运用假言判断推理规则与连锁推理模型（要点18与要点20）。

【例1】如果生产下降或浪费严重，那么将造成物资匮乏。如果物资匮乏，那么或者物价暴涨，或者人民生活贫困。如果人民生活贫困，政府将失去民心。事实上物价没有暴涨，而且政府赢得了民心。

由此可见：

A. 生产下降但是没有浪费严重。　　B. 生产没有下降但是浪费严重。

C. 生产下降并且浪费严重。　　D. 生产没有下降并且没有浪费严重。

E. 生产下降或者浪费严重。

【答案】D

【解析】第一步：简化题干信息。

（1）生产下降∨浪费严重→物资匮乏；

（2）物资匮乏→物价暴涨∨人民贫困；

（3）人民贫困→政府失去民心；

（4）事实上，¬物价暴涨∧¬政府失去民心。

第二步：建立题干条件关系。

事实条件（4）"¬政府失去民心"结合（3）得出：（5）¬人民贫困。

事实条件（4）"¬物价暴涨"结合（5）（2）得出：¬物资匮乏。再结合（1）得出：¬生产下降∧¬浪费严重。

所以，选择D项。

【例2】张立是一位单身白领，工作5年积累了一笔存款，由于该笔存款金额尚不足以购房，考虑将其暂时分散投资到股票、黄金、基金、国债和外汇5个方面。该笔存款的投资需要满足如下条件：

（1）如果黄金投资比例高于1/2，则剩余部分投入国债和股票；

（2）如果股票投资比例低于1/3，则剩余部分不能投入外汇或国债；

（3）如果外汇投资比例低于1/4，则剩余部分投入基金或黄金；

（4）国债投资比例不能低于1/6。

根据上述信息，可以得出以下哪项？

A. 国债投资比例高于1/2。　　　　B. 外汇投资比例不低于1/3。

C. 股票投资比例不低于1/4。　　　D. 黄金投资比例不低于1/5。

E. 基金投资比例低于1/6。

【答案】C

【解析】第一步：简化题干信息。

（1）黄金投资比例高于1/2 →剩余部分投入国债∧股票；

（2）股票投资比例低于1/3 →剩余部分不投入外汇∧不投入国债；

（3）外汇投资比例低于1/4 →剩余部分投入基金∨黄金；

（4）国债投资比例不能低于1/6。

第二步：建立题干条件关系。

从事实条件（4）出发，结合（2）得出：（5）股票投资比例不低于1/3。

第三步：选项代入验证。

C项，股票投资比例不低于1/4，由（5）"不低于1/3"为真可以推出该项"不低于1/4"为真。

所以，选择C项。

二、强化训练

【题1】如果他勇于承担责任，那么他就一定会直面媒体，而不是选择逃避；如果他没有责任，那么他就一定会聘请律师，捍卫自己的尊严。可是事实上，他不仅没有聘请律师，而且现在逃得连人影都不见了。

根据以上陈述，可以得出以下哪项结论？

A. 即使他没有责任，也不应该选择逃避。

B. 虽然选择了逃避，但是他可能没有责任。

C. 如果他有责任，那么他应该勇于承担责任。

D. 如果他不敢承担责任，那么说明他责任很大。

E. 他不仅有责任，而且他没有勇气承担责任。

【题2】一个公园被划分为东、南、西、北四个区，每个区种植柏树、水杉、银杏、梧桐中的一种树木。已知：如果南区种柏树，那么西区种水杉；只有东区种银杏，西区才种水杉；东区种银杏当且仅当北区种梧桐。

如果北区种柏树，可以得到以下哪项？

A. 东区种水杉。　　　　　　　　　　B. 南区种银杏。

C. 西区种梧桐。　　　　　　　　　　D. 东区种银杏。

E. 西区不种水杉。

【题3】某县县委关于下周一几位领导的工作安排如下：

（1）如果李副书记在县城值班，那么他就要参加宣传工作例会；

（2）如果张副书记在县城值班，那么他就要做信访接待工作；

（3）如果王书记下乡调研，那么张副书记或李副书记就要在县城值班；

（4）只有参加宣传工作例会或做信访接待工作，王书记才不下乡调研；

（5）宣传工作例会只需分管宣传的副书记参加，信访接待工作也只需一名副书记参加。

根据上述工作安排，可以得出以下哪项？

A. 王书记下乡调研。　　　　　　　　B. 张副书记做信访接待工作。

C. 李副书记做信访接待工作。　　　　D. 张副书记参加宣传工作例会。

E. 李副书记参加宣传工作例会。

【题4】大嘴鲈鱼只在有鲦鱼出现的河中长有浮藻的水域里生活。漠亚河中没有大嘴鲈鱼。

从上述断定能得出以下哪项结论？

Ⅰ. 鲦鱼只在长有浮藻的河中才能发现。

Ⅱ. 漠亚河中既没有浮藻，又发现不了鲦鱼。

Ⅲ. 如果在漠亚河中发现了鲦鱼，则其中肯定不会有浮藻。

A. 只有Ⅰ。　　　　　　B. 只有Ⅱ。　　　　　　C. 只有Ⅲ。

D. 只有Ⅰ和Ⅱ。　　　　E. Ⅰ、Ⅱ和Ⅲ都不是。

【题5】林斌一周工作五天，除非这周内有法定休假日。上周林斌工作了六天。

如果上述断定为真，以下哪项一定为真？

A. 上周可能有也可能没有法定休假日。

B. 上周林斌至少有一天在法定工作日工作。

C. 上周一定有法定休假日。

D. 上周一定没有法定休假日。

E. 以上各项都不一定为真。

参考答案与解析

【题1】

【答案】E

【解析】第一步：简化题干信息。

（1）他勇于承担责任→他就一定会直面媒体∧¬逃避；

（2）他没有责任→他就一定会聘请律师∧捍卫自己的尊严；

（3）事实上，¬聘请律师∧逃避。

第二步：建立题干条件关系。

从事实条件（3）"逃避"出发，结合（1）得出：他没有勇于承担责任。

从事实条件（3）"¬聘请律师"出发，结合（2）得出：他有责任。

所以，选择E项。

【燚语点拨】联言判断部分为假，就可以判断整个联言判断的干判断为假（要点9：联言判断真值表）。

【题2】

【答案】E

【解析】第一步：简化题干信息。

（1）南区种柏树→西区种水杉；

（2）西区种水杉→东区种银杏；

（3）东区种银杏⇔北区种梧桐；

（4）北区种柏树。

第二步：建立题干条件关系。

从事实条件（4）出发，结合（3）得出"¬东区种银杏"，再结合（2）得出"¬西区种水杉"。

所以，选择E项。

【燚语点拨】注意充要条件推理规则（要点18：假言判断推理规则，③双肯推理规则；④双否推理规则）。

【题3】

【答案】A

【解析】第一步：简化题干信息。

（1）李副书记在县城值班→李副书记参加宣传工作例会；

（2）张副书记在县城值班→张副书记做信访接待工作；

（3）王书记下乡调研→张副书记在县城值班∨李副书记在县城值班；

（4）¬王书记下乡调研→王书记参加宣传工作例会∨做信访接待工作；

（5）宣传工作例会只需分管宣传的副书记参加∧信访接待工作也只需一名副书记参加。

第二步：建立题干条件关系。

由事实条件（5）得出，宣传工作例会不需要王书记参加∧信访接待工作不需要王书记做，结合（4）得出，王书记下乡调研。所以，选择A项。

【燚语点拨】虽然"王书记下乡调研"与（3）有关且可以得出后件，但（3）的后件为选言判断，无法推出选项。

【题4】

【答案】E

【解析】第一步：简化题干信息。

（1）大嘴鲈鱼→鲦鱼∧浮藻；

（2）漠亚河中没有大嘴鲈鱼。

第二步：建立题干条件关系。

由事实条件（2）出发，"没有大嘴鲈鱼"否定了（1）的前件，根据假言判断前后推理规则"否前后不定"可知，无法判断"鲦鱼与浮藻"的情况，更无法判断二者的推理关系。所以，选择E项。

【题5】

【答案】C

【解析】第一步：简化题干信息。

（1）¬林斌一周工作五天→这周内有法定休假日；

（2）上周林斌工作了六天。

第二步：建立题干条件关系。

由事实条件（2）出发，根据假言判断推理规则"肯前必肯后"得出，上周有法定休假日。所以，选择C项。

三、技巧总结

技巧4：事实条件加假言，从事实条件出发，相同相关做搭桥，连锁推理守规则。

技巧5：识别事实条件，它可以是限定苛刻的事实条件，也可以是多个或一个事实条件。

第十一讲　假言与非事实条件题型

一、题型精讲

1. 题型特点

（1）题干特点：假言判断 + 假言判断 / 选言判断。

（2）选项特点：确定结果。

2. 应对方法

（1）题干条件均为真，将题干中选言判断变为假言判断（要点11：相容选言判断推理规则）。

相容选言判断推理规则：a ∨ b=¬a → b=¬b → a（即否定→肯定）。

（2）找相关条件做假设，推出矛盾的结果，说明假设不成立（即确定条件），得出确定结果再继续推理。

例如：假设 a 为真，得出与题干条件矛盾的结果，说明 a 为真的假设不成立，所以 a 一定为假（即确定结果），将假话转为真话再结合题干相关条件继续推理，或代入选项验证。

（3）构建二难推理模型，得出确定结果再继续推理。

模型1：① a → b；② ¬a → b。矛盾双方在前位，得出 b 一定为真。

因为矛盾的双方中一定有一种情况发生，无论哪种情况发生，根据"肯前必肯后"的规则都能得出 b 发生，所以 b 一定为真。

模型2：① a → b；② a → ¬b。矛盾双方在后位，得出 ¬a 一定为真。

因为矛盾的双方中一定有一种情况发生，无论哪种情况发生，根据"否后必否前"的规则都能得出 ¬a 发生，所以 ¬a 一定为真。

【例1】下面是甲、乙、丙、丁四位专家关于选调生的录取意见：

（1）甲：如果不录取李正，那么不录取王兴。

（2）乙：如果不录取王兴，那么录取李正。

（3）丙：如果录取李正，那么录取周成。

（4）丁：周成或者赵立至少有一个不被录取。

如果上述要求均被满足，则以下哪项一定为真？

A. 录取王兴。　　　　　　　　　B. 不录取李正。

C. 不录取周成。　　　　　　　　D. 不录取赵立。

E. 不录取王兴。

【答案】D

【解析】第一步：简化题干信息。

（1）甲：¬录取李正→¬录取王兴。

（2）乙：¬录取王兴→录取李正。

（3）丙：录取李正→录取周成。

（4）丁：¬录取周成∨¬录取赵立。

第二步：建立题干条件关系，找确定结果。

方法一：找矛盾。

（1）（2）得出"¬录取李正→¬录取王兴→录取李正"，说明假设不录取李正会得出矛盾结果，则假设不成立，所以可得：（5）录取李正（得出确定结果）。

方法二：构建二难推理模型。

（1）¬录取李正→¬录取王兴＝录取王兴→录取李正；

（2）¬录取王兴→录取李正。

矛盾双方在前位，得出：（5）"录取李正"一定为真（得出确定结果）。

第三步：由确定条件出发，继续推理。

由（5）出发，结合（3）得出"录取周成"，再结合（4）根据相容选言判断推理规则得出"¬录取赵立"。

所以，选择 D 项。

【例 2】有一种插花艺术对色彩有如下要求：

（1）或者不使用天蓝，或者使用铁青；

（2）如果使用橙黄，则不能使用天蓝；

（3）只有使用橙黄，才能使用铁青。

可以得出以下哪项？

A. 使用橙黄。　　　　　　　　B. 使用铁青。

C. 不使用橙黄。　　　　　　　D. 不使用铁青。

E. 不使用天蓝。

【答案】E

【解析】第一步：简化题干信息。

（1）¬使用天蓝∨使用铁青；

（2）使用橙黄→¬使用天蓝；

（3）使用铁青→使用橙黄。

第二步：构建二难推理模型，找确定结果。

（3）（2）得出：（4）使用铁青→使用橙黄→¬使用天蓝。

（1）选言变假言得出：（5）¬使用铁青→¬使用天蓝。

（4）（5）矛盾双方在前位，得出："¬使用天蓝"一定为真。

所以，选择 E 项。

二、强化训练

【题1】李明、王兵、马云三位股民对股票 A 和股票 B 分别做了如下预测：

李明：只有股票 A 不上涨，股票 B 才不上涨。

王兵：股票 A 和股票 B 至少有一个不上涨。

马云：股票 A 上涨当且仅当股票 B 上涨。

若三人的预测都为真，以下哪项符合他们的预测？

A. 股票 A 上涨，股票 B 不上涨。

B. 股票 A 不上涨，股票 B 上涨。

C. 股票 A 和股票 B 均上涨。

D. 股票 A 和股票 B 均不上涨。

E. 只有股票 A 上涨，股票 B 才不上涨。

【题2】天南大学准备选派 4 名研究生到山村小学支教，共有甲、乙、丙、丁、戊、己、庚 7 位学生成为候选人。已知选派结果符合如下条件：

（1）如果丁入选，则己也入选；

（2）只要丙、庚中至少有 1 人入选，则己也入选。

根据以上信息，可以得出以下哪项？

A. 甲入选。   B. 丙入选。

C. 庚入选。   D. 己入选。

E. 辛入选。

【题3】某中药制剂中，人参或者党参必须至少有一种，同时还需满足以下条件：

（1）如果有党参，就必须有白术；

（2）白术、人参至多只能有一种；

（3）若有人参，就必须有首乌；

（4）有首乌，就必须有白术。

根据以上陈述，关于该中药制剂可以得出以下哪项？

A. 人参和白术。   B. 党参和白术。

C. 首乌和党参。   D. 白术和首乌。

E. 党参和人参。

【题4】如果李生喜欢表演，则他报考戏剧学院；如果他不喜欢表演，则他可以成为戏剧理论家；如果他不报考戏剧学院，则不能成为戏剧理论家。

由此可推出李生将：

A. 不喜欢表演。   B. 成为戏剧理论家。

C. 不报考戏剧学院。   D. 报考戏剧学院。

E. 不成为戏剧理论家。

【题5】某大学读书会开展"一月一书"活动。读书会成员甲、乙、丙、丁、戊5人在《论语》《史记》《唐诗三百首》《奥德赛》《资本论》中各选一本阅读，互不重复。已知：

（1）甲爱读历史，会在《史记》和《奥德赛》中挑一本；

（2）乙和丁只爱读中国古代经典，但现在都没有读诗的心情；

（3）如果乙选《论语》，则戊选《史记》。

事实上，各人都选了自己喜爱的书目。

根据上述信息，可以得出以下哪项？

A. 甲选《史记》。　　　　　　B. 乙选《奥德赛》。

C. 丙选《唐诗三百首》。　　　D. 丁选《论语》。

E. 戊选《资本论》。

参考答案与解析

【题1】

【答案】D

【解析】第一步：简化题干信息。

（1）¬B 上涨→ ¬A 上涨；

（2）¬A 上涨∨ ¬B 上涨；

（3）A 上涨⇔ B 上涨。

第二步：构建二难推理模型，找确定结果。

（2）¬A 上涨∨ ¬B 上涨 =B 上涨→ ¬A 上涨；

（1）¬B 上涨→ ¬A 上涨。

矛盾双方在前位，得出：（4）"¬A 上涨"一定为真。

第三步：由确定条件出发，继续推理。

由（4）结合（3）根据充要条件推理规则得出：¬B 上涨。

所以，选择 D 项。

【题2】

【答案】D

【解析】第一步：简化题干信息。

（1）丁入选→己入选；

（2）丙入选∨庚入选→己入选；

（3）从 7 位候选人中选 4 位去支教，3 位没有入选。

第二步：建立题干条件关系，找确定结果。

假设"己没入选"，结合（1）得出"丁没入选"；结合（2）得出"丙没入选∧庚没入选"。

若"己没入选"，会导致 7 位候选人中有 4 位没有入选，与（3）矛盾，所以假设不成立，所以"己一定入选"。

所以，选择 D 项。

【燚语点拨】题干中有假言判断与数据信息，数据信息作为限定条件，可以成为推出矛盾结果的有效条件。

【题 3】

【答案】B

【解析】第一步：简化题干信息。

（1）党参→白术；

（2）¬白术∨¬人参；

（3）人参→首乌；

（4）首乌→白术；

（5）人参∨党参。

第二步：建立题干条件关系，找确定结果。

（3）（4）得出：（6）人参→首乌→白术。

（2）选言变假言得出：（7）人参→¬白术。

（6）（7）矛盾双方在后位，可得："¬人参"一定为真。

第三步：由确定条件出发，继续推理。

"¬人参"结合（5）得出"党参"，再结合（1）得出"白术"。

所以，选择 B 项。

【题 4】

【答案】D

【解析】第一步：简化题干信息。

（1）喜欢表演→报考戏剧学院；

（2）¬喜欢表演→成为戏剧理论家；

（3）¬报考戏剧学院→¬成为戏剧理论家。

第二步：构建二难推理模型，找确定结果。

（2）（3）得出：（4）¬喜欢表演→成为戏剧理论家→报考戏剧学院。

（4）（1）矛盾双方在前位，得出："报考戏剧学院"一定为真。

所以，选择 D 项。

【题 5】

【答案】D

【解析】第一步：简化题干信息。

（1）甲选《史记》∀《奥德赛》；

（2）乙和丁分别选《论语》《史记》中的一本；

（3）乙选《论语》→戊选《史记》；

（4）每人只能选择一本书，且互不重复。

第二步：建立题干条件关系，找确定结果。

假设乙选《论语》，结合（3）得出"戊选《史记》"，根据（4）可知，结果与（2）矛盾，所以假设不成立，即乙不选《论语》。

第三步：由确定条件出发，继续推理。

"乙不选《论语》"结合（2）得出：乙选《史记》∧丁选《论语》。

所以，选择 D 项。

【燚语点拨】题干中有假言判断与一一对应的题型，一一对应后就不能与其他条件再对应，一般作为限定条件，可以成为推出矛盾结果的有效条件。

三、技巧总结

技巧6：题干选言与假言，题干条件均为真，选言务必变假言，建立搭桥的关系。

技巧7：题干选言或假言，选项却为确定项，相关串联找矛盾，一肯一否构二难。

技巧8：构建二难的模型，矛盾双方要抓牢，矛盾在前必肯后，矛盾在后必否前。

技巧9：题干假言与数量，选项却为确定项，数字范围找矛盾，假设选取需技巧。

技巧10：题干假言与对应，选项却为事实项，对应关系找矛盾，假设选取需技巧。

技巧11：选取假设的对象，一般优选单判断，肯前否后是重点，信息越多越好用。

第十二讲 假言与直言判断题型

一、题型精讲

1. 题型特点

（1）题干特点：假言判断 + 直言判断。

（2）选项特点：假言判断 / 直言判断。

（3）问题特点：可以推出以下哪项？/ 补充以下哪项能得出结论？

2. 应对方法

（1）"有的"作为出发点，必须前置。

（2）所有 a 都是 b，可等价为假言判断，逻辑符号简化为 a → b；有的 a 是 b，逻辑符号简化为有的 a ⇒ b。

（3）熟练运用直言判断换位推理规则与模型（要点 5：直言判断变形推理）。

（4）构建"补前提"的模型。

模型 1：

前提： a → b　　　　　　　有的 a ⇒ b

　　　补前提（b → c）　　　补前提（b → c）

结论： a → c　　　　　　　有的 a ⇒ c

口诀：相同项放左边，剩余项前推后，其他情况选项代入验证。

模型 2：

前提： a → b　　　　　　　a → b

　　　补前提（c → a）　　　补前提（有的 c ⇒ a）

结论： c → b　　　　　　　有的 c ⇒ b

口诀：相同项放右边，剩余项后推前，其他情况选项代入验证。

【例 1】倪教授认为，我国工程技术领域可以考虑与国外先进技术合作，但任何涉及核心技术的项目绝不能受制于人；我国许多网络安全建设项目涉及信息核心技术，如果全盘引进国外先进技术而不努力自主创新，我国的网络安全将会受到严重威胁。

根据倪教授的陈述，可以得出以下哪项？

A. 我国有些网络安全建设项目不能受制于人。

B. 我国工程技术领域的所有项目都不能受制于人。

C. 如果能做到自主创新，我国的网络安全就不会受到严重威胁。

D. 我国许多网络安全建设项目不能与国外先进技术合作。

E. 只要不是全盘引进国外先进技术，我国的网络安全就不会受到严重威胁。

【答案】A

【解析】第一步：简化题干信息。

（1）任何涉及核心技术的项目→不能受制于人；

（2）我国许多网络安全建设项目⇒涉及信息核心技术；

（3）全盘引进国外先进技术∧不努力自主创新→我国的网络安全将会受到严重威胁。

第二步：建立题干条件关系。

（2）（1）得出：（4）有的网络安全建设项目⇒涉及信息核心技术→不能受制于人。

第三步：预判优选项，排除干扰项。

A项，有的网络安全建设项目⇒不能受制于人，与（4）一致，正确。

B项，我国工程技术领域的所有项目→不能受制于人，与（1）不一致，排除。

C项，"如果能做到自主创新"否定了（3）的前件，直接排除。

D项，我国许多网络安全建设项目⇒不能与国外先进技术合作，不能由题干判断，因为题干说的是我国工程技术领域可以"考虑"与国外先进技术合作，但事实情况不确定。

E项，"只要不是全盘引进国外先进技术"否定了（3）的前件，直接排除。

所以，选择A项。

【燚语点拨】（1）"有的＋所有"的模型优选"有的"的选项；（2）选项为假言判断，直接与题干"所有或假言判断"比较验证。

【例2】所有切实关心教员福利的校长，都被证明是管理得法的校长；而切实关心教员福利的校长，都首先把注意力放在解决中青年教员的住房上。因此，那些不首先把注意力放在解决中青年教员住房上的校长，都不是管理得法的校长。

为使上述论证成立，以下哪项必须为真？

A. 中青年教员的住房问题，是教员的福利中最为突出的问题。

B. 所有管理得法的校长，都是关心教员福利的校长。

C. 中青年教员的比例，近年来普遍有了大的增长。

D. 所有首先把注意力放在解决中青年教员住房上的校长，都是管理得法的校长。

E. 老年教员普遍对自己的住房状况比较满意。

【答案】B

【解析】第一步：简化题干信息。

前提：（1）关心教员福利的校长→管理得法的校长；

（2）关心教员福利的校长→首先把注意力放在解决中青年教员住房上。

结论：¬首先把注意力放在解决中青年教员住房上→¬管理得法的校长 = 管理得法的校长→首先把注意力放在解决中青年教员住房上。

第二步：审问题，建立题干条件关系。

注意本题为补前提的题型，观察发现，（1）与（2）不能直接搭桥，结论"管理得法的校长"肯定了（1）的后件，所以需要保证"管理得法的校长"也是前件的充分条件，即管理得法的校长→关心教员福利的校长，结合（2）即可得出结论。

所以，选择 B 项。

二、强化训练

【题1】在某住宅小区的居民中，大多数中老年教员都办了人寿保险，所有买了四居室以上住房的居民都办了财产保险。如果办了人寿保险，那么都没办理财产保险。

如果上述断定是真的，以下哪项关于该小区居民的断定必定是真的？

Ⅰ. 有中老年教员买了四居室以上的住房。

Ⅱ. 有中老年教员没办理财产保险。

Ⅲ. 买了四居室以上住房的居民都没办理人寿保险。

A. Ⅰ、Ⅱ和Ⅲ。　　　　　　　B. 仅Ⅰ和Ⅱ。　　　　　　　C. 仅Ⅱ和Ⅲ。

D. 仅Ⅰ和Ⅲ。　　　　　　　E. 仅Ⅱ。

【题2】所有物质实体都是可见的，而任何可见的东西都没有神秘感。众所周知，如果精神世界存在，那么具有神秘感。

如果以上判断为真，则以下哪项肯定为真？

A. 精神世界是可见的。

B. 有神秘感的东西都是可见的。

C. 可见的东西都是物质实体。

D. 精神世界有时也是可见的。

E. 精神世界不是物质实体。

【题3】有些阔叶树是常绿植物，因此，有些阔叶树生长在寒带地区。

以下哪项如果为真，最能支持上述结论？

A. 常绿植物不都是阔叶树。

B. 寒带的某些地区不生长阔叶树。

C. 有些阔叶树不生长在寒带地区。

D. 常绿植物都不生长在寒带地区。

E. 常绿植物都生长在寒带地区。

【题4】世界上最漂亮的猫中有一些是波斯猫，然而，人们必须承认，所有的波斯猫都是自负的，并且所有的自负的波斯猫总是让人生气。

如果上述陈述正确，下面的每一个基于上述陈述的选项也必然是正确的，除了：

A. 世界上最漂亮的猫中有一些是让人生气的。

B. 一些让人生气的波斯猫是世界上最漂亮的猫。

C. 任何不让人生气的猫都不是波斯猫。

D. 一些自负的猫属于世界上最漂亮的猫。

E. 一些让人生气且最漂亮的猫不是波斯猫。

【题5】第一机械厂的有些管理人员取得了 MBA 学位。因此，有些有工科背景的大学毕业生取得了 MBA 学位。

以下哪项如果为真，则最能保证上述论证的成立？

A. 有些管理人员是有工科背景的大学毕业生。

B. 有些取得 MBA 学位的管理人员不是有工科背景的大学毕业生。

C. 第一机械厂所有的管理人员都是有工科背景的大学毕业生。

D. 第一机械厂的有些管理人员还没有取得 MBA 学位。

E. 第一机械厂所有的有工科背景的大学毕业生都是管理人员。

参考答案与解析

【题1】

【答案】C

【解析】第一步：简化题干信息。

（1）大多数中老年教员都办了人寿保险＝有的中老年教员办了人寿保险；

（2）所有买了四居室以上住房的居民都办了财产保险；

（3）所有办了人寿保险的都没办理财产保险。

第二步：建立题干条件关系。

将"有的"作为出发点，"有的中老年教员办了人寿保险"结合（3）得出"有的中老年教员没办理财产保险"，再结合（2）得出"有的中老年教员没买四居室以上的住房"。

（3）（2）得出：办了人寿保险→没办理财产保险→没买四居室以上住房的居民。

第三步：选项代入验证。

复选项Ⅰ，有中老年教员⇒买了四居室以上的住房，不能判断真假。

因为题干形式为"有的……不"，根据直言判断对当关系（要点4）不能判断"有的……是"的真假。

复选项Ⅱ，有中老年教员⇒没办理财产保险，与题干的推理形式一致，一定为真。

复选项Ⅲ，买了四居室以上住房的居民→没办理人寿保险＝办了人寿保险→没买四居室以上住房的居民，与题干的推理形式一致，一定为真。

所以，选择 C 项。

【题2】

【答案】E

【解析】第一步：简化题干信息。

（1）物质实体→可见；

（2）可见→没有神秘感；

（3）精神世界→神秘感 = 没有神秘感→不是精神世界。

第二步：建立题干条件关系。

（1）（2）（3）得出：物质实体→可见→没有神秘感→不是精神世界。

第三步：选项代入验证。

E项，精神世界→不是物质实体 = 物质实体→不是精神世界，与题干推理形式一致。所以，选择E项。

【题3】

【答案】E

【解析】第一步：简化题干信息。

前提：有的阔叶树⇒常绿植物。

结论：有的阔叶树⇒生长在寒带地区。

第二步：建立题干条件关系。

根据补前提模型1，相同项放左边，剩余项"前→后"得出：常绿植物→生长在寒带地区。所以，选择E项。

【题4】

【答案】E

【解析】第一步：简化题干信息。

（1）有的最漂亮的猫⇒波斯猫；

（2）所有的波斯猫→自负；

（3）自负的波斯猫→让人生气。

第二步：建立题干条件关系。

由（1）"有的"出发，结合（2）（3）得出：有的最漂亮的猫⇒波斯猫→自负→让人生气。

第三步：选项代入验证，选择不一致的选项。

A项，有的最漂亮的猫⇒让人生气，与题干推理形式一致，排除。

B项，有的让人生气的波斯猫⇒最漂亮的猫 = 有的最漂亮的猫⇒让人生气的波斯猫，与题干推理形式一致，排除。

C项，¬让人生气→¬波斯猫 = 波斯猫→让人生气，与题干推理形式一致，排除。

D项，有的自负的猫⇒最漂亮的猫 = 有的最漂亮的猫⇒自负，与题干推理形式一致，排除。

E项，有的让人生气∧最漂亮的猫⇒¬波斯猫，由题干无法推出，正确。

所以，选择E项。

【题5】

【答案】C

【解析】第一步：简化题干信息。

前提：有的管理人员⇒取得了 MBA 学位 = 有的取得 MBA 学位⇒管理人员。

结论：有的有工科背景的大学毕业生⇒取得了 MBA 学位 = 有的取得 MBA 学位⇒有工科背景的大学毕业生。

第二步：建立题干条件关系。

根据补前提模型 1，相同项放左边，剩余项"前→后"得出：管理人员→有工科背景的大学毕业生。

所以，选择 C 项。

【燚语点拨】若前提与结论都为"有的"，简化题干信息时直接把"相同项放左边"，运用补前提模型 1 来搭桥。

三、技巧总结

技巧 12：题干直言与假言，问题要求推结论，有的出发做搭桥，换位规则做保障。

技巧 13：题干直言与假言，问题要求补前提，有的换位到左侧，补前模型灵活用。

技巧 14：题干前提与结论，结论所有补所有，结论有的都可以，选项代入验结果。

技巧 15：注意主观认知不等于客观事实的干扰项。

第十三讲 负判断题型

一、题型精讲

1. 题型特点

（1）题干特点：假言判断或其他判断。

（2）问题特点：以下哪项不可能为真？／以下哪项最能质疑上述判断？

2. 应对方法

（1）题干若只有一个判断，根据负判断的形式，预判优选项，排除干扰项。

例如假言判断的负判断一定不是假言判断，而是联言判断。所以问题要求找一定为假的题型，其优选项只能为联言判断，不能为假言判断，根据这一特点可以快速排除形式不一致的选项。

（2）题干有多个判断且有关系，先找相关条件做搭桥，关注首尾项找矛盾。

（3）题干有多个判断但无关系，直接将选项代入验证。

【例1】只有具有一定文学造诣且具有生物学专业背景的人，才能读懂这篇文章。

如果上述命题为真，以下哪项不可能为真？

A. 小张没有读懂这篇文章，但他的文学造诣是大家所公认的。

B. 计算机专业的小王没有读懂这篇文章。

C. 从未接触过生物学知识的小李读懂了这篇文章。

D. 小周具有生物学专业背景，但他没有读懂这篇文章。

E. 生物学博士小赵读懂了这篇文章。

【答案】C

【解析】第一步：简化题干信息。

$\lnot$（读懂这篇文章 a →有文学造诣 b1 $\land$ 有生物学专业背景的人 b2）

第二步：预判优选项，排除干扰项。

优选项：a $\land$ $\lnot$（b1 $\land$ b2）=（a $\land$ ¬b1）$\lor$（a $\land$ ¬b2）。

直接排除 A、B、D 项，因为这三项都是"没读懂这篇文章"，即 ¬a。

C 项，a $\land$ ¬b2，符合上述优选项推理形式，正确。

E 项，a $\land$ b2，不符合上述优选项推理形式，排除。

所以，选择 C 项。

【例2】在恐龙灭绝 6 500 万年后的今天，地球正面临着又一次物种大规模灭绝的危机。截至上个世纪末，全球大约有 20% 的物种灭绝。现在，大熊猫、西伯利亚虎、北美玳瑁、巴西红木等许多珍稀物种面临着灭绝的危险。有三位学者对此做了预测：

学者一：如果大熊猫灭绝，则西伯利亚虎也将灭绝。

学者二：如果北美玳瑁灭绝，则巴西红木不会灭绝。

学者三：或者北美玳瑁灭绝，或者西伯利亚虎不会灭绝。

如果三位学者的预测都为真，则以下哪项一定为假？

A. 大熊猫和北美玳瑁都将灭绝。

B. 巴西红木将灭绝，西伯利亚虎不会灭绝。

C. 巴西红木将灭绝，大熊猫不会灭绝。

D. 大熊猫将灭绝，巴西红木不会灭绝。

E. 大熊猫和巴西红木都将灭绝。

【答案】E

【解析】第一步：简化题干信息。

（1）大熊猫灭绝→西伯利亚虎灭绝；

（2）北美玳瑁灭绝→¬巴西红木灭绝；

（3）北美玳瑁灭绝∨¬西伯利亚虎灭绝。

第二步：建立题干条件关系。

题干条件均为真，根据"选言务必变假言"（技巧6），建立搭桥的关系。

（3）选言变假言：西伯利亚虎灭绝→北美玳瑁灭绝。

根据（1）（3）（2）得出：大熊猫灭绝→西伯利亚虎灭绝→北美玳瑁灭绝→¬巴西红木灭绝。

第三步：根据问题找矛盾。

连锁推理的优选项是与逻辑链条首尾相连相关的选项，"大熊猫灭绝→¬巴西红木灭绝"的矛盾判断为，大熊猫灭绝∧巴西红木灭绝。所以，选择E项。

二、强化训练

【题1】陈先生在鼓励他孩子时说道："不要害怕暂时的困难和挫折，不经历风雨怎么见彩虹？"他孩子不服气地说："您说的不对。我经历了那么多风雨，怎么就没见到彩虹呢？"

陈先生孩子的回答最适宜用来反驳以下哪项？

A. 如果想见到彩虹，就必须经历风雨。

B. 只要经历了风雨，就可以见到彩虹。

C. 只有经历风雨，才能见到彩虹。

D. 即使经历了风雨，也可能见不到彩虹。

E. 即使见到了彩虹，也不是因为经历了风雨。

【题2】有人说："最高明的骗子，可能在某个时刻欺骗所有的人，也可能在所有的时刻欺骗某些人，但不可能在所有的时刻欺骗所有的人。"

如果上述断定为真，而且世界上总有一些高明的骗子，那么下述哪项断定必定是假的？

A. 张三可能在某个时刻受骗。

B. 李四可能在任何时候都不受骗。

C. 骗人的人也可能在某个时刻受骗。

D. 不存在某一时刻所有的人必然都不会受骗。

E. 不存在某一时刻有人可能不受骗。

【题3】世界级的马拉松选手每天跑步不少于两小时，除非是元旦、星期天或得了较严重的疾病。

若以上论述为真，以下哪项所描述的人不可能是世界级的马拉松选手？

A. 某人连续三天每天跑步仅一个半小时，并且没有任何身体不适。

B. 某运动员几乎每天都要练习吊环。

C. 某人在脚伤痊愈的一周里每天跑步至多一小时。

D. 某运动员在某个星期三没有跑步。

E. 某运动员身体瘦高，别人都说他像跳高运动员，他的跳高成绩相当不错。

【题4】所有安徽来京打工人员都办理了暂住证；所有办理了暂住证的人员都获得了就业许可证；有些安徽来京打工人员当上了门卫；所有的业余武术学校的学员都未获得就业许可证。

以下哪个人的身份，不可能符合上述题干所做的断定？

A. 一个获得了就业许可证的人，但并非业余武术学校的学员。

B. 一个没有获得就业许可证的人，也没有办理暂住证。

C. 一个办理了暂住证的人，是安徽来京打工人员。

D. 一个门卫，他是办理了暂住证的业余武术学校的学员。

E. 一个门卫，他办理了暂住证，但不是业余武术学校的学员。

【题5】欧几里得几何系统的第五条公理判定：在同一平面上，过直线外一点可以并且只可以作一条直线与该直线平行。在数学发展史上，有许多数学家对这条公理是否具有无可争议的真理性表示怀疑和担心。

要使数学家的上述怀疑成立，以下哪项必须成立？

Ⅰ. 在同一平面上，过直线外一点可能无法作一条直线与该直线平行。

Ⅱ. 在同一平面上，过直线外一点作多条直线与该直线平行是可能的。

Ⅲ. 在同一平面上，如果过直线外一点不可能作多条直线与该直线平行，那么，也可能无法只作一条直线与该直线平行。

A. 仅Ⅰ。　　　　　　　　B. 仅Ⅱ。　　　　　　　　C. 仅Ⅲ。

D. 仅Ⅰ和Ⅱ。　　　　　　E. Ⅰ、Ⅱ和Ⅲ。

<h1 style="text-align:center">参考答案与解析</h1>

【题1】

【答案】B

【解析】第一步：简化题干信息。

孩子的回答是：经历风雨∧没见彩虹。

找孩子的回答反驳了哪项，即找孩子的回答的矛盾判断，即¬（经历风雨∧没见彩虹）。

第二步：预判优选项，排除干扰项。

联言的矛盾判断不可能是联言，直接排除D、E项。

¬（经历风雨∧没见彩虹）=¬经历风雨∨没见彩虹 = 经历风雨→见到彩虹。

所以，选择B项。

【题2】

【答案】E

【解析】第一步：简化题干信息。

（1）可能在某个时刻欺骗所有的人；

（2）可能在所有的时刻欺骗某些人；

（3）不可能在所有的时刻欺骗所有的人 = 必然在有的时刻有的人不受骗。

第二步：问题要求找一定为假的选项，选项代入验证。

A项，可能在某个时刻骗张三，由（1）可以得出，一定为真，排除。

B项，可能在所有时刻不骗李四，由（2）可知，"有的"不能判断"李四"的情况，排除。

C项，可能在某个时刻骗骗人的人，由（1）可以得出，一定为真，排除。

D项，可能所有时刻有的人会受骗 =（2），一定为真，排除。

E项，所有时刻所有人必然受骗，由（3）可以得出，一定为假，正确。

所以，选择E项。

【题3】

【答案】A

【解析】第一步：简化题干信息。

¬（每天跑步少于两小时→元旦∨星期天∨得了较严重的疾病）= 每天跑步少于两小时∧¬元旦∧¬星期天∧¬得了较严重的疾病。

第二步：预判优选项。

优选项为A、C项。

A项，"仅一个半小时"说明少于两小时，"连续三天"说明其中必有一天不是元旦且不是星期天，即¬元旦∧¬星期天，"没有任何身体不适"等价于"¬得了较严重的疾病"，符合题干推理形式，正确。

C项，"至多一小时"说明少于两小时，"一周里每天"说明¬元旦∧¬星期天，但是"脚伤痊愈"不等于"¬得了较严重的疾病"，可能还患有其他较严重的疾病，排除。

所以，选择A项。

【题4】

【答案】D

【解析】第一步：简化题干信息。

（1）安徽来京打工→办理暂住证；

（2）办理暂住证→获得就业许可证；

（3）有的安徽来京打工⇒门卫 = 有的门卫⇒安徽来京打工；

（4）业余武术学校的学员→¬获得就业许可证。

第二步：建立题干条件关系。

由（3）"有的"出发，结合（1）（2）（4）得出：有的门卫⇒安徽来京打工→办理暂住证→获得就业许可证→¬业余武术学校的学员。

第三步：预判优选项，首尾找矛盾。

优选项为D、E项。

D项，办理暂住证∧业余武术学校的学员，由题干推理可知，办理了暂住证的一定不是业余武术学校的学员，一定为假。

E项，办理暂住证∧¬业余武术学校的学员，符合题干推理形式，一定为真。

所以，选择D项。

【题5】

【答案】C

【解析】简化题干信息：¬（在同一平面上，过直线外一点可以∧只可以作一条直线与该直线平行）= 在同一平面上，过直线外一点无法作一条直线与该直线平行∨可以作多条直线与该直线平行。

联言的矛盾判断只能是选言或假言，所以，只有复选项Ⅲ符合，直接选择C项。

三、技巧总结

技巧16：问题要求找矛盾，简化信息要准确，先看形式再内容，预判优选排干扰。

通关训练

【练1】某市体委对该市业余体育运动爱好者的一项调查得出了若干结论：所有的桥牌爱好者都爱好围棋；有些围棋爱好者爱好武术；所有的武术爱好者都不爱好健身操；有些桥牌爱好者同时爱好健身操。

如果上述结论都是真实的，那么以下哪项不可能是真的？

A. 所有的围棋爱好者也都爱好桥牌。

B. 有的桥牌爱好者爱好武术。

C. 健身操爱好者都爱好围棋。

D. 有的桥牌爱好者不爱好健身操。

E. 围棋爱好者都爱好健身操。

【练2】某国大选在即，国际政治专家陈研究员预测：

（1）选举结果或者是甲党控制政府，或者是乙党控制政府；

（2）如果甲党赢得对政府的控制权，该国将出现经济问题；

（3）如果乙党赢得对政府的控制权，该国将陷入军事危机。

根据陈研究员的上述预测，可以得出以下哪项？

A. 该国可能不会出现经济问题也不会陷入军事危机。

B. 如果该国出现经济问题，那么甲党赢得了对政府的控制权。

C. 该国将出现经济问题，或者将陷入军事危机。

D. 如果该国陷入军事危机，那么乙党赢得了对政府的控制权。

E. 如果该国出现了经济问题并且陷入了军事危机，那么甲党与乙党均赢得了对政府的控制权。

【练3】只要天上有太阳并且气温在零度以下，街上总有很多人穿着皮夹克。只要天下着雨并且气温在零度以上，街上总有人穿着雨衣。有时，天上有太阳但却同时下着雨。

如果上述断定为真，则以下哪项一定为真？

A. 有时街上会有人在皮夹克外面套着雨衣。

B. 如果街上有很多人穿着皮夹克但天没下雨，则天上一定有太阳。

C. 如果气温在零度以下并且街上没有多少人穿着皮夹克，则天一定下着雨。

D. 如果气温在零度以上并且街上有人穿着雨衣，则天一定下着雨。

E. 如果气温在零度以上但街上没人穿雨衣，则天一定没下雨。

【练4】某中药配方有如下要求：

（1）如果有甲药材，那么也要有乙药材；

（2）如果没有丙药材，那么必须有丁药材；

（3）人参和天麻不能都有；

（4）如果没有甲药材而有丙药材，则需要有人参。

如果含有天麻，则关于该配方的断定哪项为真？

A. 含有甲药材。

B. 没有丙药材。

C. 没有乙药材和丁药材。

D. 含有乙药材或丁药材。

E. 含有丙药材。

【练5】许多国家首脑在出任前并未有丰富的外交经验，但这并没有妨碍他们做出成功的外交决策。外交学院的教授告诉我们，丰富的外交经验对于成功的外交决策是不可缺少的。但事实上，一个人，只要有高度的政治敏感、准确的信息分析能力和果断的个人勇气，就能很快地学会如何做出成功的外交决策。对于一个缺少以上三种素养的外交决策者来说，丰富的外交经验没有什么价值。

如果上述断定为真，则以下哪项一定为真？

A. 外交学院的教授比出任前的国家首脑具有更多的外交经验。

B. 具有高度的政治敏感、准确的信息分析能力和果断的个人勇气，是一个国家首脑做出成功的外交决策的必要条件。

C. 丰富的外交经验，对于国家首脑做出成功的外交决策来说，既不是充分条件，也不是必要条件。

D. 丰富的外交经验，对于国家首脑做出成功的外交决策来说，是必要条件，但不是充分条件。

E. 在其他条件相同的情况下，外交经验越丰富，越有利于做出成功的外交决策。

【练6】关于确定商务谈判代表的人选，甲、乙、丙三位公司老总的意见分别是：

甲：如果不选派李经理，那么不选派王经理。

乙：如果不选派王经理，那么选派李经理。

丙：要么选派李经理，要么选派王经理。

以下诸项中，同时满足甲、乙、丙三人意见的方案是：

A. 选李经理，不选王经理。

B. 选王经理，不选李经理。

C. 两人都选派。

D. 两人都不选派。

E. 不存在这样的方案。

【练7】在人事科科长人选问题上，某局决定由单位全体工作人员投票产生，得票前三名作为候选人。每人只需在本局职工名单上打勾即可。计票组发现：

（1）刚毕业的张浩没有打任何人的勾；

（2）凡是给赵杰打勾的人，王明给这些人都打了勾；

（3）没有得全票的人李紫露都打了勾。

由此可以推出：

A. 王明与李紫露相互没打勾。

B. 王明与李紫露相互打了勾。

C. 王明选了李紫露，但是李紫露没选王明。

D. 王明没选李紫露，但是李紫露选了王明。

E. 张浩与赵杰相互打了勾。

练8~练9基于以下题干：

某花店只有从花农那里购得低于正常价格的花，才能以低于市场的价格卖花而获利；除非是该花店的销售量很大，否则不能从花农那里购得低于正常价格的花；要想有大的销售量，该花店就要满足消费者的兴趣或者拥有特定品种的独家销售权。

【练8】如果上述断定为真，则以下哪项必定为真？

A. 如果该花店从花农那里购得低于正常价格的花，那么就会以低于市场的价格卖花而获利。

B. 如果该花店没有以低于市场的价格卖花而获利，则一定没有从花农那里购得低于正常价格的花。

C. 该花店不仅满足了消费者的个人兴趣，而且拥有特定品种独家销售权，但仍然不能以低于市场的价格卖花而获利。

D. 如果该花店广泛满足了消费者的个人兴趣或者拥有特定品种的独家销售权，那么就会有大的销售量。

E. 如果该花店以低于市场的价格卖花而获利，那么一定是从花农那里购得了低于正常价格的花。

【练9】如果上述断定为真，并且事实上该花店没有满足广大消费者的个人兴趣，则以下哪项不可能为真？

A. 如果该花店不拥有特定品种独家销售权，就不能从花农那里购得低于正常价格的花。

B. 即使该花店拥有特定品种独家销售权，也不能从花农那里购得低于正常价格的花。

C. 该花店虽然没有拥有特定品种独家销售权，但仍以低于市场的价格卖花而获利。

D. 该花店通过广告促销的方法获利。

E. 花店以低于市场的价格卖花获利是花市普遍现象。

【练10】 汤姆：因为肖恩是优秀的律师，所以，他有资格进入上流社会的会所。

玛莉：但是因为肖恩酗酒，他本质上不是绅士，因此，他不会被上流社会所接纳。

玛莉的论证使用了以下哪项作为前提？

Ⅰ.有些优秀的律师酗酒。

Ⅱ.绅士都不酗酒。

Ⅲ. 所有绅士都将被上流社会所接纳。

Ⅳ. 被上流社会所接纳的都是绅士。

Ⅴ. 酗酒的绅士都不会被上流社会所接纳。

A. 仅Ⅰ。　　　　　　　　　B. 仅Ⅱ。　　　　　　　　　C. 仅Ⅲ。

D. 仅Ⅱ和Ⅳ。　　　　　　　E. 仅Ⅱ和Ⅲ。

【练11】如果欧洲部分国家的财政危机可以平稳度过，世界经济今年就会走出低谷。

以下哪项最准确地表达了上述断定？

Ⅰ. 如果世界经济今年走出低谷，则西方国家的财政危机可以平稳度过。

Ⅱ. 如果世界经济今年未能走出低谷，则有的西方国家的财政危机没能平稳度过。

A. 只有Ⅰ。　　　　　　　　B. 只有Ⅱ。　　　　　　　　C. Ⅰ和Ⅱ。

D. Ⅰ或Ⅱ。　　　　　　　　E. Ⅰ和Ⅱ都不对。

【练12】除了何东辉，4班所有的奖学金获得者都来自西部地区。

以下哪个选项和题干的意思基本一致？

A. 除了何东辉，如果有人是来自西部地区的奖学金获得者，他一定是4班的学生。

B. 何东辉是唯一来自西部地区的奖学金获得者。

C. 如果一个4班的学生来自西部地区，只要他不是何东辉，他就是奖学金获得者。

D. 何东辉不是4班来自西部地区的奖学金获得者。

E. 除了获得奖学金的何东辉，如果有人是4班获奖学金的学生，他一定来自西部地区。

【练13】董事长：虽然在H和J两国扩大投资确实有某种得到高额回报的前景，但是我们必须正视这两个国家政治上不稳定的现实。因此，我认为，本董事会不应批准目前在该两国扩大投资的议案，除非能提供对此更有说服力的论证。

董事长的上述议论最符合以下哪项原则？

A. 不能向政治上不稳定的国家投资。

B. 政治上的稳定性是向某个国家投资的首要考虑。

C. 向政治上不稳定的国家投资并非不可考虑。

D. 高额回报不是扩大投资的首要考虑。

E. 向政治上不稳定的国家投资是一项应当提倡的能得到高额回报的风险投资。

【练14】如果马来西亚航空公司的客机没有发生故障，也没有被恐怖组织劫持，那就一定是被导弹击落了；如果客机被导弹击落，一定会被卫星发现；如果卫星发现客机被导弹击落，一定会向媒体公布。

如果要得到"飞机被恐怖组织劫持了"这一结论，需要补充以下哪项？

A. 客机没有被导弹击落。

B. 没有导弹击落客机的报道，客机也没有发生故障。

C. 客机没有发生故障。

D. 客机发生了故障，没有导弹击落客机的报道。

E. 客机没有发生故障，卫星发现客机被导弹击落。

【练 15】太阳风中的一部分带电粒子可以到达 M 星表面，将足够的能量传递给 M 星表面粒子，使后者脱离 M 星表面，逃逸到 M 星大气中。为了判定这些逃逸的粒子，科学家们通过三个实验获得了如下信息：

实验一：或者是 x 粒子，或者是 y 粒子。

实验二：或者不是 y 粒子，或者不是 z 粒子。

实验三：如果不是 z 粒子，就不是 y 粒子。

根据上述三个实验，以下哪项一定为真？

A. 这种粒子是 x 粒子。

B. 这种粒子是 y 粒子。

C. 这种粒子是 z 粒子。

D. 这种粒子不是 x 粒子。

E. 这种粒子不是 z 粒子。

【练 16】已知：

（1）卡车只在晚上 8 点以后才上路行驶；

（2）酒后开车的司机都不开车灯；

（3）面包车晚上 8 点以后都不上路行驶；

（4）晚上 8 点以后路上行驶的车都开着车灯；

（5）有的军车晚上 8 点以后上路行驶。

如果以上命题都是真的，那么以下哪种情况是不可能出现的？

A. 面包车司机酒后开车。

B. 面包车在行驶中开着车灯。

C. 司机酒后开车撞上了卡车。

D. 军车司机不会酒后开车。

E. 有的军车在行驶中没开车灯。

【练 17】张珊和李斯在讨论这次学校"英才助学金"发放的一些情况。张珊：这次没有女生获得"英才助学金"的资助。李斯：那就是说这次全校的"英才助学金"的名额都空缺了。

以下各项断定如果为真，都能使李斯的推断成立，除了：

A. "英才助学金"的申请者中，大部分的女生比大部分的男生更够条件。

B. 只有女生才有资格申请"英才助学金"。

C. "英才助学金"的申请者中，所有的女生都比男生更够条件。

D. 按规定，男生和女生必须获得相等数量的"英才助学金"名额。

E. "英才助学金"只发给女生。

【练18】在本年度篮球联赛中，长江队主教练发现，黄河队五名主力队员之间的上场配置有如下规律：

（1）若甲上场，则乙也要上场；

（2）只有甲不上场，丙才不上场；

（3）要么丙不上场，要么乙和戊中有人不上场；

（4）除非丙不上场，否则丁上场。

若乙不上场，则以下哪项配置合乎上述规律？

A. 甲、丙、丁同时上场。

B. 丙不上场，丁、戊同时上场。

C. 甲不上场，丙、丁都上场。

D. 甲、丁都上场，戊不上场。

E. 甲、丁、戊都不上场。

【练19】某地区政府正在拟定灭杀"生物入侵"植物的名单，具体要求如下：

（1）水白菜、水葫芦和水花生至少灭杀一种；

（2）水葫芦、飞机草和蒺藜草至少灭杀两种；

（3）如果灭杀飞机草，就不灭杀水花生；

（4）水白菜和飞机草至多灭杀一种。

根据以上要求，以下哪项一定为真？

A. 至少灭杀三种植物。

B. 蒺藜草和水花生至少灭杀一种。

C. 水白菜和水葫芦至少灭杀一种。

D. 飞机草和水花生都要灭杀。

E. 蒺藜草一定要灭杀。

【练20】北京环球影城主要有七大主题区：功夫熊猫盖世之地、变形金刚基地、侏罗纪世界努布拉岛、小黄人乐园、未来水世界、哈利·波特的魔法世界和好莱坞。甲、乙、丙、丁四位同学相约一起去游玩，他们的想法如下：

甲：如果游玩功夫熊猫盖世之地，就要游玩变形金刚基地。

乙：哈利·波特的魔法世界和好莱坞至多有一个不游玩。

丙：小黄人乐园和好莱坞至少有一个不游玩。

丁：除非不游玩变形金刚基地，否则游玩小黄人乐园。

如果上述四个人的想法都为真，则以下哪项不可能符合上述断定？

A. 功夫熊猫盖世之地和哈利·波特的魔法世界都游玩。

B. 没游玩功夫熊猫盖世之地，也没游玩小黄人乐园。

C. 变形金刚基地和好莱坞都没游玩。

D. 游玩了功夫熊猫盖世之地，但没游玩哈利·波特的魔法世界。

E. 没游玩小黄人乐园，游玩了哈利·波特的魔法世界。

参考答案与解析

【练1】

【答案】E

【解析】第一步：简化题干信息。

（1）桥牌爱好者→爱好围棋；

（2）有的围棋爱好者⇒爱好武术；

（3）武术爱好者→¬爱好健身操；

（4）有的桥牌爱好者⇒爱好健身操。

第二步：建立题干条件关系。

由（2）"有的"出发，结合（3）得出：有的围棋爱好者⇒爱好武术→¬爱好健身操。与E项矛盾。

所以，选择E项。

【练2】

【答案】C

【解析】第一步：简化题干信息。

（1）甲党控制政府∨乙党控制政府；

（2）甲党控制政府→该国将出现经济问题；

（3）乙党控制政府→该国将陷入军事危机。

第二步：建立题干条件关系。

结合（1）（2）（3）得出：该国将出现经济问题∨陷入军事危机。所以，选择C项。

【燚语点拨】题干为"选言判断＋假言判断"，选项有"选言判断"，直接用假言或选言推理规则建立关系即可。例如：（1）a∨c；（2）a→b；（3）c→d。根据假言判断"肯前必肯后"得出"b∨d"。

【练3】

【答案】E

【解析】第一步：简化题干信息。

（1）天上有太阳∧气温在零度以下→街上总有人穿皮夹克；

（2）天下着雨∧气温在零度以上→街上总有人穿雨衣；

（3）有时，天上有太阳∧天下着雨。

第二步：题干条件无关系，选项代入验证。

A 项，有时街上有人穿皮夹克∧穿雨衣，无法推出，直接排除。

B 项，"有人穿皮夹克"肯定了（1）的后件，直接排除。

C 项，"气温在零度以下∧有人穿皮夹克"肯定了（1）的后件，直接排除。注意，"没有多少人穿"还是有人穿。

D 项，"气温在零度以上∧有人穿雨衣"肯定了（2）的后件，直接排除。

E 项，"没人穿雨衣∧气温在零度以上"否定了（2）的后件且肯定了（2）的一个前件，一定可以推出另一个前件为假。

所以，选择 E 项。

【练 4】

【答案】D

【解析】第一步：简化题干信息。

（1）甲→乙；

（2）¬丙→丁；

（3）¬（人参∧天麻）=¬人参∨¬天麻；

（4）¬甲∧丙→人参；

（5）天麻。

第二步：建立题干条件关系。

由事实条件（5）出发，结合（3）得出"¬人参"，再结合（4）得出：（6）甲∨¬丙。

（6）（1）（2）得出：乙∨丁。

所以，选择 D 项。

【练 5】

【答案】C

【解析】第一步：简化题干信息。

（1）"许多国家首脑在出任前并未有丰富的外交经验，但这并没有妨碍他们做出成功的外交决策"说明没有"丰富的外交经验"也可以做出成功的外交决策，属于不必要条件。

（2）"外交学院的教授告诉我们，丰富的外交经验对于成功的外交决策是不可缺少的"说明"丰富的外交经验"是成功的外交决策的必要条件，但外交学院教授的话显然与（1）的事实相反，所以不成立。

（3）"只要有高度的政治敏感、准确的信息分析能力和果断的个人勇气，就能很快地学会如何做出成功的外交决策"说明这三个条件是成功的外交决策的充分条件。

（4）"对于一个缺少以上三种素养的外交决策者来说，丰富的外交经验没有什么价值"说明有"丰富的外交经验"也不一定行，属于不充分条件。

第二步：选项代入验证。

B 项，由（3）可知，这三个条件应该为成功的外交决策的充分条件，排除。

C项，指出"丰富的外交经验"既非充分条件，也非必要条件，与（1）（4）的分析一致，正确。

所以，选择C项。

【燚语点拨】假言判断的定义要灵活应用。（1）充分条件：有它一定行。（2）必要条件：没它一定不行。（3）不充分条件：有它也不一定行。（4）不必要条件：没它也可能行。

【练6】

【答案】A

【解析】第一步：简化题干信息。

（1）¬李→¬王＝王→李；

（2）¬王→李；

（3）李∀王。

第二步：建立题干条件关系。

根据（1）（2）可知，矛盾双方在前位，可得："李"一定为真。"李"结合（3）可得：¬王。

所以，选择A项。

【练7】

【答案】B

【解析】由事实条件（1）出发，确定"没有人得全票"，结合（3）得出"李紫露给所有人都打了勾"，则可得"李紫露给赵杰打勾∧给王明打勾"，再结合（2）得出"王明给李紫露打了勾"。

综上可得，王明与李紫露相互打了勾，选择B项。

【练8】

【答案】E

【解析】第一步：简化题干信息。

（1）以低于市场的价格卖花获利→购得低于正常价格的花；

（2）购得低于正常价格的花→销量很大；

（3）销量很大→满足消费者的兴趣∨拥有特定品种的独家销售权。

第二步：建立题干条件关系。

（1）（2）（3）得出：（4）以低于市场的价格卖花获利→购得低于正常价格的花→销量很大→满足消费者的兴趣∨拥有特定品种的独家销售权。

第三步：选项代入验证。

A项，购得低于正常价格的花→以低于市场的价格卖花获利，与题干推理形式不一致，直接排除。

B项，"没有以低于市场的价格卖花而获利"否定了（1）的前件，直接排除。

C项，"但"为联言判断标志词，与题干形式不一致，直接排除。

D项，"满足了消费者的个人兴趣∨拥有特定品种的独家销售权"肯定了（3）的后件，直接排除。

E项，以低于市场的价格卖花获利→购得低于正常价格的花，与题干推理形式一致，正确。

所以，选择E项。

【练9】

【答案】C

【解析】附加信息"事实上该花店没有满足广大消费者的个人兴趣"否定了（4）后件中的"满足消费者的兴趣"。

因为问题要找一定为假的选项，所以根据假言判断和相容选言判断的推理规则，只需要再否定后件中的另一肢并且肯定前件即可，即对于"a→b1∨b2"的推理形式，已知"¬b1"为真，则"a∧¬b2"一定为假。符合"a∧¬b2"形式的只有C项，所以，选择C项。

【练10】

【答案】D

【解析】第一步：简化题干信息。

前提1：肖恩酗酒。

结论1：肖恩不是绅士。

前提2：肖恩不是绅士。

结论2：肖恩不会被上流社会所接纳。

第二步：建立题干条件关系。

根据补前提模型1，相同项放左边，剩余项"前→后"，得出结论1需要补充的前提为"酗酒→不是绅士＝绅士→不酗酒"，所以复选项Ⅱ正确。

同理，得出结论2需要补充的前提为"不是绅士→不会被上流社会所接纳＝被上流社会所接纳→绅士"，所以复选项Ⅳ正确。

所以，选择D项。

【练11】

【答案】E

【解析】第一步：简化题干信息。

欧洲部分国家的财政危机可以平稳度过a→世界经济今年就会走出低谷b。

第二步：选项代入验证。

复选项Ⅰ，b→西方国家的财政危机可以平稳度过，与题干推理形式不一致，排除。

复选项Ⅱ，¬b→有的西方国家的财政危机没能平稳度过（≠欧洲所有国家的财政危机不可以平稳度过¬a），与题干推理形式不一致，排除。

所以，复选项Ⅰ和复选项Ⅱ都不准确，选择E项。

【熟语点拨】问题要求找"最准确地表达了上述断定"的选项，即选项要满足等价判断。

【练12】

【答案】E

【解析】第一步：简化题干信息。

除了何东辉，4班其他奖学金获得者 a →来自西部地区 b。

题干的重点是"4班奖学金获得者"，直接排除主语为"何东辉"的选项。

第二步：选项代入验证。

B、D项的主语为"何东辉"，与题干信息不一致，排除。

A项，"如果有奖学金获得者来自西部"肯定了后件 b，不符合假言判断推理规则，排除。

C项，"如果一个4班的学生来自西部地区"肯定了后件 b，不符合假言判断推理规则，排除。

E项，肯前肯后，与题干推理形式一致，正确。

所以，选择 E 项。

【练13】

【答案】C

【解析】第一步：简化题干信息。

本董事会不应批准目前在该两国扩大投资的议案，除非能提供对此更有说服力的论证 =

本董事会应批准目前在该两国扩大投资的议案→能提供对此更有说服力的论证 =

本董事会不应批准目前在该两国扩大投资的议案∨能提供对此更有说服力的论证。

第二步：预判优选项。

假言判断 = 选言判断，选项均为单判断，优选包含可能、也许、大概等不确定词的表达。

A项，"不能"过于绝对化，排除。

B、D项，"首要考虑"过于绝对化，排除。

C项，向政治上不稳定的国家投资"并非不可考虑"= 向政治上不稳定的国家投资也许可以考虑。（a∨b为真，a、b、¬a、¬b都可能为真）

E项，"向政治上不稳定的国家投资是一项应当提倡的投资"是确定的判断，肯定了可以投资的结果，排除。

所以，选择 C 项。

【燚语点拨】a，除非 b=¬a → b=¬b → a=a∨b。

【练14】

【答案】B

【解析】第一步：简化题干信息。

前提：客机没有发生故障∧没有被恐怖组织劫持→被导弹击落→会被卫星发现→向媒体公布 =¬ 向媒体公布→ ¬ 被卫星发现→ ¬ 被导弹击落→客机发生故障∨被恐怖组织劫持。

结论：飞机被恐怖组织劫持了。

第二步：预判优选项，代入验证。

优选项为"¬客机发生故障∧（→前面的任意条件）"。

B项，"没有导弹击落客机的报道"等价于"¬向媒体公布"，并且客机没有发生故障，满足优选项推理形式，正确。

【练15】

【答案】A

【解析】第一步：简化题干信息。

（1）x∨y；

（2）¬y∨¬z=z→¬y；

（3）¬z→¬y。

第二步：建立题干条件关系。

（2）（3）矛盾项在左边，得出"¬y"为真，结合（1）得出"x"。所以，选择A项。

【练16】

【答案】C

【解析】第一步：简化题干信息。

（1）卡车→晚上8点以后上路行驶；

（2）酒后开车的司机→不开车灯；

（3）面包车→¬晚上8点以后上路行驶；

（4）晚上8点以后上路行驶→开着车灯；

（5）有的军车⇒晚上8点以后上路行驶。

第二步：建立题干条件关系。

（3）（1）得出：面包车→¬晚上8点以后上路行驶→¬卡车。所以面包车不会撞上卡车。

（2）（4）（1）得出：酒后开车的司机→¬开着车灯→¬晚上8点以后上路行驶→¬卡车。所以酒后开车的司机不会撞上卡车。

综上，C项与"酒后开车的司机→¬卡车"矛盾，是不可能出现的情况。所以，选择C项。

【练17】

【答案】A

【解析】第一步：简化题干信息。

前提：所有女生都没获得"英才助学金"。

结论：所有学生都没获得"英才助学金"。

第二步：选项代入验证。

A项，有的女生比男生更够条件＝有的男生不如女生够条件，结合前提可得出，有的男生没获得"英才助学金"，不能得出结论。

其他选项代入前提，均能得出结论。

所以，选择 A 项。

【练 18】

【答案】C

【解析】第一步：简化题干信息。

（1）甲上场→乙上场；

（2）¬丙上场→¬甲上场；

（3）¬丙上场∀（¬乙上场∨¬戊上场）；

（4）丙上场→丁上场；

（5）¬乙上场。

第二步：建立题干条件关系。

（5）（3）得出"丙上场"，结合（4）可得出"丁上场"。

（5）（1）得出"¬甲上场"。

综上，甲不上场，丙、丁上场。所以，选择 C 项。

【练 19】

【答案】C

【解析】第一步：简化题干信息。

（1）灭杀水白菜∨灭杀水葫芦∨灭杀水花生；

（2）灭杀水葫芦∨灭杀飞机草∨灭杀蒺藜草（至少两种）；

（3）灭杀飞机草→¬灭杀水花生；

（4）¬灭杀水白菜∨¬灭杀飞机草＝灭杀飞机草→¬灭杀水白菜。

第二步：建立题干条件关系。

题干条件均为真，没有确定条件，做假设＋构建二难推理模型是关键。

假设"灭杀飞机草"，代入（3）（4）得出，灭杀飞机草→¬灭杀水花生∧¬灭杀水白菜，再结合（1）得出，灭杀水葫芦。

假设"¬灭杀飞机草"，代入（2）得出，灭杀水葫芦∧灭杀蒺藜草。

综上，一定灭杀水葫芦。

第三步：选项代入验证。

根据相容选言判断推理规则，"灭杀水葫芦"可推出"灭杀水白菜∨灭杀水葫芦"。

所以，选择 C 项。

【练 20】

【答案】D

【解析】第一步：简化题干信息。

（1）功夫熊猫盖世之地→变形金刚基地；

（2）哈利·波特的魔法世界∨好莱坞；

（3）¬小黄人乐园∨¬好莱坞；

（4）变形金刚基地→小黄人乐园。

第二步：建立题干条件关系。

（1）（4）得出，功夫熊猫盖世之地→变形金刚基地→小黄人乐园，结合（3）得出"¬好莱坞"，再结合（2）得出"哈利·波特的魔法世界"。

第三步：根据问题预判优选项。

问题为"不可能符合上述断定"，即找矛盾判断，优选"首尾相连"的逻辑链的矛盾判断，即"功夫熊猫盖世之地∧¬哈利·波特的魔法世界"。

所以，选择 D 项。

第五章　分析推理进阶

第十四讲　真假话题型

一、题型精讲

1. 题型特点

真假话题型在题干中一般会给出两句或更多的句子，可能是形式逻辑的各种判断，也可能是几组对话，有的会在题干中告知真假个数（如"上述断定只有一真"），有的仅告知相关的限定条件（如"骗子说假话，老实人说真话"），需要结合题干条件，根据问题进行推理。

2. 应对方法

方法一：确定真假范围

（1）确定真假的真假话题型需要简化题干信息，主要包括：

①这、我等代词还原；

②简单判断的非标准表达转化为标准表达；

③复合判断简化为逻辑符号（注意在真假话题型中要将假言判断转换为等价的选言判断）。

（2）确定真假的真假话题型的突破口是"确定真假范围"。

（注意：一般有相同或相关词的两个判断之间会存在某种关系。）

先找矛盾关系，不能同真同假，只能一真一假，可以确定"一真"或"一假"的范围。

再找反对关系，反对关系中至少一真的关系，可以确定"一真"的范围；反对关系中至少一假的关系，可以确定"一假"的范围。

最后找包含关系，前真后真，可以排除"一真"的范围；后假前假，可以排除"一假"的范围。

（3）熟记所有判断的对当关系。

关系类别	常见情况	适用类型
矛盾关系 （一真一假）	①"所有 a 都 b"与"有的 a 不 b"； ②"必然不 a"与"可能是 a"； ③"a ∨ b"与"¬a ∧ ¬b"； ④"a → b"与"a ∧ ¬b"	①只有一真； ②只有一假； ③多真多假

续表

关系类别	常见情况	适用类型
上反对关系 （至少一假）	① "所有 a 都是 b" 与 "所有 a 都不是 b"； ② "a" 与 "¬a ∧ b"； ③ "a ∧ b" 与 "¬a ∧ b"； ④ "必然 a" 与 "必然不 a"	①只有一假； ②多真多假
下反对关系 （至少一真）	① "有的 a 是 b" 与 "有的 a 不是 b"； ② "a" 与 "¬a ∨ b"； ③ "a ∨ b" 与 "¬a ∨ b"； ④ "可能 a" 与 "可能不 a"	①只有一真； ②多真多假
包含关系 （①肯前肯后； ②否后否前； ③其余不确定）	① "所有 a 都是 b" 与 "有的 a 是 b"； ② "a" 与 "a ∨ b"； ③ "a ∧ b" 与 "a"； ④ "a ∧ b" 与 "a ∨ b"； ⑤ "a ∀ b" 与 "a ∨ b"； ⑥ "必然 a" 与 "可能 a"； ⑦ "中国好青年" 与 "青年"； ⑧ "大于 7" 与 "大于 5"	①只有一真； ②只有一假； ③多真多假

【例 1】关于某公司人员会使用 Mac 操作系统的情况有以下断定：

（1）该公司所有人员都会使用 Mac 操作系统；

（2）该公司的王帅会使用 Mac 操作系统；

（3）该公司有些人会使用 Mac 操作系统；

（4）该公司有些人不会使用 Mac 操作系统。

经过详细考察，发现上述断定中只有两个是对的。

以下哪项结论可以从上述条件必然推出？

A. 该公司的王帅会使用 Mac 操作系统。

B. 该公司的有些人不会使用 Mac 操作系统。

C. 该公司所有人都会使用 Mac 操作系统。

D. 该公司所有人都不会使用 Mac 操作系统。

E. 该公司没有一个人会使用 Mac 操作系统。

【答案】B

【解析】第一步：简化题干信息。

（1）所有人都会使用；

（2）王帅会使用；

（3）有些人会使用；

（4）有些人不会使用。

第二步：确定"两真"的范围。

（1）与（4）是矛盾关系，必定一真一假；所以（2）与（3）也是一真一假的关系。

如果（2）为真，那么（3）一定为真，不满足要求，所以（2）一定为假，（3）一定为真。

第三步：假话转为真话。

（2）转为真话：（5）王帅不会使用。

由（5）可以得出（4）为真。

所以，选择 B 项。

【例 2】关于某案件的作案者有以下猜测：

（1）如果甲是作案者，则乙肯定是作案者；

（2）甲是作案者；

（3）甲或丙是作案者；

（4）丁是作案者。

已知，作案者肯定是甲、乙、丙、丁中的一人或多人，同时知道上述四个猜测中只对了一个。则以下哪项正确？

A. 甲是作案者，其他人不是。

B. 乙是作案者，其他人不是。

C. 丙是作案者，其他人不是。

D. 丁是作案者，其他人不是。

E. 可以确定四人中有两人作案，但无法确定具体是谁作案。

【答案】B

【解析】第一步：简化题干信息。

（1）甲作案→乙作案 =¬甲作案∨乙作案；

（2）甲作案；

（3）甲作案∨丙作案；

（4）丁作案；

（5）四人中至少一人作案，且只有一真。

第二步：确定"一真"的范围。

（1）与（3）是至少一真的关系，所以"一真"的范围只能在这两句之中，由此判断（2）与（4）一定为假。

第三步：假话转为真话。

（2）转为真话：¬甲作案。推出（1）为真，根据只有"一真"，得出（3）为假。

（3）转为真话：¬甲作案∧¬丙作案。

（4）转为真话：¬丁作案。

目前已确定甲、丙、丁都没有作案，根据（5）"四人中至少一人作案"得出，乙一定是作案者。

所以，选择 B 项。

方法二：选项代入排除

（1）根据题干的限定条件（如告知只有一真）确定真假范围后，也可以把选项代入题干验证是否符合题干条件；

（2）选项代入排除的方法多用于问题为"一定为假"的类型；

（3）若题干中无好用条件，可结合选项代入验证。

【例3】大小行星悬浮在太阳系边缘，极易受附近星体引力作用的影响。据研究人员计算，有时这些力量会将彗星从奥尔特星云拖出。这样，它们更有可能靠近太阳。两位研究人员据此分别做出了以下两种有所不同的断定：（1）木星的引力作用要么将它们推至更小的轨道，要么将它们逐出太阳系；（2）木星的引力作用或者将它们推至更小的轨道，或者将它们逐出太阳系。

如果上述两种断定只有一种为真，可以推出以下哪项结论？

A. 木星的引力作用将它们推至更小的轨道，并且将它们逐出太阳系。

B. 木星的引力作用没有将它们推至更小的轨道，但是将它们逐出太阳系。

C. 木星的引力作用将它们推至更小的轨道，但是没有将它们逐出太阳系。

D. 木星的引力作用既没有将它们推至更小的轨道，也没有将它们逐出太阳系。

E. 木星的引力作用如果将它们推至更小的轨道，就不会将它们逐出太阳系。

【答案】A

【解析】为了方便大家比较，此题用两种方法来解。

方法一：确定真假范围。

第一步：简化题干信息。

（1）推至更小的轨道 ∀ 逐出太阳系；

（2）推至更小的轨道 ∨ 逐出太阳系；

（3）上述两种断定只有一种为真。

第二步：确定"一真"的范围。

观察条件可知，（1）可以推出（2），如果（1）为真，则（2）一定为真，此时不满足（3）的要求，所以（1）一定为假，（2）一定为真。

第三步：假话转为真话。

（1）转为真话：（4）（推至更小的轨道 ∧ 逐出太阳系）∨（¬ 推至更小的轨道 ∧ ¬ 逐出太阳系）。

因为（2）一定为真，则"¬ 推至更小的轨道 ∧ ¬ 逐出太阳系"一定为假，所以"推至更小的轨道 ∧ 逐出太阳系"一定为真。

综上，木星的引力作用将它们推至更小的轨道，并且将它们逐出太阳系，选择A项。

方法二：选项代入排除。

第一步：简化题干信息。

（1）推至更小的轨道∀逐出太阳系；

（2）推至更小的轨道∨逐出太阳系；

（3）上述两种断定只有一种为真。

第二步：选项代入排除。

A项，"推至更小的轨道∧逐出太阳系"代入题干，则（1）为假，（2）为真，满足（3）。

B项，"¬推至更小的轨道∧逐出太阳系"代入题干，则（1）为真，（2）为真，不满足（3）。

C项，"推至更小的轨道∧¬逐出太阳系"代入题干，则（1）为真，（2）为真，不满足（3）。

D项，"¬推至更小的轨道∧¬逐出太阳系"代入题干，则（1）为假，（2）为假，不满足（3）。

E项，推至更小的轨道→¬逐出太阳系 =¬推至更小的轨道∨¬逐出太阳系，代入题干后（1）（2）可能都为真，不满足（3）。

所以，选择A项。

【燚语点拨】在确定真假的真假话题型中，假言判断一般需要转换为等价的选言判断。

方法三：选取假设对象，构建模型

题干中有多个判断，且并没有告知真假个数的题型，需要选取假设对象，推出确定结果。

（1）假设对象的选取包含以下几个方面：

①选取重复相关的单判断做假设；

②选取题干中的特殊条件做假设；

③选取假言判断 a→b 中的"肯 a"或"否 b"做假设。

（2）根据假设构建模型，得出确定的条件。

①假设模型1：假设 a 为真，推出矛盾，则 a 为假为确定的条件。

注意：假设 a 为真，推理没矛盾，则 a 可能为真，不是确定的条件，需要再继续假设。

②假设模型2：假设 a 为真能得到 b 为真，假设非 a 为真也能得到 b 为真，则 b 为真为确定的条件。

【例4】甲、乙、丙、丁四人是仓库的保管员。一天仓库被盗，经过侦查，最后发现这四个保管员都有作案的嫌疑。又经过核实，发现是四人中的两个人同时作的案。在盗窃案发生的那段时间，找到的可靠线索有：

（1）甲、乙两个中有且只有一个人去过仓库；

（2）乙和丁不会同时去仓库；

（3）丙若去仓库，丁必一同去；

（4）丁若没有去仓库，则甲也没去。

根据以上所述，请判断是哪两个人作的案？

A. 甲和丁。

B. 丙和丁。

C. 乙和丙。

D. 乙和丁。

E. 甲和乙。

【答案】A

【解析】第一步：简化题干信息。

（1）甲∀乙；

（2）¬乙∨¬丁；

（3）丙→丁；

（4）¬丁→¬甲；

（5）四人中的两个人同时作的案。

第二步：选取假设对象。

假设对象一般优选重复相关的条件，（2）（3）（4）都提到了"丁"，所以从（4）"¬丁"出发做假设。

假设丁没有去，结合（4）得出甲没去，因为有两人作案，所以得出乙和丙去了，再结合（3）得出丁去了，与假设矛盾，因此假设不成立。

假话转为真话，事实是丁去了，结合（2）得出乙没去，结合（1）得出甲去了，再由（5）可知，丙没去。

综上，作案的人为甲和丁。

所以，选择A项。

【例5】有甲、乙、丙三人，每人或者是老实人，或者是骗子。（骗子说假话，老实人说真话）

甲说："乙是骗子。"

乙说："甲和丙是同一种人。"

根据以上条件，可以判断下列哪项为真？

A. 甲是老实人。   B. 丙是骗子。

C. 甲是骗子。   D. 乙是老实人。

E. 乙是骗子。

【答案】B

【解析】第一步：选取假设对象，确定模型。

题干真假个数不确定，涉及两个身份，且两个身份构成a与非a，构建假设模型2。

选取"单判断"做假设，甲与乙两人中甲的话是单判断，所以分别假设甲的身份是老实人和骗子。

第二步：构建假设模型，找确定条件。

（1）假设甲是老实人：甲说真话→乙是骗子，乙说假话→甲和丙不是同一种人，所以丙是骗子。

（2）假设甲是骗子：甲说假话→乙不是骗子，即乙是老实人，乙说真话→甲和丙是同一种人，所以丙是骗子。

综上，丙一定是骗子，选择 B 项。

二、强化训练

【题1】某次体能训练检查后，四个教练有如下结论：

甲：所有同学都没有完成计划的任务。

乙：张同学没有完成计划的任务。

丙：同学们不都没有完成计划的任务。

丁：有的同学没有完成计划的任务。

如果四人中只有一人断定属实，则以下哪项是真的？

A. 甲断定属实，张同学没有完成计划的任务。

B. 丙断定属实，张同学完成了计划的任务。

C. 丙断定属实，张同学没有完成计划的任务。

D. 丁断定属实，张同学没有完成计划的任务。

E. 不能确定真假。

【题2】在某次考试中，有 3 道关于北京旅游景点的问题，要求考生每题选择某个景点的名称作为唯一答案。其中 6 位考生关于上述 3 个问题的答案依次如下：

第一位考生：天坛、天坛、天安门。

第二位考生：天安门、天安门、天坛。

第三位考生：故宫、故宫、天坛。

第四位考生：天坛、天安门、故宫。

第五位考生：天安门、故宫、天安门。

第六位考生：故宫、天安门、故宫。

考试结果表明，每位考生都至少答对了其中 1 道题。

根据以上陈述，可知这 3 个问题的答案依次是：

A. 天坛、故宫、天坛。

B. 故宫、天安门、天安门。

C. 天安门、故宫、天坛。

D. 天坛、天坛、故宫。

E. 故宫、故宫、天坛。

【题3】某矿山发生了一起严重的安全事故。关于事故原因，甲、乙、丙、丁四位负责人有如下断定：

甲：如果造成事故的直接原因是设备故障，那么肯定有人违反操作规程。

乙：确实有人违反操作规程，但造成事故的直接原因不是设备故障。

丙：造成事故的直接原因确实是设备故障，但并没有人违反操作规程。

丁：造成事故的直接原因是设备故障。

如果上述断定中只有一个人的断定为真，则以下断定都不可能为真，除了：

A. 甲的断定为真，有人违反了操作规程。

B. 甲的断定为真，但没有人违反操作规程。

C. 乙的断定为真。

D. 丙的断定为真。

E. 丁的断定为真。

【题4】有一对非常奇怪的谎言兄弟，哥哥上午说实话，下午说谎话；而弟弟正好与哥哥相反，上午是谎话连篇，一句实话都没有，而下午却说大实话。

一路人问："你们哪个是哥哥？"

胖子说我是哥哥，瘦子也说我是哥哥。

路人又问："现在几点了？"

胖子说快要到中午了，瘦子说现在已经过了中午了。

请问以下哪项一定为真？

A. 现在是下午。

B. 胖子是哥哥。

C. 瘦子是哥哥。

D. 无法确定谁是哥哥。

E. 瘦子此时说真话。

【题5】第18届国际篮联篮球世界杯即将在中国举办，由于使用的是单场淘汰赛，故此次比赛的排名没有并列的情况出现。关于这次比赛的结果，有几位著名篮球评论员根据前四名的情况分别做出如下预测：

（1）如果加拿大队第二，则中国队第一；

（2）如果美国队第三，则中国队第一；

（3）中国队是第一，或者美国队是第三；

（4）阿联酋队不是第四。

比赛结果出来后，几位篮球评论员只有一位的预测符合事实，由此可得出以下哪项？

A. 中国队第一。

B. 加拿大队第一。

C. 阿联酋队第二。

D. 阿联酋队第一。

E. 美国队第一。

【题6】某舟桥师下属的快速机动班进行了实弹射击，由于机动班肩负着代表该师参加国际军事交流的重任，所以部队首长非常关心该机动班的射击成绩。

师长认为，该班所有战士的射击成绩都是优秀。

参谋长则认为，由于该班前期一直关注体能而忽视射击训练，所以，有些战士不是优秀。

副师长则认为，不管其他战士如何，该班战士赵甲或者钱乙由于眼睛近视，射击成绩不会是优秀。

射击成绩公布，上述三位部队首长的看法只有一位是正确的。

从上述事实中可以推出以下哪项必然为真？

A. 该班所有战士的射击成绩都是优秀。

B. 该班有些战士的射击成绩不是优秀。

C. 该班的赵甲和钱乙的射击成绩都不是优秀。

D. 该班赵甲的射击成绩不是优秀或者钱乙的射击成绩是优秀。

E. 该班赵甲的射击成绩不是优秀或者钱乙的射击成绩不是优秀。

【题7】某村甲、乙、丙三人涉嫌一起盗窃案件。已知：说真话的肯定不是盗窃犯，说假话的肯定就是盗窃犯。审问开始后有如下对话：

法官先问甲："你是怎样作案的？"由于甲说的是方言，法官听不懂。于是，法官就问乙和丙："刚才甲是如何回答我的问题的？"

乙说："甲刚才说了，他并不是盗窃犯。"

丙说："甲刚才招供了，他承认自己是盗窃犯。"

根据上述已知条件，下面哪个选项为真？

A. 甲、乙、丙三人都是盗窃犯。

B. 甲、乙、丙三人都不是盗窃犯。

C. 甲、丙是盗窃犯，但乙不是盗窃犯。

D. 或者丙是盗窃犯，或者乙是盗窃犯。

E. 丙和乙是盗窃犯。

参考答案与解析

【题1】

【答案】B

【解析】考点：直言判断对当关系。

第一步：简化题干信息。

（1）甲：所有同学都没有完成。

（2）乙：张同学没有完成。

（3）丙：有的同学完成了。

（4）丁：有的同学没有完成。

第二步：确定"一真"的范围。

（1）与（3）是矛盾关系，必定一真一假，"一真"一定在这两句话之中，所以（2）与（4）一定为假。

第三步：假话转为真话。

（2）转为真话：（5）张同学完成了。

（4）转为真话：（6）所有同学都完成了。

根据（6）得出（3）为真，即丙断定属实，且张同学完成了计划的任务。

所以，选择 B 项。

【题 2】

【答案】B

【解析】题干真假情况不确定，条件多，所以将选项代入排除。

第一步：确定选项排除的标准。

每位考生都至少答对其中 1 道题，若选项代入后考生存在"所有答案都不对"的情况，直接淘汰选项；若选项代入后六位考生的答案都至少答对 1 道题，则选项正确。

第二步：选项代入验证。

A 项，代入第六位考生时，存在"所有答案都不对"的情况，直接淘汰。

B 项，代入后六位考生的答案都至少答对 1 道题，正确。

（备注：其他选项可以分别代入验证，但只要确定排除标准，C、D、E 项一定可以快速排除。）

【题 3】

【答案】B

【解析】考点：复合判断对当关系。

第一步：简化题干信息。

（1）设备故障→有人违规操作 =¬ 设备故障∨有人违规操作；

（2）有人违规操作∧¬ 设备故障；

（3）设备故障∧¬ 有人违规操作；

（4）设备故障；

（5）只有一个人的断定为真。

第二步：确定"一真"的范围。

（1）与（3）是矛盾关系，必定一真一假，"一真"一定在这两句话之中，所以（2）与（4）一定为假。

第三步：假话转为真话。

（4）转为真话：（6）¬设备故障。

由（6）可以推出（1）"¬设备故障∨有人违规操作"为真，即甲的判断为真。

（2）转为真话：¬有人违规操作∨设备故障，结合（6）得出，¬有人违规操作。

所以，选择 B 项。

【题 4】

【答案】B

【解析】第一步：选取假设对象，确定模型。

上午与下午构成了题干 a 与非 a 的两种情况，采用假设模型 2。

第二步：构建假设模型，找确定条件。

（1）假设是上午，哥哥说实话，弟弟说谎话。

胖子说是上午，则胖子说实话，为哥哥；

瘦子说是下午，则瘦子说谎话，为弟弟。

推出事实没有矛盾，仅为可能为真的一种情况。

（2）假设是下午，哥哥说谎话，弟弟说实话。

胖子说是上午，则胖子说谎话，为哥哥；

瘦子说是下午，则瘦子说实话，为弟弟。

综上，无论哪种假设，都可以得出胖子为哥哥，瘦子为弟弟，选择 B 项。

【题 5】

【答案】E

【解析】第一步：简化题干信息。

（1）加拿大队第二→中国队第一 =¬加拿大队第二∨中国队第一；

（2）美国队第三→中国队第一 =¬美国队第三∨中国队第一；

（3）中国队第一∨美国队第三；

（4）¬阿联酋队第四；

（5）只有一位的预测符合事实。

第二步：确定"一真"的范围。

（2）与（3）是至少一真的反对关系，"一真"只能在这两句之中，所以（1）与（4）一定为假。

第三步：假话转为真话。

（1）转为真话：加拿大队第二∧¬中国队第一。

（4）转为真话：阿联酋队第四。

由此判断，中国队第三，美国队第一。

所以，选择 E 项。

【题 6】

【答案】D

【解析】考点：直言判断对当关系。

第一步：简化题干信息。

（1）所有战士都是优秀；

（2）有些战士不是优秀；

（3）赵甲不是优秀∨钱乙不是优秀；

（4）只有一真。

第二步：确定"一真"的范围。

（1）与（2）是矛盾关系，必定一真一假，"一真"一定在这两句话之中，所以（3）一定为假。

第三步：假话转为真话。

（3）转为真话：赵甲是优秀∧钱乙是优秀。进而可以推出"赵甲不是优秀∨钱乙是优秀"为真。

所以，选择 D 项。

【燚语点拨】（3）为真只能得出有的人是优秀，但无法判断是否所有人都是优秀，也无法判断是否有的人不是优秀，即 A、B 项的真假是不确定的。对当关系有时只能确定"真假范围"，但不一定能得出矛盾关系中的"一真"到底是哪个判断。

【题 7】

【答案】D

【解析】第一步：判断真假话的条件。

根据题干信息"说真话的肯定不是盗窃犯，说假话的肯定就是盗窃犯"，可知没人会说自己是盗窃犯。因为法官问任何一个人（无论是不是盗窃犯），该人都会回答：我不是盗窃犯。

第二步：判断题干条件真假。

根据乙说"甲刚才说了，他并不是盗窃犯"可判断乙说的是真话，进而可知乙不是盗窃犯。

根据丙说"甲刚才招供了，他承认自己是盗窃犯"可以判断丙在说假话，所以丙是盗窃犯。

由于相容选言判断满足其中一肢即可推知整个判断为真，故 D 项一定为真。

三、技巧总结

技巧 17：真假个数已告知，务必找出范围圈，对当关系定真假，假话转真再推理。

技巧 18：复合判断的关系，矛盾全变很简单，选言判断真为多，联言判断假为多。

技巧 19：简化题干的条件，简单判断变标准，复合判断写符合，假言务必变选言。

技巧 20：真假个数已告知，选项充分且确定，问题可能与找假，代入排除很方便。

技巧 21：真假个数不确定，假设方法很重要，假设模型看题型，选取对象要谨慎。

技巧 22：假设对象有方法，优选重复相关项，假言判断找 a/¬b，特殊条件要识别。

技巧 23：构建假设的模型，目标方向找确定，两个身份模型 2，其他情况模型 1。

第十五讲　对应题型

一、题型精讲

1. 题型特点

对应题型的题干条件一般会包含类别和组数，常见的对应题型有一一对应题型和非一一对应题型。

2. 应对方法

方法一：列表法

（1）两类的一一对应题型，每一类分别放到横行和竖列；

（2）超过两类的一一对应题型，令每一类为一竖列；

（3）将题干确定的条件分别用"√"和"×"的形式转移到表格中。

【例1】住在学校宿舍的同一房间的四个学生甲、乙、丙、丁正在听一首流行歌曲，她们当中有一个人考会计硕士，一个人考审计硕士，一个人考金融硕士，一个人考税务硕士。

并且已知：

（1）甲不考会计硕士，也不考税务硕士；

（2）乙没有考金融硕士，也没有考会计硕士；

（3）如果甲没有考金融硕士，那么丁没有考会计硕士；

（4）丙既没有考税务硕士，也没有考会计硕士；

（5）丁不考税务硕士，也不考金融硕士。

下面关于四个学生的说法正确的是：

A. 甲考税务硕士。

B. 乙考审计硕士。

C. 丙考金融硕士。

D. 丙考审计硕士。

E. 甲考审计硕士。

【答案】D

【解析】第一步：确定题干的类别和组数。

类别：2类，一类是学生，另一类是专业。

组数：4组，学生有4个，专业有4个。

两类的一一对应题，每一类分别放到横行和竖列。

第二步：列表，将确定信息转移到表格中。

	会计	审计	金融	税务
甲	×			×
乙	×		×	
丙	×			×
丁			×	×

会计这一列已经出现三个"×"，可以得出，会计是丁，同时第五行第三列打"×"。

税务这一列已经出现三个"×"，可以得出，税务是乙，同时第三行第三列打"×"。

列表如下。

	会计	审计	金融	税务
甲	×			×
乙	×	×	×	√
丙	×			×
丁	√	×	×	×

根据（3）"如果甲没有考金融硕士，那么丁没有考会计硕士"与"会计是丁"得出，金融是甲，同时第二行第三列、第四行第四列打"×"。

列表如下。

	会计	审计	金融	税务
甲	×	×	√	×
乙	×	×	×	√
丙	×		×	×
丁	√	×	×	×

综上得出，审计是丙，选择 D 项。

【例2】3位在高街区不同商店工作的女店员都需要穿工作服上班，并且已知以下信息：

（1）张在半岛商店工作，它不是一家面包店。

（2）王每天都穿黄色的工作服上班。

（3）小货郎商店的女店员都穿蓝色的工作服。

（4）李在一家药店工作。

（5）女店员：张、王、李。

（6）商店类型：面包店、药店、零售店。

（7）商店名称：半岛、家家乐、小货郎。

（8）工作服颜色：蓝色、粉色、黄色。

以下关于每个店员所在的商店名称、商店的类型以及她们工作服的颜色的说法完全正确的是：

A. 张的工作服颜色是蓝色并且所在的商店是零售店。

B. 王所在的商店的名称是家家乐并且工作服颜色是黄色。

C. 李所在的商店的名称不是小货郎。

D. 王所在的商店不是面包店。

E. 张的工作服颜色是粉色并且所在的商店是面包店。

【答案】B

【解析】第一步：确定题干的类别和组数。

类别：4类，一类是女店员、一类是商店类型、一类是商店名称、一类是工作服颜色。

组数：3组，每类中都有3个元素。

四类的一一对应题，每一类为一竖列。

第二步：列表，将确定信息转移到表格中。

女店员	商店类型	商店名称	工作服颜色
（1）张	× 面包店	半岛	
（2）王			黄色
		（3）小货郎	蓝色
（4）李	药店		

第三步：建立题干条件关系。

（1）（4）得出，张所在的商店不是面包店，也不是药店，所以张所在的商店是零售店。

（1）（2）（3）得出，张的工作服颜色是粉色。

因为每一类只有3组，所以工作服颜色的3组已经确定，（3）与（4）可以直接合并。

（3）（4）合并后得出，李所在的商店为药店，商店名称为小货郎，工作服颜色为蓝色。

因此，王所在的商店为面包店，商店名称为家家乐，工作服颜色为黄色。

第四步：将推理出来的确定信息转移到表格中，选出答案。

女店员	商店类型	商店名称	工作服颜色
张	零售店	半岛	粉色
王	面包店	家家乐	黄色
李	药店	小货郎	蓝色

所以，选择B项。

方法二：排除法

（1）选项中列举了一一对应的情况，选项条件充分，可以直接将选项代入排除；

（2）选项代入排除时先选择题干对应（√）的条件，或将题干中不对应（×）的条件做比较。

【例3】某宿舍住着四个研究生，四人分别来自山东、吉林、山西和黑龙江，分别学习数学、音乐、信息管理和劳动经济中的一个。已知：

（1）来自东北的学生和音乐系的学生经常一起去吃烧烤；

（2）数学系的学生和来自吉林的学生吵过架；

（3）来自山东的学生学的不是信息管理；

（4）如果来自吉林的学生学的是劳动经济，那么来自黑龙江学生学的是音乐；

（5）除非来自吉林的学生不学信息管理，否则来自山西的学生学劳动经济。

根据上述信息，可以得出以下哪项？

A. 黑龙江人学数学，吉林人学信息管理，山东人学劳动经济，山西人学音乐。

B. 黑龙江人学数学，吉林人学信息管理，山东人学音乐，山西人学劳动经济。

C. 黑龙江人学音乐，吉林人学劳动经济，山东人学数学，山西人学信息管理。

D. 黑龙江人学劳动经济，吉林人学数学，山东人学信息管理，山西人学音乐。

E. 黑龙江人学音乐，吉林人学数学，山东人学信息管理，山西人学劳动经济。

【答案】B

【解析】第一步：确定类别与组数，简化题干信息。

（1）黑龙江人不学音乐，吉林人不学音乐；

（2）吉林人不学数学；

（3）山东人不学信息管理；

（4）吉林人学劳动经济→黑龙江人学音乐；

（5）吉林人学信息管理→山西人学劳动经济；

（6）2类、4组。

第二步：建立题干条件关系。

根据（1）可知，黑龙江人、吉林人都不学音乐，故可排除C、E项；

根据（2）可知，吉林人不学数学，故可排除D项；

根据（5）可知，吉林人学信息管理→山西人学劳动经济，排除A项。

所以，选择B项。

方法三：找共同的话题

（1）对应题的解题重点是通过不匹配的信息和重复、相关的条件建立题干中的条件关系；

（2）共同的话题是指两个条件的"主题"相同。虽然题干没有直接重复、相关的条件，但这个共同的话题反而是建立题干条件关系的关键。

【例4】甲、乙、丙和丁四人各饲养了猫、狗、鹦鹉和热带鱼中的一种或两种。

现已知：

（1）甲、乙、丙各饲养了两种宠物，丁只饲养了一种宠物，有一种宠物四人中有三人都有饲养；

（2）甲每周末都要去商店买狗粮；

（3）丁因为小时候被狗咬过，因此绝对不会养狗；

（4）乙家中没有鱼缸；

（5）甲与丙、丙与丁之间没有饲养相同的宠物；

（6）乙的宠物与丙的宠物有相同的；

（7）没有人既养狗又养鹦鹉。

若以上陈述为真，则以下哪项为真？

A. 甲养的宠物是狗和热带鱼。

B. 乙养的宠物中没有猫。

C. 丙养的宠物中有狗。

D. 丁没有养猫。

E. 三人都养了猫。

【答案】E

【解析】第一步：简化题干信息。

（1）有一种宠物四人中有三人都有饲养；（共同饲养宠物的话题）

（2）甲养狗；

（3）丁不养狗；

（4）乙不养鱼；

（5）甲与丙、丙与丁之间没有饲养相同的宠物；（共同饲养宠物的话题）

（6）乙的宠物与丙的宠物有相同的；

（7）如果养狗，那么不养鹦鹉。

第二步：建立题干条件关系。

根据（1）（5）得出，甲、乙和丁养了共同的宠物，而丙没有养这一宠物；

根据（2）（7）得出，甲不养鹦鹉；

根据"甲、乙和丁养了共同的宠物""甲不养鹦鹉"和（2）（3）（4）得出，甲、乙和丁养的共同的宠物是猫。

所以，选择E项。

方法四：剩余法

（1）对应题的解题重点是找到对应的条件，需要通过相同、相关项建立多个条件的关系；

（2）若一组 4 个对象中有 3 个对象找到了对应的条件，那么没有提及的剩余的对象往往是正确答案。

【例 5】A、B、C、D、E、F、G、H 共八人为四对夫妻。已知：

（1）E 曾作为客人参加了 D 的结婚典礼；

（2）A 的爱人是 H 的表兄；

（3）E 和 F 性别相同；

（4）A、B、E 三人在结婚前，同住一间宿舍；

（5）H 夫妇出国旅行时，B、C、E 代表各自的爱人到机场送行。

根据以上信息，可以推出以下哪项？

A. C 和 D 是夫妻。

B. B 和 D 不是夫妻。

C. G 和 E 是夫妻。

D. H 和 F 不是夫妻。

E. 无法确定谁和谁是夫妻关系。

【答案】C

【解析】第一步：简化题干信息。

（1）E 与 D 不是夫妻；

（2）A 与 H 不是夫妻，A 是女性；（性别的话题）

（3）E 和 F 性别相同；（性别的话题）

（4）A、B、E 三人在结婚前，同住一间宿舍 =A、B、E 性别相同；（性别的话题）

（5）H 与 B、C、E 都不是夫妻。

第二步：建立题干条件关系，注意使用剩余法。

根据（2）（4）（3）得出，A、B、E、F 是女性，C、D、G、H 是男性。

根据（2）（5）得出，H 与 A、B、E 都不是夫妻。根据剩余法可知，H 与 F 是夫妻。

根据（1）（5）得出：E 与 D、H、C 都不是夫妻。根据剩余法可知，E 与 G 是夫妻。

所以，选择 C 项。

【例 6】晨曦公园拟在园内东、南、西、北四个区域种植四种不同的特色树木，每个区域只种植一种，选定的特色树种为：水杉、银杏、乌桕、龙柏。

布局的基本要求是：

（1）如果在东区或者南区种植银杏，那么北区不能种植龙柏或乌桕；

（2）北区或东区要种植水杉或者银杏。

根据上述种植要求，如果北区种植龙柏，以下哪项一定为真？

A. 西区种植水杉。

B. 南区种植乌桕。

C. 南区种植水杉。

D. 西区种植乌桕。

E. 东区种植乌桕。

【答案】B

【解析】第一步：简化题干信息。

（1）东区种银杏 ∨ 南区种银杏 → ¬ 北区种龙柏 ∧ ¬ 北区种乌桕；

（2）（北区种水杉 ∨ 北区种银杏）∨（东区种水杉 ∨ 东区种银杏）；

（3）北区种龙柏。

第二步：建立题干条件关系。

（3）为题干中的事实条件，将其作为出发点与（1）结合得出，¬ 东区种银杏 ∧ ¬ 南区种银杏。

"¬ 东区种银杏 ∧ ¬ 南区种银杏"结合（3）得出，西区种银杏。

"西区种银杏"结合（2）得出，北区种水杉 ∨ 东区种水杉；再结合（3）得出，东区种水杉。

综上，北区、西区和东区的树木都已确定，利用剩余法得出，南区种乌桕。

所以，选择 B 项。

方法五：假设法

（1）题干以假言判断为主要条件，没有确定条件；

（2）选取假言判断中的"肯 a，否 b"为假设对象，构建假设模型，推出矛盾结果或确定结果；

（3）注意题干中的限定条件，其可以作为推出矛盾的依据。

【例 7】张明、王林和刘华三位好朋友一起到市图书馆阅读，他们想看的书有《平凡的世界》《白鹿原》《围城》三本，关于他们的借书情况如下：

（1）他们每人都借阅了其中的一本或者两本书，并且每本书最多有两人借阅；

（2）如果张明没有借阅《围城》或者王林没有借阅《白鹿原》，那么刘华就不会借阅《平凡的世界》；

（3）如果刘华借阅《平凡的世界》，那么张明就会借阅《白鹿原》并且王林会借阅《围城》；

（4）三人中有两人借阅了《平凡的世界》，并且《围城》和《白鹿原》都有人借阅。

根据以上陈述，可以确定以下哪项为真？

A. 刘华和张明都借阅了《平凡的世界》。

B. 张明没有借阅《围城》。

C. 张明借阅了《白鹿原》。

D. 刘华没有借阅《平凡的世界》。

E. 刘华借阅了《白鹿原》。

【答案】D

【解析】第一步：简化题干信息。

（1）每人借阅一本或两本，每本书至多两人借阅；（限定条件）

（2）张明没有借阅《围城》∨王林没有借阅《白鹿原》→刘华不会借阅《平凡的世界》；

（3）刘华借阅《平凡的世界》→张明借阅《白鹿原》∧王林借阅《围城》；

（4）三人中有两人借阅《平凡的世界》，并且《围城》和《白鹿原》都有人借阅。（限定条件）

第二步：选取假设对象，构建模型。

"刘华借阅《平凡的世界》"在（2）中属于否定 b 位，在（3）中属于肯定 a 位，因此可优先考虑从"刘华借阅《平凡的世界》"出发。

假设"刘华借阅《平凡的世界》"为真，结合（2）（3）可得，张明借阅《白鹿原》和《围城》，王林借阅《白鹿原》和《围城》，此时张明和王林都已经借阅了两本，无法再借阅，此时无法满足（4）中"三人中有两人借阅《平凡的世界》"的条件，出现矛盾，故刘华一定没有借阅《平凡的世界》。

所以，选择 D 项。

【燚语点拨】假设法的运用，可参考形式逻辑"假言与非事实条件题型"的题型讲解与技巧总结。

技巧 10：题干假言与对应，选项却为事实项，对应关系找矛盾，假设选取需技巧。

技巧 11：选取假设的对象，一般优选单判断，肯前否后是重点，信息越多越好用。

二、强化训练

【题 1】某省大力发展旅游产业，目前已经形成东湖、西岛、南山三个著名景点，每处景点都有 2 日游、3 日游、4 日游三种路线。李明、王刚、张波拟赴上述三地进行 9 日游，每个人都设计了各自的旅游计划。后来发现，每处景点他们三人都选择了不同的路线：李明赴东湖的计划天数与王刚赴西岛的计划天数相同，李明赴南山的计划是 3 日游，王刚赴南山的计划是 4 日游。

根据以上陈述，可以得出以下哪项？

A. 李明计划东湖 2 日游，王刚计划西岛 2 日游。

B. 王刚计划东湖 3 日游，张波计划西岛 4 日游。

C. 张波计划东湖 4 日游，王刚计划西岛 3 日游。

D. 张波计划东湖 3 日游，李明计划西岛 4 日游。

E. 李明计划东湖 2 日游，王刚计划西岛 3 日游。

【题2】某协会邀请民众一起参加他们举办的"我喜欢的导演和演员"评选活动，组织者要分别在导演组和演员组得票数排前两名的候选人中确定金奖和银奖，每个人都只能获得其中一个奖项。这四位候选人中，一位是上海的女演员，一位是北京的男演员，一位是重庆的女导演，一位是大连的男导演。不论在金奖还是在银奖中，评委都不希望出现男演员和女导演配对的情况。

以下哪项是评委所不希望出现的结果？

A. 获金奖的一对中，一位是北京演员；获银奖的一对中，一位是女导演。

B. 获金奖的一对中，一位是上海演员；获银奖的一对中，一位是女导演。

C. 获金奖的一对中，一位是男导演；获银奖的一对中，一位是女演员。

D. 获银奖的一对中，一位是男演员，另一位是大连导演。

E. 获金奖的一对中，一位是上海演员，另一位是重庆导演。

【题3】人民公园拟在园内东、南、西、北四个区域种植四种不同的花，每个区域只种植一种，选定的花分别为：水仙花、菊花、玫瑰花、兰花。布局的基本要求是：

（1）如果在东区或者南区种植菊花，那么在北区不能种植兰花或玫瑰花；

（2）北区或东区要种植水仙花或者菊花。

根据上述种植要求，如果水仙花必须种植于西区或南区，则以下哪项一定为真？

A. 南区种植水仙花。

B. 西区种植水仙花。

C. 东区种植菊花。

D. 北区种植菊花。

E. 南区种植玫瑰花。

【题4】在编号壹、贰、叁、肆的 4 个盒子中装有绿茶、红茶、花茶和白茶 4 种茶，每个盒子只装一种茶，每种茶只装在一个盒子中。已知：

（1）装绿茶和红茶的盒子在壹、贰、叁号范围之内；

（2）装红茶和花茶的盒子在贰、叁、肆号范围之内；

（3）装白茶的盒子在壹、叁号范围之内。

根据以上陈述，可以得出以下哪项？

A. 绿茶装在壹号盒子中。

B. 红茶装在贰号盒子中。

C. 白茶装在叁号盒子中。

D. 花茶装在肆号盒子中。

E. 绿茶装在叁号盒子中。

【题5】有红椒、黄椒和青椒三种菜类与鸡肉、猪肉和牛肉三种肉类搭配菜品，关于菜品的搭配情况如下：

（1）如果红椒没有和鸡肉搭配或者黄椒没有和猪肉搭配，那么青椒就不会和牛肉搭配；

（2）如果青椒和牛肉搭配，那么红椒就和猪肉搭配并且黄椒和鸡肉搭配；

（3）三种菜类中有两种和牛肉搭配，并且鸡肉和猪肉也都有菜搭配；

（4）每类菜都可以与一种或者两种肉类搭配，并且每类肉最多搭配两种菜。

根据以上陈述，以下哪项一定为假？

A. 黄椒和青椒搭配的肉都不相同。

B. 黄椒和红椒搭配的肉都相同。

C. 青椒和红椒搭配的肉不都相同。

D. 黄椒和红椒搭配的肉不都相同。

E. 黄椒和青椒搭配的肉都相同。

【题6】李赫、张岚、林宏、何柏、邱辉5人是同事，近日他们各自买了一台不同品牌的小轿车，分别为雪铁龙、奥迪、宝马、奔驰、桑塔纳。这5辆车的颜色分别与5人名字最后一个字谐音，但他们各自所买车的颜色都与其名字的最后一个字谐音的颜色不同。已知，李赫买的是蓝色的雪铁龙。

以下哪项排列可能依次对应张岚、林宏、何柏、邱辉所买的车？

A. 灰色的奥迪、白色的宝马、黑色的奔驰、红色的桑塔纳。

B. 黑色的奥迪、红色的宝马、灰色的奔驰、白色的桑塔纳。

C. 红色的奥迪、灰色的宝马、白色的奔驰、黑色的桑塔纳。

D. 白色的奥迪、黑色的宝马、红色的奔驰、灰色的桑塔纳。

E. 黑色的奥迪、灰色的宝马、白色的奔驰、红色的桑塔纳。

题7～题9基于以下题干：

东宇大学公开招聘3个教师，哲学学院、管理学院和经济学院各一个。每个职位都有分别来自南山大学、西京大学、北清大学的候选人。有位"聪明"人士李先生对招聘结果做出了如下预测：

（1）如果哲学学院录用北清大学的候选人，那么管理学院录用西京大学的候选人；

（2）如果管理学院录用南山大学的候选人，那么哲学学院也录用南山大学的候选人；

（3）如果经济学院录用北清大学或者西京大学的候选人，那么管理学院录用北清大学的候选人。

【题7】如果哲学学院、管理学院和经济学院最终录用的候选人的大学归属信息依次如下，则哪项符合李先生的预测？

A. 南山大学、南山大学、西京大学。

B. 北清大学、南山大学、南山大学。

C. 北清大学、北清大学、南山大学。

D. 西京大学、北清大学、南山大学。

E. 西京大学、西京大学、西京大学。

【题8】若哲学学院最终录用西京大学的候选人，则以下哪项表明李先生的预测错误？

A. 管理学院录用北清大学候选人。

B. 管理学院录用南山大学候选人。

C. 经济学院录用南山大学候选人。

D. 经济学院录用北清大学候选人。

E. 经济学院录用西京大学候选人。

【题9】如果三个学院最终录用的候选人分别来自不同的大学，则以下哪项符合李先生的预测？

A. 哲学学院录用西京大学候选人，经济学院录用北清大学候选人。

B. 哲学学院录用南山大学候选人，管理学院录用北清大学候选人。

C. 哲学学院录用北清大学候选人，经济学院录用西京大学候选人。

D. 哲学学院录用西京大学候选人，管理学院录用南山大学候选人。

E. 哲学学院录用南山大学候选人，管理学院录用西京大学候选人。

【题10】某单位有负责网络、文秘以及后勤的三名办公人员：文珊、孔瑞和姚薇。为了培养年轻干部，领导决定让她们三人在这三个岗位之间实行轮岗，并将她们原来的工作间110室、111室和112室也进行了调换。结果，原本负责后勤的文珊接替了孔瑞的文秘工作，由110室调到了111室。

根据以上信息，可以得出以下哪项？

A. 姚薇接替孔瑞的工作。   B. 孔瑞接替文珊的工作。

C. 孔瑞被调到了110室。   D. 孔瑞被调到了112室。

E. 姚薇被调到了112室。

参考答案与解析

【题1】

【答案】A

【解析】第一步：确定题干的类别和组数。

类别：2类，一类是人，另一类是景点。

组数：3组，每人去3个景点，每个景点有3种路线。

注意：每处景点他们三人都选择了不同的路线，所以每个人三个景点的路线只能是2日游、3日游、4日游的组合。

第二步：列表，将确定信息转移到表格中。

	东湖	西岛	南山
李明	▲（相同的天数）		3日
王刚		▲（相同的天数）	4日
张波			

根据"每处景点他们三人都选择了不同的路线"得出：（1）张波赴南山的计划是2日游。

根据"每个人三个景点的路线也是不同的"得出：（2）李明赴东湖的计划不是3日游、王刚赴西岛的计划不是4日游。结合"李明赴东湖的计划天数与王刚赴西岛的计划天数相同"得出：（3）李明赴东湖与王刚赴西岛的计划都是2日游。

第三步：完善表格信息，继续推理。

	东湖	西岛	南山
李明	2日		3日
王刚		2日	4日
张波			2日

根据（3）以及"李明、王刚、张波拟赴三地进行9日游"可知：（4）李明赴西岛的计划是4日游，王刚赴东湖的计划是3日游。

根据（4）以及"每处景点他们三人都选择了不同的路线"可知：张波赴东湖的计划是4日游，赴西岛的计划是3日游。

综合以上信息，列表如下。

	东湖	西岛	南山
李明	2日	4日（剩余法）	3日
王刚	3日（剩余法）	2日	4日
张波	4日（剩余法）	3日（剩余法）	2日

所以，选择A项。

【题2】

【答案】B

【解析】第一步：简化题干信息，分析题型特点。

（1）评委不想看到男演员和女导演同得金奖或同得银奖；

（2）选项充分，可优先考虑从选项代入排除。

第二步：选项代入验证。

A 项，北京演员获得了金奖，结合题干可知，男演员获得了金奖，则女演员获得了银奖，又因为女导演也获得了银奖，所以获得金奖的是男导演和男演员，获得银奖的是女导演和女演员，不是评委不希望出现的结果，排除。

B 项，上海演员获得了金奖，结合题干可知，女演员获得了金奖，则男演员获得了银奖，又因为女导演也获得了银奖，所以获得金奖的是男导演和女演员，获得银奖的是女导演和男演员，是评委不希望出现的结果，正确。

C 项，男导演获得了金奖，女演员获得了银奖，所以获得金奖的是男导演和男演员，获得银奖的是女导演和女演员，不是评委不希望出现的结果，排除。

D 项，根据题干可知，大连导演是男导演，所以获得金奖的是女导演和女演员，获得银奖的是男导演和男演员，不是评委不希望出现的结果，排除。

E 项，根据题干可知，上海演员是女演员，重庆导演是女导演，所以获得金奖的是女导演和女演员，获得银奖的是男导演和男演员，不是评委不希望出现的结果，排除。

所以，选择 B 项。

【题 3】

【答案】D

【解析】第一步：简化题干信息。

（1）东区种菊花∨南区种菊花→¬北区种兰花∧¬北区种玫瑰；

（2）（北区种水仙∨北区种菊花）∨（东区种水仙∨东区种菊花）；

（3）水仙种植于西区或南区→¬东区种水仙∧¬北区种水仙。

第二步：建立题干条件关系。

根据（3）（2）得出，（4）北区种菊花∨东区种菊花。目前没有确定条件，只能做假设。

第三步：选取假设对象，构建模型。

（4）中的"东区种菊花"肯定了（1）的前件，可以继续推理，可以作为假设的对象。

假设"东区种菊花"为真，结合（1）得出，¬北区种兰花∧¬北区种玫瑰；结合（3）"¬北区种水仙"得出，北区种菊花，出现矛盾，所以假设不成立，即东区不种菊花；结合（4）得出，北区种菊花。

所以，选择 D 项。

【题 4】

【答案】D

【解析】第一步：简化题干信息。

（1）绿茶、红茶在 1、2、3 号范围之内 = 绿茶不在 4 号内，红茶不在 4 号内；

（2）红茶、花茶在 2、3、4 号范围之内 = 红茶不在 1 号内，花茶不在 1 号内；

（3）白茶在 1、3 号范围之内 = 白茶不在 2、4 号内；

（4）1～4号盒子中分别对应绿茶、红茶、花茶和白茶4种茶中的1种。

第二步：建立题干条件关系。

根据（1）（3）得出，绿茶、红茶、白茶都不在4号内。

根据一一对应题型的剩余法可得，花茶在4号内。

所以，选择D项。

【题5】

【答案】E

【解析】第一步：简化题干信息。

（1）¬红椒和鸡肉∨¬黄椒和猪肉→¬青椒和牛肉；

（2）青椒和牛肉→红椒和猪肉∧黄椒和鸡肉；

（3）两种菜和牛肉搭配，并且鸡肉和猪肉也都有菜搭配；（限定条件）

（4）每类菜都可以与一种或者两种肉类搭配，并且每类肉最多搭配两种菜。（限定条件）

第二步：选取假设对象，构建模型。

"青椒和牛肉"肯定了（2）的前件，否定了（1）的后件，因此可优先考虑从"青椒和牛肉"入手解题。

假设"青椒和牛肉"为真，结合（2）（1）可得：（5）红椒和猪肉∧黄椒和鸡肉；（6）红椒和鸡肉∧黄椒和猪肉。

（5）（6）结合（4）得出，只剩下青椒和牛肉搭配，这与（3）矛盾，所以假设不成立，从而可得：（7）¬青椒和牛肉。

（7）结合（3）得出，红椒与黄椒和牛肉搭配，那么青椒和"红椒、黄椒"的搭配不完全相同。问题要求找"一定为假"的选项，E项"黄椒和青椒搭配的肉都相同"一定为假。

所以，选择E项。

【题6】

【答案】A

【解题】第一步：简化题干信息。

（1）他们各自所买车的颜色都与其名字的最后一个字谐音的颜色不同；

（2）李赫买的是蓝色的雪铁龙。

第二步：选项代入排除。

B项，林宏买的是红色的宝马，不符合（1），排除。

C项，何柏买的是白色的奔驰，不符合（1），排除。

D项，邱辉买的是灰色的桑塔纳，不符合（1），排除。

E项，何柏买的是白色的奔驰，不符合（1），排除。

所以，选择A项。

【题7】

【答案】D

【解析】第一步：简化题干信息。

（1）哲学学院录用北清大学的候选人→管理学院录用西京大学的候选人；

（2）管理学院录用南山大学的候选人→哲学学院录用南山大学的候选人；

（3）经济学院录用北清大学∨西京大学的候选人→管理学院录用北清大学的候选人。

第二步：选项代入验证。

A、E项代入（3），不符合，排除。

B、C项代入（1），不符合，排除。

所以，选择D项。

【题8】

【答案】B

【解析】第一步：建立附加条件与已知条件的关系。

附加条件"哲学学院最终录用西京大学的候选人"否定了（2）的后件。

第二步：根据问题确定优选项。

问题：表明李先生的预测错误。

若要否定李先生的预测，则要肯定（2）的前件，否定（2）的后件。根据第一步结果可知，我们只需要找出肯定前件的选项，即找出内容为"管理学院录用南山大学的候选人"的选项。

所以，选择B项。

【题9】

【答案】B

【解析】第一步：简化题干信息。

（1）哲学学院录用北清大学的候选人→管理学院录用西京大学的候选人；

（2）管理学院录用南山大学的候选人→哲学学院录用南山大学的候选人；

（3）经济学院录用北清大学∨西京大学的候选人→管理学院录用北清大学的候选人；

（4）三个学院最终录用的候选人分别来自不同的大学。

第二步：选项代入验证。

A项，"哲学学院录用西京大学候选人"否定了（2）的后件，得出"管理学院不录用南山大学候选人"，根据剩余法得出"管理学院录用北清大学候选人"，与选项"经济学院录用北清大学候选人"矛盾，排除。

B项，根据"哲学学院录用南山大学候选人"得出"经济学院不录用南山大学候选人"，肯定了（3）的前件，得出"管理学院录用北清大学候选人"，正确。

C项，"哲学学院录用北清大学候选人"肯定了（1）的前件，得出"管理学院录用西京大学候选人",进而可得"经济学院不录用西京大学候选人",与选项"经济学院录用西京大学候选人"矛盾,排除。

D项,"管理学院录用南山大学候选人"肯定了(2)的前件,得出"哲学学院录用南山大学候选人",与(4)矛盾,排除。

E项,"管理学院录用西京大学候选人"否定了(3)的后件,得出"经济学院不录用北清大学候选人∧不录用西京大学候选人",根据剩余法得出"经济学院录用南山大学候选人",与选项"哲学学院录用南山大学候选人"矛盾,排除。

所以,选择B项。

【题10】

【答案】D

【解析】第一步:简化题干信息。

(1)三岗:网络、文秘、后勤。

(2)三人:文珊、孔瑞、姚薇。

(3)三室:110室、111室、112室。

(4)负责后勤的文珊接替了孔瑞的文秘工作,由110室调到了111室。

第二步:建立题干条件关系。

根据(4)得出,原来分配为:(5)文珊—后勤—110室;(6)孔瑞—文秘—111室。

(5)(6)结合剩余法得出:姚薇—网络—112室。

已知调岗后,文珊的情况为"文秘—111室",那么孔瑞不能调到"后勤—110室",不然姚薇没有调动,所以可得,孔瑞—网络—112室。

所以,选择D项。

三、技巧总结

技巧24:识别对应的题型,确定类别与组数,两类题型行列放,多类题型按列放。

技巧25:选项充分的题型,代入排除更简单,找准排除的条件,快速排除简单项。

技巧26:对应题型条件多,建立关系有方法,重复相关直接搭,共同话题间接搭。

技巧27:对应题型有特点,打×条件建关联,得出对应的结果,还要思考剩余项。

技巧28:题干问题有事实,事实条件作出发,相同相关做搭桥,注意题型的特点。

第十六讲 排序题型

一、题型精讲

1. 题型特点

（1）题干一般会告知需要将几个人、几个事物进行排序；

（2）题干会出现相邻、不相邻、在……之前、在……之后等限定条件。

2. 应对方法

方法一：找跨度

（1）跨度是几个事物占据位置的长度，例如 A 与 B 中间空了 2 个位置，跨度即为 4（A、____、____、B）；

（2）跨度越大，排序的情况越少，越容易推出结论。

【例1】一位音乐制作人正在录制 7 张唱片：F、G、H、J、K、L 和 M。但他不必按这一次序录制。安排这 7 张唱片的录制次序时，必须满足下述条件：

（1）F 必须排在第二位；

（2）J 不能排在第七位；

（3）G 既不能紧挨在 H 的前面，也不能紧接在 H 的后面；

（4）H 必须在 L 前面的某个位置；

（5）L 必须在 M 前面的某个位置。

如果 M 在 J 之前的某个位置和 K 之前的某个位置，则下面哪一项一定是真的？

A. K 排在第七位。

B. L 排在第三位。

C. H 或者紧接在 F 的前面或者紧接在 F 的后面。

D. L 或者紧接在 G 的前面或者紧接在 G 的后面。

E. K 排在第六位。

【答案】C

【解析】第一步：简化题干信息。

（1）F=2；

（2）J≠7；

（3）G 和 H 不相邻；

（4）H 在 L 前面；

（5）L 在 M 前面；

（6）M 在 J 和 K 的前面（J 和 K 前后的顺序不确定）。

第二步：建立题干条件关系。

根据（4）（5）（6）得出，H>L>M>J/K①，这 5 张唱片的跨度至少是 5，H 后面至少要留 4 个位置；再结合（1）得出，H 可能排在第一位或第三位，即在 F 的前后。所以，选择 C 项。

【燚语点拨】（1）排序题的突破口是找到题干中的跨度，跨度越长，信息越多，可能出现的情况越少，越好用；（2）注意，题干中的特殊位置"第二位"确定了"相邻组合"的排序范围，只能在"第二位"后面。

方法二：排除法

（1）选项充分的排序题，可以采用选项代入排除法；

（2）题干条件多，但不能直接建立条件关系的排序题，可以采用选项代入排除法；

（3）问题为可能真或一定假的题型，多采用选项代入排除法。

例 2~ 例 4 基于以下题干：

有 6 件青花瓷：S、Y、M、Q、K、X。每件瓷器的制作年代各不相同，从左至右，按年代最早至年代最晚依次排序展览，已知的排序信息如下：

（1）M 的年代早于 X；

（2）如果 Y 的年代早于 M，则 Q 的年代早于 K 和 X；

（3）如果 M 的年代早于 Y，则 K 的年代早于 Q 和 X；

（4）S 的年代要么早于 Y，要么早于 M，二者不兼得。

【例 2】以下哪项列出的是可能的展览顺序？

A. Q、M、S、K、Y、X。

B. Q、K、Y、M、X、S。

C. Y、S、M、X、Q、K。

D. M、K、S、Q、Y、X。

E. X、M、Q、S、Y、K。

【答案】D

【解析】第一步：简化题干信息。

（1）M>X，M ≠ 6，X ≠ 1；

（2）如果 Y>M，则 Q>K/X；

（3）如果 M>Y，则 K>Q/X；

---

① 排序题解析中的"＞"不表示数值大小，仅表示顺序先后；排序题解析中的"／"表示"／"前后两者的顺序不确定。

（4）（Y>S>M）∀（M>S>Y），S≠1∧S≠6。

第二步：选项代入排除。

A项，M在Y前，但K在Q后，与（3）矛盾，排除。

B项，"S=6"与（4）矛盾，排除。

C项，Y在M前，但Q在X后，与（2）矛盾，排除。

D项，满足所有题干信息，正确。

E项，X在M前，与（1）矛盾，排除。

所以，选择D项。

【例3】如果Y的年代是第二早的，则以下哪项陈述可能为真？

A. K的年代早于S。

B. K的年代早于Q。

C. M的年代早于S。

D. M的年代早于Y。

E. X的年代早于Q。

【答案】A

【解析】第一步：建立附加条件和题干条件的关系。

附加条件：（5）Y=2。

根据（5）（4）得出：（6）Y>S>M。

根据（6）（2）得出：（7）Q>K/X。

第二步：问题问的是"可能为真"，则排除一定为假的选项。

根据（6）排除C、D项。

根据（7）排除B、E项。

所以，选择A项。

【例4】以下哪项列出的不可能是年代最早的瓷器？

A. M。

B. Q。

C. S。

D. Y。

E. 以上答案均不正确。

【答案】C

【解析】问题问的是"一定为假"，则将选项代入验证。根据（4）"S≠1∧S≠6"可知，S不可能是年代最早的瓷器。

所以，选择C项。

【燚语点拨】注意排序题中的特殊位置：首尾位。

二、强化训练

题 1~ 题 2 基于以下题干：

张、李、赵、丁、周、方、王、胡 8 个人参加了 100 米竞赛。比赛结果为：

（1）李、赵、丁 3 人中李跑得最快，丁跑得最慢；

（2）方的名次为张、赵名次的平均数；

（3）方比周高 4 个名次；

（4）王是第 4 名；

（5）张比赵跑得快。

【题 1】 方一定是第几名？

A. 2。   B. 3。   C. 5。   D. 6。   E. 7。

【题 2】 如果丁不是最后一名，那么下面排列正确的一项是：

A. 李、张、丁、王、赵、方、周、胡。

B. 李、张、方、王、丁、赵、周、胡。

C. 张、李、方、王、赵、胡、周、丁。

D. 张、李、方、王、赵、丁、周、胡。

E. 张、丁、方、王、赵、李、周、胡。

【题 3】 在某高速公路的一段，直线相邻地排列着五个小镇。已知：

（1）落霞镇既不和古井镇相邻，也不和荷花镇相邻；

（2）浣溪镇既不和紫薇镇相邻，也不和荷花镇相邻；

（3）紫薇镇既不和古井镇相邻，也不和荷花镇相邻；

（4）落霞镇里没有木塔；

（5）有木塔的镇是排在第一和第四的小镇。

由此可见，排在第二的小镇是以下哪一个？

A. 落霞镇。

B. 荷花镇。

C. 浣溪镇。

D. 紫薇镇。

E. 古井镇。

题 4~ 题 5 基于以下题干：

三个男人（T、M、B）和三个女人（H、S、J）从星期一到星期六每个人都要工作一天。这六天中每天都有人工作。这六个人中的任何两个都不在同一天工作。

（1）在 M 工作的那一天与 J 工作的那一天之间恰好有两个完整的工作日，且在一个工作周内，M 总是在 J 之前工作。

（2）要么 H 在星期三工作，要么 T 在星期三工作。

（3）若 B 在星期六工作，则 S 在星期一工作；若 S 在星期一工作，则 B 在星期六工作。

（4）若 S 在星期六工作，则 T 在星期三工作；若 T 在星期三工作，则 S 在星期六工作。

【题4】若 H 在星期二工作，则谁在星期五工作？

A. T。   B. M。   C. B。   D. S。   E. J。

【题5】若 S 在星期五工作，则 B 在星期几工作？

A. 星期一。   B. 星期二。   C. 星期三。   D. 星期四。   E. 星期六。

参考答案与解析

【题1】

【答案】B

【解析】第一步：简化题干信息。

（1）李 > 赵 > 丁；

（2）方 = （张 + 赵）/2；

（3）方 +4= 周；

（4）王 =4；

（5）张 > 赵。

第二步：建立题干条件关系。

根据（2）（5）得出：（6）张 > 方 > 赵。

根据（3）（4）（6）得出：方的名次为第2或第3。

第三步：选项代入验证。

A 项，若"方 =2"，则结合（2）（6）得出，张 =1、方 =2、赵 =3，此时与（1）"李 > 赵 > 丁"矛盾，排除。

所以，选择 B 项。

【题2】

【答案】D

【解析】选项充分，可采用选项代入排除法。

A 项，"张、丁、王、赵、方"不满足（2），排除。

B 项，"张、方、王、丁、赵"不满足（2），排除。

C 项，"丁 =8"不满足附加信息，排除。

D 项，满足所有题干信息，正确。

E 项，"丁、方、王、赵、李"不满足（1），排除。

所以，选择 D 项。

【题3】

【答案】A

【解析】第一步：建立题干条件关系。

根据（1）（2）（3）得出，荷花镇不与落霞镇、浣溪镇、紫薇镇相邻，荷花镇只能与古井镇相邻，那么荷花镇排在第一或第五。

第二步：分情况讨论，找确定结果。

假设荷花镇排在第一，则列表如下。

第一	第二	第三	第四	第五
荷花镇	古井镇	浣溪镇	落霞镇	紫薇镇

根据（4）"落霞镇里没有木塔"可知，则排在第四的小镇没有木塔，与（5）矛盾，所以假设不成立。

所以荷花镇排在第五，则列表如下。

第一	第二	第三	第四	第五
紫薇镇	落霞镇	浣溪镇	古井镇	荷花镇

所以，选择A项。

【燚语点拨】排序题中的首尾位作为特殊位置，只能和一个位置相邻。

【题4】

【答案】C

【解析】第一步：简化题干信息。

（1）M、___、___、J；

（2）H星期三∀T星期三；

（3）B星期六⇔S星期一；

（4）S星期六⇔T星期三；

（5）H星期二。

第二步：建立题干条件关系。

根据（5）（2）得出"T星期三"；结合（4）得出"S星期六"。

列表如下。

星期一	星期二	星期三	星期四	星期五	星期六
	H	T			S

根据（1）得出，M星期一，J星期四，进而可得，B星期五。

所以，选择 C 项。

【题 5】

【答案】B

【解析】第一步：简化题干信息。

（1）M、___、___、J；

（2）H 星期三∀ T 星期三；

（3）B 星期六⇔ S 星期一；

（4）S 星期六⇔ T 星期三；

（5）S 星期五。

第二步：建立题干条件关系。

根据（5）（4）（2）得出：（6）H 星期三。

根据（5）（3）得出：（7）¬B 星期六。

列表如下。

星期一	星期二	星期三	星期四	星期五	星期六
		H		S	

根据（1）得出，M 星期一，J 星期四。

列表如下。

星期一	星期二	星期三	星期四	星期五	星期六
M		H	J	S	

根据（7）得出：B 星期二。

所以，选择 B 项。

三、技巧总结

技巧 29：排序题型的关键，跨度条件最好用，特殊位置要识别，前后顺序可排除。

技巧 30：排序特殊的位置，正二位置定相邻，首尾位置只邻一，相邻两位是奇偶。

第十七讲 分组题型

一、题型精讲

1. 题型特点

（1）题干中有 n 人 n 组的情境设置，考生需要根据题干判断分组的情况；

（2）特殊情况：若题干情境设置是从几人中选几人，即为分两组的情况，遇到此类题目要快速反应出几人未入选。

2. 应对方法

方法一：确定分组的情况

（1）若题干没有告知明确的分组情况，需要根据情境设置确定具体的分组情况；

（2）注意，分两组的常见表达为"选……"。

例1~例2基于以下题干：

某公司有 F、G、H、I、M 和 P 六位总经理助理以及三个部门。每个部门恰由三个总经理助理分管。每个总经理助理至少分管一个部门。以下条件必须满足：

（1）有且只有一位总经理助理同时分管三个部门；

（2）F 和 G 不分管同一部门；

（3）H 和 I 不分管同一部门。

【例1】以下哪项一定为真？

A. 任一部门都由 F 或 H 分管。

B. 没有部门由 F、M 和 P 分管。

C. 有总经理助理恰分管两个部门。

D. P 分管的部门，M 都分管。

E. M 和 P 只分管一个部门。

【答案】C

【解析】第一步：简化题干信息。

（1）有且只有一位总经理助理同时分管三个部门；

（2）F 和 G 不分管同一部门；

（3）H 和 I 不分管同一部门；

（4）六个总经理助理，分配到九个岗位（三个部门，每个部门由三个总经理助理分管）。

第二步：明确分组情况。

根据（4）可知，分组的情况可以为：①2、2、2、1、1、1；②3、2、1、1、1、1。

根据（1）可知，有一位总经理助理同时分管"三个部门"，所以分组的情况只能为②。

所以，选择 C 项。

【例2】如果 F 和 M 不分管同一部门，则以下哪项一定为真？

A. F 和 H 分管同一部门。

B. F 和 I 分管同一部门。

C. I 和 P 分管同一部门。

D. M 和 G 分管同一部门。

E. M 和 P 不分管同一部门。

【答案】C

【解析】第一步：简化题干信息。

（1）九个岗位分配给六个总经理助理的分组情况为 3、2、1、1、1、1；

（2）F 和 G 不分管同一部门；

（3）H 和 I 不分管同一部门；

（4）F 和 M 不分管同一部门。

第二步：建立题干条件关系。

根据（2）（3）（4）得出，F、G、H、I、M 都不会是同时分管三个部门的人。运用剩余法可知，同时分管三个部门的人只能是 P。P 分管三个部门必然会与剩余的 5 人都分管相同的部门，所以 I 和 P 分管同一部门是必然的。

所以，选择 C 项。

【燚语点拨】分组题型中的同组、不同组的条件，可以作为限定条件。

【例3】人大附中有 7 名学生——符华、杰明和马可 3 名男生，那颖、欧雯、任盈盈和尚婕 4 名女生——将要参加两个 3 人小组的公益活动。每名学生只能参加一个小组。每个小组中至少有一名男生和一名女生。小组人员的组成必须遵循以下条件：

（1）符华和尚婕不能同组；

（2）那颖和任盈盈不能同组；

（3）马可不能与尚婕和任盈盈同组；

（4）杰明在第一组时，任盈盈在第二组。

若那颖在第一小组，则下面哪两个人可以与那颖一起在第一小组？

A. 符华、杰明。　　　　　　　　B. 杰明、欧雯。

C. 杰明、任盈盈。　　　　　　　D. 杰明、尚婕。

E. 马可、任盈盈。

【答案】D

【解析】第一步：明确分组情况。

本题分为 2 组，既要考虑入选组的情况，也要考虑剩余组的情况。

第二步：从附加条件入手。

问题要求找"可以与那颖一起在第一小组的人员"，可以先排除不能和那颖同组的人员。

C、E 项都有"任盈盈"，根据（2）可知，任盈盈不能与那颖同组，排除。

第三步：判断剩余组是否存在矛盾。

A 项，第一组：那颖、符华、杰明。第二组可选人员：马可、欧雯、任盈盈、尚婕。

如果有马可，根据（3）可知，第二组不能有任盈盈与尚婕，此时第二组数量不够 3 人，矛盾；如果没马可，则第二组没有男生，不符合题干要求。所以，A 项排除。

B 项，第一组：那颖、杰明、欧雯。第二组可选人员：符华、马可、任盈盈、尚婕。

如果有马可，根据（3）可知，第二组不能有任盈盈与尚婕，此时第二组数量不够 3 人，矛盾；如果没马可，根据（1）可知，符华与尚婕不能同组，此时第二组数量不够 3 人，矛盾。所以，B 项排除。

所以，选择 D 项。

方法二：排除法

（1）选项充分的分组题，可以采用选项代入排除法；

（2）问题为"可能真""一定假"的题，可以采用选项代入排除法；

（3）分组题干中有同组与不同组的限定条件，可以采用选项代入排除法。

例 4 ~ 例 6 基于以下题干：

赵、钱、孙、李和周五个人参加三项活动，即看电影、踢足球和打游戏，每个人恰好参加一项活动，且遵循以下条件：

（1）赵、钱和孙这三个人参加的活动互不相同；

（2）恰好有两个人去踢足球；

（3）李和孙参加了不同的活动；

（4）赵和周中的某一个人去看电影时，另一个人也去看电影。

【例 4】下面哪一项准确地列出了赵、钱、孙、李和周分别参加的活动？

A. 看电影、踢足球、踢足球、打游戏、看电影。

B. 看电影、打游戏、踢足球、踢足球、看电影。

C. 踢足球、打游戏、看电影、踢足球、看电影。

D. 踢足球、打游戏、看电影、踢足球、打游戏。

E. 看电影、看电影、踢足球、打游戏、踢足球。

【答案】D

【解析】第一步：明确分组情况。

根据题干可知，5 人要分 3 组，则分组的情况为：① 2、2、1；② 3、1、1。

根据（2）"恰好有两个人去踢足球"可知，分组情况只能为①。

第二步：选项充分，可以采用选项代入排除法。

A项，钱和孙都踢足球，与（1）矛盾，排除。

B项，孙和李都踢足球，与（3）矛盾，排除。

C项，赵踢足球，周看电影，与（4）矛盾，排除。

D项，代入题干，并未产生矛盾，正确。

E项，赵和钱都看电影，与（1）矛盾，排除。

所以，选择D项。

【例5】**若周去踢足球，则下面除了哪一项之外都可能正确？**

A. 钱看电影。   B. 赵打游戏。

C. 赵踢足球。   D. 李踢足球。

E. 李看电影。

【答案】D

【解析】第一步：建立附加条件与已知条件的关系。

附加条件：（5）周去踢足球。

（5）结合（2）得出，赵、钱、孙、李中只有1人可以踢足球。

根据（1）可知，赵、钱和孙不同组，每组都有3人中的1人，所以可得：（6）踢足球组中的剩余的1人只能是这3人中的1人。

第二步：问题为"可能真，除了"，即选择一定为假的选项，可以采用选项代入排除法。

D项，李踢足球，违反了（6），一定为假。

所以，选择D项。

【燚语点拨】若不同组的人数等于组数，则说明每组都有这些人中的一人。

【例6】**下面哪两个人可以一起去看电影？**

A. 赵、李。   B. 钱、李。

C. 钱、周。   D. 孙、钱。

E. 赵、孙。

【答案】B

【解析】建立问题与已知条件的关系。

根据（4）"周看电影⇔赵看电影"结合充要条件推理规则"双肯双否"得出，周和赵必须一起看电影，排除A、C、E项。

根据（1）"赵、钱、孙不能同组"，排除D项。

所以，选择B项。

【燚语点拨】问题中有附加条件，注意建立附加条件与已知条件的关系。

二、强化训练

题1~题3基于以下题干：

有七名被红十字会聘用的工作人员：甲、乙、丙、丁、戊、己和庚。其中有一人分配到募捐组，有三人分配到财务组，另外三人分配到宣传组。这七名员工的分配必须满足以下条件：

（1）丙和庚必须分配到同一组；

（2）甲和乙不能分配到同一组；

（3）如果己分配到宣传组，则戊分配到财务组；

（4）甲必须分配到财务组。

【题1】以下哪项陈述如果为真，能使七名员工的分配得到完全的确定？

A. 甲和戊分配到财务组。

B. 乙和庚分配到宣传组。

C. 丁和戊分配到宣传组。

D. 丁和戊分配到财务组。

E. 乙和庚分配到财务组。

【题2】以下哪项列出的一对员工不可能分配到宣传组？

A. 乙和丁。　　　　　　　B. 乙和己。　　　　　　　C. 乙和庚。

D. 丙和戊。　　　　　　　E. 丙和庚。

【题3】如果甲和己分配到同一组，则以下哪项陈述不可能为真？

A. 乙分配到宣传组。

B. 丙分配到财务组。

C. 丁分配到宣传组。

D. 戊分配到募捐组。

E. 丙分配到宣传组。

题4~题5基于以下题干：

天南大学准备选派两名研究生、三名本科生到山村小学支教。经过个人报名和民主评议，最终人选将在研究生赵婷、唐玲、殷倩三人和本科生周艳、李环、文琴、徐昂、朱敏五人中产生。按规定，同一学院或者同一社团至多选派一人。已知：

（1）唐玲和朱敏均来自数学学院；

（2）周艳和徐昂均来自文学院；

（3）李环和朱敏均来自辩论协会。

【题4】根据上述条件，以下必定入选的是：

A. 文琴。　　　B. 唐玲。　　　C. 殷倩。　　　D. 周艳。　　　E. 赵婷。

【题5】如果唐玲入选，那么以下必定入选的是：

A. 赵婷。　　　B. 殷倩。　　　C. 周艳。　　　D. 李环。　　　E. 徐昂。

参考答案与解析

【题1】

【答案】C

【解析】第一步：简化题干信息，确定分组的情况。

分组情况为：3人在财务组、3人在宣传组、1人在募捐组。

题干信息为：

（1）丙和庚同组；

（2）甲和乙不同组；

（3）己在宣传组→戊在财务组；

（4）甲在财务组。

第二步：根据题干条件与问题，预判的选项，并代入验证。

问题为"能使七名员工的分配得到完全的确定"，优先验证能够与题干条件建立关系的选项，所以优先验证C项。（注意：题干有假言判断，要继续推理必须优选肯前、否后的条件验证）

C项，根据（1）和分组情况可知，（5）丙和庚要么在财务组要么在宣传组。"丁和戊在宣传组"结合（4）（5）得出，甲、丙和庚在财务组；再结合（3）得出，己不在宣传组，所以己只能在募捐组。

所以分组的情况为：①甲、丙和庚在财务组；②乙、丁和戊在宣传组；③己在募捐组。

所有人都得到了完全确定的分配。

所以，选择C项。

（备注：其他选项，考生可以自行验证，都是不确定的结果。）

【燚语点拨】分组题型，若题干中有假言判断，则要格外重视，假言判断的推理规则是解决问题的关键。

【题2】

【答案】B

【解析】问题问的是"不可能分配到宣传组的一对员工"，则说明分配到宣传组会出现矛盾，即将选项代入会推出矛盾。

根据假言判断的矛盾判断为"a ∧ ¬b"，即"己在宣传组∧戊不在财务组"，所以优先验证提及"己""戊"的B、D项。

B项，"乙和己在宣传组"结合（3）（4）得出，甲和戊在财务组；再结合分组情况得出，丙和庚不能在财务组、宣传组和募捐组，与（5）矛盾，所以乙和己不可能分配到宣传组。

D项，"丙和戊在宣传组"结合（1）得出，庚也在宣传组，此时宣传组已经有了3个人。（2）（4）结合得出，甲在财务组，乙在募捐组。剩下的丁、己则在财务组，没有出现矛盾，排除。

所以，选择B项。

【题3】

【答案】B

【解析】"甲和己分配到同一组"结合（4）得出，甲和己在财务组；再结合（1）得出，丙和庚在宣传组。因此，B项"丙分配到财务组"一定为假。

【题4】

【答案】A

【解析】第一步：简化题干信息。

（1）在三名研究生和五名本科生中选派两名研究生和三名本科生；

（2）同一学院或者同一社团至多选派一人；

（3）唐玲和朱敏均来自数学学院；

（4）周艳和徐昂均来自文学院；

（5）李环和朱敏均来自辩论协会。

第二步：建立题干条件关系。

周艳、徐昂、李环、朱敏四人均属于本科生，（4）（5）结合（2）得出，这四人中至少有两人不能被选派；再结合（1）可知，要选派三名本科生，进而得出，剩下的文琴必定入选。

所以，选择A项。

【题5】

【答案】D

【解析】附加条件"唐玲入选"结合（2）（3）得出，朱敏（本科生）不会入选。

根据（2）（4）得出，周艳和徐昂中至少一人不会入选，那么五名本科生中有两人不会入选，因此李环必定入选。

所以，选择D项。

三、技巧总结

技巧31：分组题型的关键，确定分组的情况，不同组项做排除，同组捆绑不排序。

技巧32：分两组的特殊题，考虑问题要全面，既要考虑入选组，也要考虑剩余组。

技巧33：题干假言与分组，假言判断是关键，优选肯前与否后，建立关系去推理。

技巧34：题干条件难搭桥，问题可能真或假，选项充分一大片，都可采用排除法。

技巧35：题干问题有内容，抓住附加的条件，附加条件作出发，建立题干的关系。

第十八讲 结构比较题型

一、题型精讲

1. 题型特点

一般结构比较题型的题干会给出推理过程或论证过程，问题要求选择与题干推理、论证过程一致或不一致的选项。

结构比较题型常见的提问方式：

（1）以下哪项与上述推理的逻辑结构一致？

（2）以下哪项与上述论证方式最为相似？

（3）以下除哪项外，均与上述论证中出现的谬误相似？

2. 应对方法

方法一：抓住形式推理

（1）若题干为形式逻辑推理，则先简化题干推理形式，再与选项做比较；

（2）注意问题是要求找"最相似"还是"相似，除了"的选项。

【例1】一个产品要想稳固地占领市场，产品本身的质量和产品的售后服务二者缺一不可。空谷牌冰箱质量不错，但售后服务跟不上，因此，很难长期稳固地占领市场。

以下哪项推理的结构和题干的最为类似？

A. 德才兼备是一个领导干部尽职胜任的必要条件。李主任富于才干但疏于品德，因此，他难以尽职胜任。

B. 如果天气晴朗并且风速在三级之下，跳伞训练场将对外开放。今天的天气晴朗但风速在三级以上，所以，跳伞训练场不会对外开放。

C. 必须有超常业绩或者教龄在 30 年以上，才有资格获得教育部颁发的特殊津贴。张教授获得了教育部颁发的特殊津贴，但教龄只有 15 年，因此，他一定有超常业绩。

D. 如果不深入研究广告制作的规律，则所制作的广告的知名度和信任度不可兼得。空谷牌冰箱的广告既有知名度，又有信任度，因此，这一广告的制作者肯定深入地研究了广告制作的规律。

E. 一个罪犯要作案，必须既有作案动机，又有作案时间。李某既无作案动机，又无作案时间，因此，李某不可能是作案的罪犯。

【答案】A

【解析】第一步：简化题干信息。

题干推理结构为：产品市场稳固（a）→有质量（b）∧有售后服务（c）。空谷有质量（b）∧售后服务跟不上（¬c）→市场很难稳固（¬a）。

第二步：选项代入验证。

A 项，尽职胜任（a）→才（b）∧德（c）。李富于才（b）∧疏于德（¬c）→难以尽职胜任（¬a）。该项与题干的推理结构一致，正确。

B 项，天气晴朗（a）∧风速在三级之下（b）→对外开放（c）。今天天气晴朗（a）∧风速在三级以上（¬b）→不对外开放（¬c）。该项与题干的推理结构不一致，排除。

C 项，特殊津贴（a）→超常业绩（b）∧教龄在 30 年以上（c）。张获得特殊津贴（a）∧教龄只有 15 年（¬c）→超常业绩（b）。该项与题干的推理结构不一致，排除。

D 项，不深入研究广告（a）→没有知名度（b）∨没有信任度（c）。空谷有知名度（¬b）∧有信任度（¬c）→深入研究广告（¬a）。该项与题干的推理结构不一致，排除。

E 项，罪犯作案（a）→作案动机（b）∧作案时间（c）。李无作案动机（¬b）∧无作案时间（¬c）→不可能是罪犯（¬a）。该项与题干的推理结构不一致，排除。

所以，选择 A 项。

【燚语点拨】若结构比较题型的题干是形式逻辑推理，则先看形式再看内容，形式不一致的即可快速排除。

方法二：还原论证方法

（1）还原题干基本的论证方法，如求同法、求异法、共变法等；（论证方法可参见通关基础篇的第八讲）

（2）通读题干，确定重点，再与选项做比较。

【例 2】化学课上，张老师演示了两个同时进行的教学实验：一个实验是 $KClO_3$ 加热后，有 O_2 缓慢产生；另一个实验是 $KClO_3$ 加热后迅速撒入少量 MnO_2，这时立即有大量的 O_2 产生。张老师由此指出：MnO_2 是 O_2 快速产生的原因。

以下哪项与张老师得出结论的方法类似？

A. 同一品牌的化妆品价格越高卖得越火。由此可见，消费者喜欢价格高的化妆品。

B. 居里夫人在沥青矿物中提取放射性元素时发现，从一定量的沥青矿物中提取的全部纯铀的放射性强度比同等数量的沥青矿物的放射性强度低数倍。她据此推断，沥青矿物中还存在其他放射性更强的元素。

C. 统计分析发现，30 岁至 60 岁之间，年纪越大胆子越小。有理由相信：岁月是勇敢的腐蚀剂。

D. 将闹钟放在玻璃罩里，使它打铃，可以听到铃声；然后把玻璃罩里的空气抽空，再使闹钟打铃，就听不到铃声了。由此可见，空气是声音传播的介质。

E. 人们通过对绿藻、蓝藻、红藻的大量观察，发现结构简单、无根叶是藻类植物的主要特征。

【答案】D

【解析】第一步：简化题干信息。

（1）同：两个实验，都对 $KClO_3$ 加热。

（2）异：第一个实验没有撒入 MnO_2，第二个实验撒入了 MnO_2。

（3）异：两个实验的结果不同。

题干的论证方法为求异法。

第二步：选项代入验证。

A 项，化妆品价格越高卖得越火，属于共变法，排除。

B 项，沥青矿物中提取的全部纯铀的放射性强度＜同等数量的沥青矿物的放射性强度，说明沥青矿物中除了铀还有其他放射性更强的物质，属于剩余法，排除。

C 项，年纪越大胆子越小，属于共变法，排除。

D 项，①其他条件相同；②先有空气，后面再将空气抽空；③有空气时可以听见铃声，没有空气时不可以听见铃声，属于求异法，正确。

E 项，通过对不同类型的藻类的观察，得出藻类的特征，属于归纳法，排除。

所以，选择 D 项。

方法三：识别论证谬误

如果题干给出的论证过程存在谬误，要先确定谬误类型，再与选项做比较。（论证谬误可参见通关基础篇的第八讲）

【例 3】居民苏女士在菜市场看到某摊位出售的鹌鹑蛋色泽新鲜、形态圆润，且价格便宜，于是买了一箱。回家后发现有些鹌鹑蛋打不破，甚至丢在地上也摔不坏，再细闻已经打破的鹌鹑蛋，有一股刺鼻的消毒液味道。她投诉至菜市场管理部门，结果一位工作人员声称鹌鹑蛋目前还没有国家质量标准，无法判定它有质量问题，所以他坚持这箱鹌鹑蛋没有质量问题。

以下哪项与该工作人员做出结论的方式最为相似？

A. 不能证明宇宙是没有边际的，所以宇宙是有边际的。

B. "驴友论坛"还没有论坛规范，所以管理人员没有权力删除帖子。

C. 小偷在逃跑途中跳入 2 米深的河中，事主认为没有责任，因此不予施救。

D. 并非外星人不存在，所以外星人存在。

E. 慈善晚会上的假唱行为不属于商业管理范围，因此相关部门无法对此进行处罚。

【答案】A

【解析】第一步：简化题干信息。

工作人员声称，无法判定 a 有质量问题，所以 a 没有质量问题。因为不能否定，所以必然肯定，属于诉诸无知的论证谬误①。

第二步：选项代入验证。

A项，无法判断a没有边际，所以a有边际，与题干论证方式一致，正确。

B项，前提的主语是论坛，结论的主语是管理人员，题干的前提和结论的主语均为鹌鹑蛋，与题干论证方式不一致，排除。

C项，事主认为没有责任，因此事主不予施救，与题干论证方式不一致，排除。

D项，a存在，所以a存在，属于循环论证的论证谬误，排除。

E项，前提的主语是假唱行为，结论的主语是相关部门，题干的前提和结论的主语为鹌鹑蛋，与题干论证方式不一致，排除。

所以，选择A项。

二、强化训练

【题1】湖队是不可能进入决赛的。如果湖队进入决赛，那么太阳就从西边出来了。

以下哪项与上述论证方式最相似？

A. 今天天气不冷。如果冷，湖面怎么不结冰？

B. 语言是不能创造财富的。若语言能够创造财富，则夸夸其谈的人就是世界上最富有的了。

C. 草木之生也柔脆，其死也枯槁。故坚强者死之徒，柔弱者生之徒。

D. 天上是不会掉馅饼的。如果你不相信这一点，那上当受骗是迟早的事。

E. 古典音乐不流行。如果流行，那就说明大众的音乐欣赏水平大大提高了。

【题2】学生：IQ 和 EQ 哪个更重要？您能否给我指点一下？

学长：你去书店问问工作人员，关于 IQ 和 EQ 的书哪类销得快，哪类就更重要。

以下哪项与上述题干中的问答方式最为相似？

A. 员工：我们正在制订一个度假方案，你说是在本市好，还是去外地好？

经理：现在年终了，各公司都在安排出去旅游，你去问问其他公司的同行，他们计划去哪里，我们就不去哪里，不凑热闹。

B. 平平：母亲节那天我准备给妈妈送一样礼物，你说是送花好还是巧克力好？

佳佳：你在母亲节前一天去花店看一下，看看买花的人多不多就行了嘛。

C. 顾客：我准备买一件毛衣，你看颜色是鲜艳一点好，还是素一点好？

店员：这个需要结合自己的性格与穿衣习惯，各人可以有自己的选择与喜好。

D. 游客：我们前面有两条山路，走哪一条更好？

导游：你仔细看看，哪一条山路上车马的痕迹深，我们就走哪一条。

E. 学生：我正在准备期末复习，是做教材上的练习重要，还是理解教材内容更重要？

---

① 考生不需要知道所有的论证谬误，能梳理清楚论证过程即可。

老师：你去问问高年级得分高的同学，他们是否经常背书做练习。

【题3】所有重点大学的学生都是聪明的学生，有些聪明的学生喜欢逃学，小杨不喜欢逃学，所以小杨不是重点大学的学生。

以下除哪项外，均与上述推理的形式类似？

A. 所有经济学家都懂经济学，有些懂经济学的爱投资企业，你不爱投资企业，所以你不是经济学家。

B. 所有的鹅都吃青菜，有些吃青菜的也吃鱼，兔子不吃鱼，所以兔子不是鹅。

C. 所有的人都是爱美的，有些爱美的还研究科学，亚里士多德不是普通人，所以亚里士多德不研究科学。

D. 所有被高校录取的学生都是超过录取分数线的，有些超过录取分数线的是大龄考生，小张不是大龄考生，所以，小张没有被高校录取。

E. 所有想当外交官的都需要学外语，有些学外语的重视人际交往，小王不重视人际交往，所以小王不想当外交官。

参考答案与解析

【题1】

【答案】B

【解析】第一步：简化题干信息。

a不可能发生（结论），若a发生，则荒谬（前提）。

该论证用的是归谬法：若a发生，则推出荒谬的结果，证明a不可能发生。

第二步：选项代入验证。

A项，如果冷，则湖面结冰，这个结果不荒谬，不属于归谬法，排除。

B项，a不可能发生，若a发生，则荒谬，与题干论证方式一致，正确。

C项，与题干论证方式不相似，排除。

D项，不相信a，会上当受骗，这个结果不荒谬，不属于归谬法，排除。

E项，如果流行，说明大众的音乐欣赏水平提高，这个结果不荒谬，不属于归谬法，排除。

所以，选择B项。

【题2】

【答案】D

【解析】第一步：简化题干信息。

学生：a与b哪个更重要？

学长：哪类销得快，哪类更重要。

题干论证方法为：二选一，哪个更好选哪个。

第二步：选项代入验证。

A 项，同行去哪，我们不去，与题干选择相反，排除。

B 项，看买花的人多不多，该项没有将花与巧克力做比较，与题干论证方式不一致，排除。

C 项，根据个人喜好做选择，该项没有将鲜艳与素做比较，与题干论证方式不一致，排除。

D 项，哪条痕迹深，走哪条，也是属于哪个更好选哪个，与题干论证方式一致，正确。

E 项，根据高年级同学是否经常背书做练习做选择，没有将做教材上的练习与理解教材内容做比较，排除。

所以，选择 D 项。

【题 3】

【答案】C

【解析】第一步：简化题干信息。

题干推理形式为：所有 a 都是 b，有的 b 是 c，e 不是 c，所以 e 不是 a。

题干属于直言判断三段论的推理，且首尾词一致。

第二步：选项代入验证。

注意，问题是要求找与题干推理形式不一致的选项。

C 项，推理形式为：所有 a 都 b，有的 b 是 c，e 不是 d，所以 e 不是 c。

C 项出现了新字母且首尾词不一致，其余选项未出现新字母且首尾词都是一致的。

所以，选择 C 项。

三、技巧总结

技巧 36：结构比较题型，简化题干的形式，或还原题干的论证方法，或确定题干的谬误类型，再与选项做比较。

第十九讲　信息判断题型

一、题型精讲

1. 题型特点

题干给出多个前提条件，需要根据已知信息推出选项中的结论。

信息判断题型常见的提问方式：

（1）根据以上陈述可以推出以下哪项？

（2）上述断定最能支持以下哪项结论？

（3）以下哪项作为从上述现象中推出的结论最为合理？

2. 应对方法

方法一：圈重点

（1）多个条件中话题重复率最高的一般为题干的重点；

（2）转折词后的信息一般为题干的重点。

【例1】在大型游乐公园里，现场表演是刻意用来引导人群流动的。午餐时间的表演是为了减轻公园餐馆的压力；傍晚时间的表演则有一个完全不同的目的：鼓励参观者留下来吃晚餐。表面上，不同时间的表演有不同的目的，但这背后，却有一个统一的潜在目标。

以下哪项作为本段短文的结束语最为恰当？

A. 尽可能地减少各游览点的排队人数。

B. 吸引更多的人来看现场表演，以增加利润。

C. 最大限度地避免由于游客出入公园而引起的交通阻塞。

D. 在尽可能多的时间里最大限度地发挥餐馆的作用。

E. 尽可能地招徕顾客，希望他们再次来公园游览。

【答案】D

【解析】第一步：简化题干信息。

（1）午餐时间的表演是为了减轻公园餐馆的压力；

（2）傍晚时间的表演则是为了鼓励参观者留下来吃晚餐。

第二步：确定重复话题。

根据（1）（2）得出，共同的话题是"餐馆"。

第三步：预判优选项，排除干扰项。

优选项是提及"餐馆"这个话题的选项，只有D项符合，因此先分析D项。

题干指出，不同时间段的表演都是围绕餐馆进行，而D项指出，要最大限度地发挥餐馆的作用，与题干话题一致。

所以，选择 D 项。

【燚语点拨】信息判断题型是题干推选项，一般优选与题干话题一致或相关的选项。

方法二：注意形式推理

（1）题干中可能存在隐含的形式逻辑推理，要注意识别；

（2）根据形式逻辑推理的规则推出结论。

【例2】一般将缅甸所产的经过风化或经河水搬运至河谷、河床中的翡翠大砾石，称为"老坑玉"。老坑玉的特点是"水头好"、质坚、透明度高，其上品透明如玻璃，故称"玻璃种"或"冰种"。同为老坑玉，其质量相对也有高低之分，有的透明度高一些，有的透明度稍差些，所以价值也有差别。在其他条件都相同的情况下，透明度高的老坑玉比透明度较其低的单位价值高，但是开采的实践告诉人们，没有单位价值最高的老坑玉。

以上陈述如果为真，可以得出以下哪项结论？

A. 没有透明度最高的老坑玉。

B. 透明度高的老坑玉未必"水头好"。

C. "新坑玉"中也有质量很好的翡翠。

D. 老坑玉的单位价值还决定于其加工的质量。

E. 随着年代的增加，老坑玉的单位价值会越来越高。

【答案】A

【解析】第一步：简化题干信息。

（1）透明度高→单位价值高；

（2）没有单位价值最高的老坑玉。

第二步：建立题干条件关系。

（1）（2）结合假言判断推理规则得出"没有透明度最高的老坑玉"。所以，选择 A 项。

方法三：注意限定词

（1）题干中的程度副词可以预判优选项；

（2）题干中的限定词可以确定题干范围，不在范围之内、与限定词无关的选项可快速排除。

【例3】按照联合国开发计划署 2007 年的统计，挪威是世界上居民生活质量最高的国家，欧美和日本等发达国家也名列前茅。如果统计 1990 年以来生活质量改善最快的国家，发达国家则落后了。至少在联合国开发计划署统计的 116 个国家中，17 年来，非洲东南部国家莫桑比克的生活质量提高最快，2007 年其生活质量指数比 1990 年提高了 50%。很多非洲国家取得了和莫桑比克类似的成就。作为世界上最受瞩目的发展中国家，中国的生活质量指数在过去 17 年中也提高了 27%。

以下哪项可以从联合国开发计划署的统计中得出？

A. 2007 年，发展中国家的生活质量指数都低于西方国家。

B. 2007 年，莫桑比克的生活质量指数不高于中国。

C. 2006 年，日本的生活质量指数不高于中国。

D. 2006 年，莫桑比克的生活质量的改善快于非洲其他各国。

E. 2007 年，挪威的生活质量指数高于非洲各国。

【答案】E

【解析】第一步：简化题干信息。

按照 2007 年的统计，挪威是世界上居民生活质量最高的国家。

第二步：选项代入验证。

根据限定词"2007 年"，排除 C、D 项。

根据程度副词"最高"，得出 E 项是正确的，即挪威的生活质量指数高于非洲各国。

所以，选择 E 项。

二、强化训练

【题 1】在青崖山区，商品通过无线广播电台进行密集的广告宣传将会迅速获得最大程度的知名度。

上述断定最可能推出以下哪项结论？

A. 在青崖山区，无线广播电台是商品打开市场的最重要途径。

B. 在青崖山区，高知名度的商品将拥有众多消费者。

C. 在青崖山区，无线广播电台的广告宣传可以使商品的信息传到每户人家。

D. 在青崖山区，某一商品为了迅速获得最大程度的知名度，除了通过无线广播电台进行密集的广告宣传外，不需要利用其他宣传工具做广告。

E. 在青崖山区，某一商品的知名度与其性能和质量的关系很大。

【题 2】一项对西部山区小塘村的调查发现：小塘村约五分之三的儿童进入中学后出现中度以上的近视，而他们的父母及祖辈，没有机会到正规学校接受教育，很少出现近视。

以下哪项作为上述断定的结论最为恰当？

A. 接受文化教育是造成近视的原因。

B. 只有在儿童时期接受正式教育才易于成为近视。

C. 阅读和课堂作业带来的视觉压力必然造成儿童的近视。

D. 文化教育的发展和近视现象的出现有密切的关系。

E. 小塘村约五分之二的儿童是文盲。

【题3】张珊有合法与非法的概念，但没有道德上对与错的概念。他由于自己的某个行为受到起诉。尽管他承认自己的行为是违法的，但不知道这一行为事实上是不道德的。

上述断定能恰当地推出以下哪项结论？

A. 张珊做了某种违法的事。

B. 张珊做了某种不道德的事。

C. 张珊是法律专业的毕业生。

D. 非法的行为不可能合乎道德。

E. 对于法律来说，道德上的无知不能成为借口。

【题4】离家300米的学校不能上，却被安排到2千米外的学校就读，某市一位适龄儿童在上小学时就遭遇了所在区教育局这样的安排，而这一安排是区教育局根据儿童户籍所在施教区做出的。根据该市教育局规定的"就近入学"原则，儿童家长将区教育局告上法院，要求撤销原来的安排，让其孩子就近入学。法院对此做出一审判决，驳回原告请求。

下列哪项最可能是法院判决的合理依据？

A. "就近入学"不是"最近入学"，不能将入学儿童户籍地和学校的直线距离作为划分施教区的唯一根据。

B. "就近入学"仅仅是一个需要遵循的总体原则，儿童具体入学安排还要根据特定的情况加以变通。

C. 儿童入学究竟应上哪一所学校，不是让适龄儿童或其家长自主选择，而是要听从政府主管部门的行政安排。

D. 该区教育局划分施教区的行政行为符合法律规定，而原告孩子按户籍所在施教区的确需要去离家2千米外的学校就读。

E. 按照特定的地理要素划分，施教区中的每所小学不一定就处于该施教区的中心位置。

参考答案与解析

【题1】

【答案】D

【解析】第一步：简化题干信息。

商品通过"密集"的广告宣传，获得"最大"程度的知名度。

第二步：选项代入验证。

A项，无线广播电台是"商品打开市场"的最重要途径，与题干话题无关，市场≠知名度，排除。

B项，"高知名度的商品"与题干对象"商品"的范围不同，排除。

C项，无法判断商品信息是否可以传到"每户人家"，题干提及的是"密集""最大程度的知名度"，不能判断具体的量，排除。

E项，"商品的知名度与其性能和质量的关系"与题干话题无关，排除。

所以，选择 D 项。

【燚与点拨】题干对象、范围、限定词都是排除无关选项的关键信息。

【题 2】

【答案】D

【解析】第一步：简化题干信息。

（1）小塘村约五分之三的儿童进入中学后出现中度以上的近视；

（2）他们的父母及祖辈，没有机会到正规学校接受教育，很少出现近视。

第二步：选项代入验证。

A、B、C 项，表达过于绝对化，排除。

D 项，（1）（2）指出，教育和近视有关系，而 D 项指出，文化教育的发展和近视现象的出现有密切的关系，与题干论证话题一致，正确。

E 项，与题干论证话题无关，排除。

所以，选择 D 项。

【燚语点拨】信息判断题型，结论的成立不具有必然性，所以表达不要过于绝对化。

【题 3】

【答案】B

【解析】第一步：简化题干信息。

（1）张珊承认自己的行为是违法的；

（2）但张珊不知道这一行为事实上是不道德的（注意，转折词后是重点）。

第二步：选项代入验证。

A 项，"张珊做了某种违法的事"是不确定的结论，"张珊承认自己的行为是违法的"是他主观上的想法，并不代表张珊的行为事实上违法。

（注意：行为受到起诉，是行为可能存在问题，但不代表一定违法。）

B 项，根据（2）"事实上"可得，张珊做了某种不道德的事，符合信息判断的一致性，正确。

所以，选择 B 项。

【燚语点拨】信息判断题型的优选项需要满足一致性与相关性，注意排除偷换概念的选项，如主观与客观的偷换。

【题 4】

【答案】D

【解析】第一步：简化题干信息。

（1）法院驳回原告请求，即法院判决教育局安排孩子到 2 千米外的学校就读符合"就近入学"原则；

（2）教育局的"就近入学"原则即根据儿童户籍所在施教区就近上学。

第二步：建立题干条件关系，预判优选项。

根据题干中的关键信息"2千米"预判优选项为 D 项。

根据（1）（2）得出，孩子户籍所在施教区内的学校就在 2 千米以外。所以，选择 D 项。

【燚语点拨】题干中有时间、数据、年限时，优选同样有时间、数据、年限的选项。

三、技巧总结

技巧 37：信息判断的题型，题干信息推选项，结论成立不必然，从弱原则要守住。

技巧 38：题干信息推选项，演绎推理要识别，推理规则直接用，推出结果直接选。

技巧 39：信息判断的原则，话题一致和相关，优选对象一致性，内容有关不绝对。

技巧 40：信息判断排除法，对象范围若改变，直接排除不犹豫，注意偷换概念词。

技巧 41：常见偷换概念词，主观客观的偷换，相对绝对的偷换，静态动态的偷换。

【练1】小明、小红、小丽、小强、小梅五人去听音乐会，他们五人在同一排且座位相连，其中只有一个座位最靠近走廊。小强想坐在最靠近走廊的座位上，小丽想跟小明紧挨着，小红不想跟小丽紧挨着，小梅想跟小丽紧挨着，但不想跟小强或小明紧挨着。

以下哪项顺序符合上述五人的意愿？

A. 小明、小梅、小丽、小红、小强。

B. 小强、小红、小明、小丽、小梅。

C. 小强、小梅、小红、小丽、小明。

D. 小明、小红、小梅、小丽、小强。

E. 小强、小丽、小梅、小明、小红。

【练2】在一场马拉松比赛中，符华、高明、郝宇、婕然、珂闰、李丽和马璐分别获得了前7名，他们的顺序必须满足下述条件：

（1）符华获得第二名；

（2）高明的名次紧挨在郝宇的前面；

（3）郝宇的名次高于李丽；

（4）李丽的名次高于马璐。

如果上述条件均为真，则下面的任一选项都可能是真的，除了：

A. 婕然紧挨在符华的前面。

B. 珂闰紧挨在高明的前面。

C. 婕然紧挨在李丽的后面。

D. 婕然紧挨在珂闰的后面。

E. 马璐紧挨在珂闰的前面。

练3~ 练4基于以下题干：

山楂牧场住着三位百岁老人。已知以下信息：

（1）王以前是位农场工人，搬来山楂牧场前他一直生活在竹庄。

（2）李善经营着一家乡村邮局。

（3）在1995年搬家的人叫美，但不姓张。

（4）姓氏为：张、王、李。

（5）名字为：真、善、美。

（6）村庄为：松庄、竹庄、梅庄。

（7）搬家时间为：1985年、1990年和1995年。

【练3】王是哪一年搬的家？

A.1985年。

B. 比 1990 年早。

C. 1990 年。

D. 1995 年。

E. 无法判断。

【练 4】如果名叫真的住户搬到山楂牧场的时间，比曾住在梅庄的那个人迟，那么关于三位百岁老人的说法正确的一项是：

A. 张真是 1995 年搬的家。

B. 王善之前住在竹庄。

C. 李善之前住在梅庄。

D. 1985 年搬来的是张。

E. 张之前不住在松庄。

【练 5】克鲁特是德国家喻户晓的"明星"北极熊，北极熊是名副其实的北极霸主。因此，克鲁特是名副其实的北极霸主。

以下除哪项外，均与上述论证中出现的谬误相似？

A. 儿童是祖国的花朵，小雅是儿童。因此，小雅是祖国的花朵。

B. 鲁迅的作品不是一天能读完的，《祝福》是鲁迅的作品。因此，《祝福》不是一天能读完的。

C. 中国人是不怕困难的，我是中国人。因此，我是不怕困难的。

D. 康怡花园坐落在清水街，清水街的建筑属于违章建筑。因此，康怡花园的建筑属于违章建筑。

E. 西班牙语是外语，外语是普通高等学校招生的必考科目。因此，西班牙语是普通高等学校招生的必考科目。

【练 6】在东海大学研究生会举办的一次中国象棋比赛中，来自经济学院、管理学院、哲学学院、数学学院和化学学院的 5 名研究生（每学院 1 名）相遇在一起。有关甲、乙、丙、丁、戊 5 名研究生之间的比赛信息满足以下条件：

（1）甲仅与 2 名选手比赛过；

（2）化学学院的选手和 3 名选手比赛过；

（3）乙不是管理学院的，也没有和管理学院的选手对阵过；

（4）哲学学院的选手和丙比赛过；

（5）管理学院、哲学学院、数学学院的选手相互都交过手；

（6）丁仅与 1 名选手比赛过。

根据以上条件，请问丙来自哪个学院？

A. 经济学院。

B. 管理学院。

C. 哲学学院。

D. 化学学院。

E. 数学学院。

【练7】李娜、叶楠和赵芳三位女性的特点符合下面的条件：

（1）恰有两位学识非常渊博，两位十分善良，两位温柔，两位有钱；

（2）每位女性的特点不能超过三个；

（3）对于李娜来说，如果她学识非常渊博，那么她也有钱；

（4）对于叶楠和赵芳来说，如果她十分善良，那么她也温柔；

（5）对于李娜和赵芳来说，如果她有钱，那么她也温柔。

根据以上条件，可以得出以下哪项？

A. 李娜不温柔。

B. 叶楠十分善良。

C. 李娜满足上面四个特点中的两个。

D. 叶楠不善良。

E. 赵芳不十分善良。

【练8】一艘远洋帆船载着5位中国人和几位外国人由中国开往欧洲。途中，除5位中国人外，全患上了败血症。同乘一艘船，同样是风餐露宿，漂洋过海，为什么中国人和外国人如此不同呢？原来这5位中国人都有喝茶的习惯，而外国人却没有。于是得出结论：喝茶是这5位中国人未得败血症的原因。

以下哪项和题干中得出结论的方法最为相似？

A. 警察锁定了犯罪嫌疑人，但是从目前掌握的事实来看，都不足以证明他犯罪。专案组由此得出结论，必有一种未知的因素潜藏在犯罪嫌疑人身后。

B. 在两块土壤情况基本相同的麦地上，对其中一块施氮肥和钾肥，另一块只施钾肥。结果施氮肥和钾肥的那块麦地的产量远高于另一块。可见，施氮肥是麦地产量较高的原因。

C. 孙悟空："如果打白骨精，师父会念紧箍咒；如果不打，师父就会被妖精吃掉。"孙悟空无奈得出结论："我还是回花果山算了。"

D. 天文学家观测到天王星的运行轨道有特征 a、b、c，已知特征 a、b 分别是由两颗行星甲、乙的吸引造成的，于是猜想还有一颗未知行星造成天王星的轨道特征 c。

E. 一定压力下的一定量气体，温度升高，体积增大；温度降低，体积缩小。气体体积与温度之间存在一定的相关性，说明气体温度的改变是其体积改变的原因。

【练9】高考后，人大附中的三位学生明兰、如兰、墨兰分别选了黄山、泰山、桂林和青海几个地方去旅游。已知：

（1）恰有两人去黄山，两人去泰山，两人去桂林，两人去青海；

（2）每名同学至多只能去三个地方；

（3）对于明兰来说，如果去了黄山，那么一定会去桂林；

（4）对于如兰和墨兰来说，如果去了青海观光，则去了泰山赏日出；

（5）对于明兰和墨兰来说，如果去桂林，那么也要去泰山。

根据以上信息，可以判断以下各项中一定为真的是：

A. 去泰山的是明兰和墨兰。

B. 去青海的是如兰和墨兰。

C. 墨兰选择去了黄山、泰山和桂林。

D. 明兰只选择去了泰山和桂林。

E. 如兰选择去了黄山、桂林和青海。

【练10】火烈鸟经常停留在柔软、泥泞的河床上。在这种河床上，淤泥越柔软，东西就越快沉入其中并且被困住。为了避免被困住，火烈鸟一只脚站立，假如站立的那只脚开始下沉，火烈鸟可以放下另一只脚来把那只脚拔出。

假如上面的信息是正确的，则下列哪项能最好地被支持？

A. 当火烈鸟站在坚实的河床上，它们经常一只脚站立，即使它们没有被困住的危险。

B. 河床越柔软，站于其上的火烈鸟越频繁地更换它们站在河床上的脚。

C. 河床越硬，火烈鸟越经常地在河床上走动而不是站在一个地方。

D. 在火烈鸟的栖息地，大多数河流有柔软、泥泞的河床。

E. 火烈鸟不能长时间单脚站立而不更换它们站立的脚。

【练11】甲班有小周、小陈、小刘三名同学，一次学校组织同学们报兴趣班时，他们进行了如下对话：

（1）或者小周不学日语，或者小陈不学日语；

（2）只有小周学日语，小陈才学日语；

（3）小刘学日语，小陈也学日语；

（4）小周不学日语。

如果这四句话中只有一句话为真，则以下哪项必为事实？

A. 小刘学日语，但小周不学日语。

B. 小陈学日语，但小刘不学日语。

C. 小陈学日语，但小周不学日语。

D. 小陈不学日语，且小周不学日语。

E. 小刘学日语，且小陈学日语。

练12~练13基于以下题干：

年初，为激励员工努力工作，某公司决定根据每月的工作绩效评选"月度之星"。王某在当年前10个月恰好只在连续的4个月中当选"月度之星"，他的另三位同事郑某、吴某、周某也做到了这一点。关于这四人当选"月度之星"的月份，已知：

（1）王某和郑某仅有三个月同时当选；

（2）郑某和吴某仅有三个月同时当选；

（3）王某和周某不曾在同一个月当选；

（4）仅有2人在7月同时当选；

（5）至少有1人在1月当选。

【练12】根据以上信息，有3人同时当选"月度之星"的月份是：

A. 1~3月。　　B. 2~4月。　　　　C. 3~5月。　　　　D. 4~6月。　　　　E. 5~7月。

【练13】根据以上信息，王某当选"月度之星"的月份是：

A. 1~4月。　　　B. 3~6月。　　　　C. 4~7月。　　　　D. 5~8月。　　　　E. 7~10月。

练14~ 练15基于以下题干：

机动车道上的4辆汽车正要穿过通道。并已知以下线索：

（1）黄车的车牌号是27，它在赵所开的车的前面。

（2）2号位置的车的车牌号是15。

（3）李的车在38号车的后面某个位置，38号车不在3号位置。

（4）王的车紧跟在绿车后面。

（5）红车紧跟在张的车后面。

（6）1号位置为最前面，后面依次为2、3、4。

（7）驾驶员：李、赵、张、王。

（8）颜色：红、黄、蓝、绿。

（9）车牌号：9、15、27、38。

【练14】张在几号位置？

A. 1号。

B. 2号。

C. 3号。

D. 4号。

E. 无法判断。

【练15】下面关于四辆车的说法正确的一项是：

A. 1号位置，李，绿色，车牌号是38号。

B. 2号位置，王，蓝色，车牌号是15号。

C. 3号位置，李，黄色，车牌号是38号。

D. 4号位置，赵，蓝色，车牌号是9号。

E. 3号位置，张，黄色，车牌号是27号。

【练16】甲、乙、丙、丁四个人的车的颜色分别为白色、银色、蓝色和红色。在问到他们各自车的颜色时，他们的回答如下。

甲说："乙的车不是白色的。"

乙说："丙的车是红色的。"

丙说："丁的车不是蓝色的。"

丁说："甲、乙、丙三个人中有一个人的车是红色的，而且只有这个人说的是实话。"

如果丁说的是实话，那么以下说法正确的是：

A. 甲的车是白色的，乙的车是银色的。

B. 乙的车是蓝色的，丙的车是红色的。

C. 丙的车是白色的，丁的车是蓝色的。

D. 丁的车是银色的，甲的车是红色的。

E. 甲的车是红色的，乙的车是白色的。

【练17】某珠宝店失窃，五个职员涉嫌犯罪被拘审。假设这五个职员中，参与作案的人永远说假话，无辜者永远说真话。这五个职员分别有以下供述。

张说："王是作案者，王说过是他作的案。"

王说："李是作案者。"

李说："是赵作的案。"

赵说："是孙作的案。"

孙没说一句话。

依据以上叙述，能推断出以下哪项结论？

A. 张作案，王没作案，李作案，赵没作案，孙作案。

B. 张没作案，王作案，李没作案，赵作案，孙没作案。

C. 五个职员都参与了作案。

D. 五个职员都没作案。

E. 题干中缺乏足够的信息来确定是哪个职员作案。

【练18】清北大学研究生宿舍有三名学生甲、乙、丙，他们分别来自北京、天津、河北。同时他们三个人学的专业也不同，分别是企业管理、行政管理和公共管理。已知：

（1）甲不是学企业管理的，乙不是学公共管理的，丙不是学行政管理的；

（2）学企业管理的不来自天津，学公共管理的不来自北京；

（3）乙不来自河北，丙不来自北京；

（4）学行政管理的学生经常和来自河北的学生以及学企业管理的同学一起吃饭。

根据上述信息，可以得出以下哪项？

A. 学企业管理的学生是乙，来自天津。

B. 学行政管理的学生是甲，来自天津。

C. 学公共管理的学生不是丙，丙来自河北。

D. 学行政管理的学生是乙，来自北京。

E. 学公共管理的学生是甲，来自天津。

练 19~ 练 20 基于以下题干：

某公司年度审计期间，审计人员发现一张发票，上面有赵义、钱仁礼、孙智、李信 4 个签名，签名者的身份各不相同，分别是经办人、复核、出纳或审批领导之中的一个，且每个签名都是本人所签。询问 4 位相关人员，得到以下回答：

赵义："审批领导的签名不是钱仁礼。"

钱仁礼："复核的签名不是李信。"

孙智："出纳的签名不是赵义。"

李信："复核的签名不是钱仁礼。"

已知上述每个回答中，如果提到的人是经办人，则该回答为假；如果提到的人不是经办人，则该回答为真。

【练 19】根据以上信息，可以得出经办人是：

A. 赵义。

B. 钱仁礼。

C. 孙智。

D. 李信。

E. 无法确定。

【练 20】根据以上信息，该公司的复核与出纳分别是：

A. 李信、赵义。

B. 孙智、赵义。

C. 钱仁礼、李信。

D. 赵义、钱仁礼。

E. 孙智、李信。

参考答案与解析

【练 1】

【答案】B

【解析】第一步：简化题干信息。

（1）小强想坐在最靠近走廊的座位上；

（2）小丽想跟小明紧挨着；

（3）小红不想跟小丽紧挨着；

（4）小梅想跟小丽紧挨着，但不想跟小强或小明紧挨着。

第二步：选项充分，采用选项代入排除法。

根据（2）排除 A、D、E 项；根据（3）排除 C 项。

所以，选择 B 项。

【练2】

【答案】D

【解析】第一步：简化题干信息。

（1）符华 = 2；

（2）高明和郝宇相邻，且高明＞郝宇；

（3）郝宇＞李丽；

（4）李丽＞马璐。

第二步：建立题干条件关系。

根据（1）（2）得出：（5）高明和郝宇一定在符华后面。

根据（3）（4）（5）得出，符华、高明、郝宇、李丽、马璐分别占据5个位置，且符华前面还有1个位置，则可知：（6）珂闰与婕然一定分别在符华的前、后。

第三步：问题为"可能真，除了"，将选项代入验证，选择一定为假的选项。

根据（6）得出，D项一定为假。所以，选择D项。

【练3】

【答案】D

【解析】第一步：确定类别组数。

本题可分为4类3组，每一类为一列。

第二步：根据题干信息列表如下。

	姓氏	名字	村庄	搬家时间
（1）	王		竹庄	
（2）	李	善		
（3）	不是张	美		1995

根据（2）（3）得出，姓王的名叫美，所以"王美"是1995年搬家的人。所以，选择D项。

【练4】

【答案】C

【解析】附加条件为"名叫真的住户搬到山楂牧场的时间，比曾住在梅庄的那个人迟"，这说明：

①真之前不住在梅庄；

②真不是在1985年搬的家；

③之前住在梅庄的人搬家时间不是最晚的，即不是在1995年搬的家。

第一步：根据已知信息列表如下。

	姓氏	名字	村庄	搬家时间
（1）	王	美	竹庄	1995
（2）	李	善		
（3）	张	真	不是梅庄	不是1985

第二步：分析题干条件关系。

根据（1）和①可知，张真之前不住在梅庄，也不住在竹庄，所以张真之前住在松庄。

根据（1）和②可知，张真不是在1985年搬的家，也不是在1995年搬的家，所以张真是在1990年搬的家。

综上可知，李善之前住梅庄，是在1985年搬的家。

所以，选择C项。

【练5】

【答案】D

【解析】第一步：简化题干信息，确定谬误类型。

北极熊（集合概念）是北极霸主，克鲁特是北极熊（非集合概念）。因此，克鲁特是北极霸主。题干犯了集合体性质误用的论证谬误。

第二步：选项代入验证，选择与题干谬误不一致的选项。

A项，儿童（集合概念）是祖国的花朵，小雅是儿童（非集合概念）。因此，小雅是祖国的花朵。该项所犯的谬误与题干一致，排除。

B项，鲁迅的作品（集合概念）不是一天能读完的，《祝福》是鲁迅的作品（非集合概念）。因此，《祝福》不是一天能读完的。该项所犯的谬误与题干一致，排除。

C项，中国人（集合概念）是不怕困难的，我是中国人（非集合概念）。因此我是不怕困难的。该项所犯的谬误与题干一致，排除。

D项，康怡花园坐落在清水街（非集合概念），清水街的建筑（非集合概念）属于违章建筑。因此，康怡花园的建筑属于违章建筑。该项论证没有谬误，与题干不一致，正确。

E项，西班牙语是外语（非集合概念），外语（集合概念）是招生的必考科目。因此，西班牙语是招生的必考科目。该项所犯的谬误与题干一致，排除。

所以，选择D项。

【练6】

【答案】E

【解析】第一步：确定类别与组数。

题型特点：一一对应，2类5组。

第二步：根据题干信息列表如下。

	甲	乙	丙	丁	戊
经济					
管理					
哲学					
数学					
化学					

第三步：分析题干条件关系。

根据（1）（2）可得：（7）甲不是化学学院的。

根据（3）（5）可得：（8）乙不是管理学院、哲学学院、数学学院的。

根据（6）（2）（5）可得：（9）丁不是化学学院、管理学院、哲学学院与数学学院的，所以，（9）丁是经济学院的。

根据（8）（9）可得：（10）乙是化学学院的。

综合以上信息，列表如下。

	甲 2	乙 3	丙	丁 1	戊
经济 1	×	×	×	√	×
管理		×		×	
哲学		×		×	
数学		×		×	
化学 3	×	√	×	×	×

第四步：代入已知信息，继续推理。

根据（2）（3）（10）可得：（11）乙（化学学院）和经济学院、哲学学院、数学学院打过比赛。

根据（5）（11）可得：（12）哲学学院、数学学院分别打了三场比赛。

根据（1）（9）（10）（12）可得：甲是管理学院的。

根据（4）可得：丙不是哲学学院的。

综合以上信息可得，丙是数学学院的，戊是哲学学院的。列表如下。

	甲 2	乙 3	丙	丁 1	戊
经济 1	×	×	×	√	×
管理 2	√	×	×	×	×
哲学 3	×	×	×	×	√
数学 3	×	×	√	×	×
化学 3	×	√	×	×	×

所以，选择 E 项。

【练 7】

【答案】D

【解析】第一步：确定分组情况。

根据（1）（2）得出，把特点的 8 种情况分配给 3 个人，每人最多 3 个特点的分组情况为"3+3+2"，即每人最少 2 个特点，最多 3 个特点。

第二步：建立题干条件关系，找好用的条件。

与李娜有关的条件最多，所以从（3）开始，简化题干信息，做假设验证。

根据（3）（5）可得：李娜渊博→李娜有钱→李娜温柔。若"¬ 李娜温柔"成立，则可推知"¬ 李娜有钱→¬ 李娜渊博"，此时不满足每人最少 2 个特点的要求，所以①李娜温柔。

由（4）"赵芳善良→赵芳温柔"和（5）"赵芳有钱→赵芳温柔"可知，若"¬ 赵芳温柔"成立，也不满足每人最少 2 个特点的要求，所以②赵芳温柔。

根据①和②可知已满足"两位温柔"的条件，得出 ¬ 叶楠温柔；结合（4）得出 ¬ 叶楠善良。由于每人最少 2 个特点，所以叶楠渊博∧有钱。

所以，选择 D 项。

【燚语点拨】假言判断做假设验证，一般优选条件多的肯 a 或否 b 做推理。

【练 8】

【答案】B

【解析】第一步：简化题干信息，确定论证方法。

（1）同：同乘一艘船，同样是风餐露宿。

（2）异：中国人喝茶，外国人不喝茶。

（3）异：中国人没有患败血症，外国人全患上了败血症。

求异法：即其他条件都相同，只是因为 a 不同，而导致不同的结果。

第二步：选项代入验证。

A 项，是剩余法，掌握的事实不是犯罪的证据，那么未知的证据必定存在，与题干不一致，排除。

B 项，①情况相同的麦地（同）；②一块施氮肥和钾肥，另一块只施钾肥（异）；③结果不同（异）。与题干一致，正确。

C 项，是二难推理，打不打都不行，与题干不一致，排除。

D 项，是剩余法，三个特征，确定两个不是，剩余一个特征就是，与题干不一致，排除。

E 项，是共变法，一个因素变化，另一个因素也随之发生变化，与题干不一致，排除。

所以，选择 B 项。

【练 9】

【答案】A

【解析】第一步：简化题干信息，确定分组情况。

（1）两人去黄山，两人去泰山，两人去桂林，两人去青海。

（2）每名同学至多只能去三个地方。

（3）明兰：去黄山→去桂林→去泰山。

（4）如兰：去青海→去泰山。

（5）墨兰：去桂林→去泰山；去青海→去泰山。

结合（1）和（2）可得，三个人去的地方数量分别为：2、3、3。

第二步：找好用的条件做假设，建立关系。

重复最多的"去泰山"是好用的条件，因为"去泰山"在推理中都是假言判断的后件，所以从假设"不去泰山"出发，建立关系。

根据（3），若明兰不去泰山，得出明兰不去桂林，也不去黄山，与明兰至少去两个地方矛盾，因此明兰一定去泰山。

根据（5），若墨兰不去泰山，得出墨兰不去桂林，也不去青海，与墨兰至少去两个地方矛盾，因此墨兰一定去泰山。

所以，选择 A 项。

【燚语点拨】假设优选重复的条件，根据前件 a 或后件 b 的位置做假设。

【练 10】

【答案】B

【解析】第一步：简化题干信息。

（1）柔软河床上，淤泥越柔软，东西就越快沉入其中并且被困住；

（2）为了避免被困住，火烈鸟一只脚站立，来回换脚。

第二步：预判优选项，排除干扰项。

优先排除对象范围不同的 A、C 项，"坚实的河床""越硬的河床"与题干无关。

D 项，"火烈鸟的栖息地"与题干话题无关，排除。

E 项，"火烈鸟不能长时间单脚站立"与题干话题相似，但不一致，根据（2），火烈鸟来回换脚是为了避免被困住，并不能确定在其他情况下能否长时间站立，排除。

所以，选择 B 项。

【练 11】

【答案】B

【解析】第一步：简化题干信息。

（1）¬ 周日语 ∨ ¬ 陈日语；

（2）陈日语→周日语 =¬ 陈日语 ∨ 周日语；

（3）刘日语 ∧ 陈日语；

（4）¬ 周日语；

（5）四句话只有一句为真。

第二步：确定"一真"的范围。

（1）与（4）属于包含关系，（4）若为真，则（1）也为真，与（5）矛盾，因此（4）为假，即真实情况为"周日语"。

由"周日语"可知，（2）为真，则（1）（3）（4）为假。

第三步：假话转为真话。

（1）转为真话：（6）周日语∧陈日语。

（3）转为真话：¬刘日语∨¬陈日语，结合（6）"陈日语"得出"¬刘日语"。

所以，选择 B 项。

【练 12】

【答案】D

【解析】第一步：简化题干信息。

（1）王、郑、吴、周在 1~10 月间都连续 4 个月当选"月度之星"；

（2）王和郑仅有三个月同时当选；

（3）郑和吴仅有三个月同时当选；

（4）王和周不同月；

（5）仅有 2 人在 7 月当选；

（6）至少有 1 人在 1 月当选。

根据（1）（4）（6）得出，王和周至少有一人在 1 月当选。

第二步：分情况讨论，做假设。

假设王在 1 月当选，得出"王在 1~4 月当选"。

根据（2）得出，郑在 2~5 月当选。

根据（3）得出，吴在 3~6 月当选。

在这种情况下，仅有周在 7 月当选，与（5）矛盾，所以王不在 1 月当选，周在 1~4 月当选。

第三步：预判优选项，排除干扰项。

根据"周在 1~4 月当选"得出，3 人同时当选月度之星的月份不在 1~3 月，排除 A、B、C 项。

根据（5）"仅有 2 人在 7 月当选"排除 E 项。

所以，选择 D 项。

【练 13】

【答案】D

【解析】第一步：排除与题干矛盾的选项。

根据"周在 1~4 月当选"结合（1）（4）得出"王在 5~10 月中的连续 4 个月当选"，排除

A、B、C项。

第二步：选项代入验证。

E项，若王在7~10月当选，得出"郑在6~9月当选，吴在5~8月当选"，与（5）"仅有2人在7月当选"矛盾，排除。

所以，选择D项。

【练14】

【答案】A

【解析】第一步：简化题干信息。

（1）黄车是27号，黄车不是第4位，赵不是第1位，黄车不是赵开的，赵在黄车后面；

（2）15号车是第2位；

（3）38号车不是第3位且不是第4位，李不是第1位，李在38号车后面；

（4）绿车不是王开的，绿车不是第4位，王不是第1位，王与绿车相邻且在绿车后面；

（5）红车不是张开的，红车不是第1位，红车与张相邻且在张后面。

第二步：建立题干条件关系。

根据（2）（3）得出：（10）38号车是第1位。

根据（1）（3）（4）得出，第1位不是赵、不是李、不是王，所以可得：（11）第1位是张。

所以，选择A项。

【练15】

【答案】D

【解析】第一步：建立题干条件关系。

根据（1）（2）（10）得出"27号车不是第4位、不是第2位、不是第1位"，所以27号车是第3位，为黄车，9号车是第4位。

根据（5）（11）得出，红车是第2位，结合（4）"绿车不是第4位"得出，绿车是第1位，蓝车是第4位。

根据（4）"王与绿车相邻且在绿车后面"以及"绿车是第1位"，得出"王是第2位"。

根据"黄车是第3位"以及（1）"赵在黄车后面"得出，赵是第4位，李是第3位。

第二步：列表如下。

位置	车牌号	颜色	驾驶员
1	38号	绿	张
2	15号	红	王
3	27号	黄	李
4	9号	蓝	赵

所以，选择 D 项。

【练 16】

【答案】C

【解析】第一步：确定题型，选取假设对象。

题型特点：题干不能确定真假范围，选择假设法，构建模型继续推理。

红色车主决定了谁说真话、谁说假话，所以选择与"红车"相关的条件做假设。

假设"丙的车是红色的"，则乙说真话，与只有红色车的人说实话矛盾，所以：（1）丙的车不是红色。

根据（1）得出乙说假话，所以：（2）乙的车不是红色的。

根据"甲、乙、丙三人中有一人的车是红色的"结合（1）（2）得出：（3）甲是红车∧说真话。

所以乙与丙都说假话。

第二步：假话转为真话，继续推理。

丙转为真话得出：（4）丁的车是蓝色的。

根据（3）"甲说真话"得出，乙的车不是白色的，再结合（2）（4）得出，乙的车是银色的。剩余的丙车只能是白色的。

所以，选择 C 项。

【练 17】

【答案】A

【解析】题干不确定真假情况，选取假设的对象。

根据"参与作案的人永远说假话，无辜者永远说真话"得出，作案者会说自己没作案，无辜者也会说自己没作案，即不会有人说自己作案。所以张说假话，张是作案者。

因为作案者永远说假话，所以张说"王是作案者"为假，得出，王没作案→王说真话→李作案→李说假话，所以李说"是赵作的案"为假，转为真话得出，赵没作案→赵说真话→孙作案。

所以，选择 A 项。

【练 18】

【答案】B

【解析】第一步：确定题型，找好用的条件。

题型特点：3 类 3 组的一一对应题。

（4）为确定条件，且信息多，属于好用的条件。

根据（4）得出"河北学生学的不是行政管理、不是企业管理"，所以可得：（5）河北学生学的是公共管理。

第二步：建立题干条件关系。

根据（2）（5）可知，天津学生学的不是企业管理、不是公共管理，得出：（6）天津学生学的是行政管理。

根据剩余思路得出：（7）北京学生学的是企业管理。

根据（1）（5）（6）（7）得出，甲不是北京学生、乙不是河北学生、丙不是天津学生，结合（3）"丙不来自北京"和（5）得出：（8）丙是河北学生，学的是公共管理。

根据"甲不是北京学生"结合（8）（6）得出，甲是天津学生，学的是行政管理。

根据剩余思路得出，乙是北京学生，学的是企业管理。

所以，选择 B 项。

【练 19】

【答案】C

【解析】第一步：选取假设对象。

题干真假个数不确定，"提到的人是经办人"是特殊的身份，将其作为假设的对象。

"钱仁礼"在 4 位的回答中被提及的次数最多，所以假设"钱是经办人"，根据题干条件得出赵的话为假，假话转为真话得出"审批领导的签名是钱"，与题干要求"签名者的身份各不相同"矛盾，所以钱不是经办人。

已知赵、钱、孙、李 4 人的话均为否定句，所以假设的结果相同，提到的人都不可能是经办人，即钱、李、赵都不是经办人。

第二步：剩余的思路。

经办人只能是孙。

所以，选择 C 项。

【练 20】

【答案】D

【解析】根据题干条件，4 人提到的人都不是经办人，所以 4 句话均为真。

根据"复核的签名不是李信""复核的签名不是钱仁礼""孙智是经办人，不是复核"得出，复核是赵义。

根据"审批领导的签名不是钱仁礼""复核不是钱仁礼""经办人不是钱仁礼"得出，钱仁礼是出纳。

所以，选择 D 项。

第六章 论证逻辑进阶

第二十讲 削弱题型

一、题型精讲

1. 题型特点

削弱题型的特点是题干中给出一个看似完整的论证过程或者表达某种观点，问题要求找到最能质疑或最能反驳题干的选项。需要注意的是，要削弱论证只要说明结论不一定成立即可，而非一定不成立。

削弱题型常见的提问方式：

（1）以下哪项如果为真，最能质疑上述论证？

（2）以下哪项如果为真，能够最有力地削弱李教授的结论？

（3）以下哪项如果为真，最可能削弱上述推断？

（4）以下各项都是对上述看法的质疑，除了。

2. 应对方法

方法一：排除法

（1）通过问题与题干结构词、题干中的"事实描述→断定"找到论证；（要点30：论证的定义与构成）

（2）锁定论证对象、话题与核心词，快速排除无关选项。例如，题干的话题是"中国防疫措施很到位"，但选项的话题是"日本防疫政策也不错"，两者的论证对象改变，同时"防疫措施"与"防疫政策"两个核心词也不一致，这种选项可以直接排除。

【例1】一种虾常游弋于高温的深海间歇泉附近，在那里有它爱吃的细菌类生物。由于间歇泉会发射一种暗淡的光线，因此，科学家们认为这种虾背部的感光器官是用来寻找间歇泉，从而找到食物的。

下列哪项对科学家的结论提出了质疑？

A. 实验表明，这种虾的感光器官对间歇泉发出的光并不敏感。

B. 间歇泉的光线十分暗淡，人类肉眼难以觉察。

C. 间歇泉的高温足以杀死这附近的细菌。

D. 大多数其他品种的虾的眼睛都位于眼柄的末端。

E. 其他虾身上的感光器官同样能起到发现间歇泉的作用。

【答案】A

【解析】第一步：简化题干论证结构。

问题：质疑科学家的结论，确定读题的重点是断定。

结构词：由于 + 因此。

前提：间歇泉会发射一种暗淡的光线。

结论：虾背部的感光器官是用来寻找间歇泉，从而找到食物的。

第二步：预判优选项，排除干扰项。

A 项，说明这种虾的感光器官感受不到间歇泉发出的光，所以无法通过感光器官找到间歇泉附近的食物，削弱论证。

B 项，"人类"看不到间歇泉发出的光，对象改变，无关项。

C 项，"间歇泉附近的细菌被杀死"削弱了题干背景信息"间歇泉附近有细菌"，但与科学家的话题无关。

D、E 项，对象是"其他虾"，对象改变，无关项。

所以，选择 A 项。

【例 2】随着光纤网络普及带来的网速大幅度提高，高速下载电影、在线看大片等都不再是困扰我们的问题。即使在社会生产力发展水平较低的国家，人们也可以通过网络随时随地获得最新的信息、最贴心的服务和最佳的体验。有专家据此认为：光纤网络将大幅提高人们的生活质量。

以下哪项如果为真，最能质疑该专家的观点？

A. 从网络上所获得的贴心服务和美妙体验有时是虚幻的。

B. 即使没有光纤网络，同样可以创造高品质的生活。

C. 随着高速网络的普及，相关上网费用也随之增加。

D. 人们生活质量的高低仅取决于社会生产力的发展水平。

E. 快捷的网络服务可能使人们将大量时间消耗在娱乐上。

【答案】D

【解析】第一步：简化题干论证结构。

问题：质疑该专家的观点，确定读题的重点是断定。

论证：光纤网络（前提）将大幅提高人们的生活质量（结论）。

（注意，断定不仅可以是结论，也可以是论证关系。）

第二步：预判优选项，排除干扰项。

A 项，网络上≠光纤网络，话题改变，无关项。

B 项，"没有光纤网络也可以提高生活质量"没有否定"有了光纤网络可以提高生活质量"，虽然也能削弱论证，但削弱力度弱，排除。

C 项，"上网费用"与论证话题无关，排除。

D 项，"生活质量仅取决于社会生产力的发展水平"直接否定了"生活质量"与"光纤网络"的关系，削弱力度最强。

E 项，"快捷的网络服务"与论证话题无关，排除。

所以，选择 D 项。

【燚语点拨】（1）题干论证内容多，通过问题与结构词确定论证位置；（2）简化论证结构和论证的核心词，既可以确定优选项，也可以排除干扰项。

方法二：拆桥法

（1）拆桥法是直接否定前提和结论的关系的方法；

（2）拆桥法一般适用题干中"前提与结论"的对象或话题无关的题型；

（3）熟悉常见的论证结构与削弱方法。

常见结构 1：a，因此 b。

削弱方法：直接指出 a 与 b 无关系。

常见结构 2：a 和 b 有关系，因此，a 和 c 有关系。

削弱方法：直接指出 b 与 c 无关系。

常见结构 3：a 和 b 有关系，因此，a 和 c 无关系。

削弱方法：只需要补充"b→c"即可说明 a 与 c 有关系，削弱论证。

【例 3】国外某教授最近指出，长着一张娃娃脸的人将享有更长的寿命，因为人们的生活状况很容易反映在脸上。从 1990 年春季开始，该教授领导的研究小组对 1 826 对 70 岁以上的双胞胎进行了体能和认知测试，并拍下了他们的面部照片。在不知道他们确切年龄的情况下，三名研究助手先对不同年龄组的双胞胎进行年龄评估，结果发现，即使是双胞胎，被猜出的年龄也相差很大。然后研究小组用若干年时间对这些双胞胎的晚年生活进行了跟踪调查，直至他们去世。调查表明：双胞胎中，外表年龄差异越大，看起来老的那个就越可能先去世。

以下哪项如果为真，最能形成对该教授调查结论的反驳？

A. 如果把调查对象扩大到 40 岁以上的双胞胎，结果可能有所不同。

B. 三名研究助手比较年轻，从事该研究的时间不长。

C. 外表年龄是每个人生活环境、生活状况和心态的集中体现，与生命老化关系不大。

D. 生命老化的原因在于细胞分裂导致染色体末端不断损耗。

E. 看起来越老的人，心理上一般越成熟，对于生命有更深刻的理解。

【答案】C

【解析】第一步：简化题干论证结构。

问题：对该教授调查结论的反驳，确定读题的重点是断定。

前提：双胞胎中，外表年龄差异越大。

结论：看起来老的那个就越可能先去世。

第二步：分析论证关系。

前提"外表年龄"与结论"生命年龄"没有直接的关系，直接"拆桥"即可。

第三步：预判优选项，排除干扰项。

优选项是与核心词有关的 C、D、E 项。

C 项，"外表年龄与生命老化关系不大"直接否定了前提与结论的关系，正确。

D 项，解释了"生命老化"的其他原因，但没有否定其与"外表年龄"的关系，排除。

E 项，解释了"外表年龄"对心理年龄有影响，但没有说明其与"生命老化"的关系，排除。

所以，选择 C 项。

【燚语点拨】识别前提与结论对象无关类的题型，圈关键词预判优选项。

【例 4】维护个人利益是个人行为的唯一动机。因此，维护个人利益是影响个人行为的主要因素。

以下哪项如果为真，最能削弱题干的论证？

A. 维护个人利益是否是个人行为的唯一动机，值得讨论。

B. 有时动机不能成为影响个人行为的主要因素。

C. 个人利益之间既有冲突，也有一致。

D. 维护个人利益的行为也能有利于公共利益。

E. 个人行为不能完全脱离群体行为。

【答案】B

【解析】第一步：简化题干论证结构。

前提：维护个人利益（a）是个人行为的唯一动机（b）。

结论：维护个人利益（a）是影响个人行为的主要因素（c）。

第二步：分析论证关系。

前提"个人行为的唯一动机"与结论"个人行为的主要因素"没有直接的关系，直接"拆桥"即可。

第三步：预判优选项，排除干扰项。

优选项是与核心词有关的 A、B 项。

A 项，"维护个人利益是否是个人行为的唯一动机"只质疑了前提的内容，没有质疑论证关系，排除。

B 项，直接否定了"动机"和"个人行为的主要因素"的关系，正确。

所以，选择 B 项。

【例5】母亲：这学期冬冬的体重明显下降，我看这是因为他的学习负担太重了。

父亲：冬冬体重下降和学习负担没有关系。医生说冬冬营养不良，我看这是冬冬体重下降的原因。

以下哪项如果是真的，则最能对父亲的意见提出质疑？

A. 学习负担过重，会引起消化紊乱，妨碍对营养的正常吸收。

B. 隔壁松松和冬冬在一个班，但松松是个小胖墩，正在减肥。

C. 由于学校的重视和努力，这学期冬冬和同学们的学习负担比上学期有所减轻。

D. 现在学生的普遍问题是过于肥胖，而不是体重过轻。

E. 冬冬所在的学校承认学生的负担偏重，并正在采取措施解决。

【答案】A

【解析】第一步：简化题干论证结构。

问题：最能对父亲的意见提出质疑，确定读题的重点是父亲的话。

结构词：原因。

前提：营养不良（a）→体重下降（b）。

结论：学习负担（c）不会导致体重下降（b）。

第二步：分析论证关系。

建立"营养不良"与"学习负担"的关系，说明是学习负担导致的营养不良，进而导致体重下降，否定论证关系。

第三步：预判优选项，排除干扰项。

A项，"学习负担过重，妨碍对营养的正常吸收"间接说明"学习负担"会导致"体重下降"，否定论证关系，正确。

方法三：否定因果论证结构

（1）因果论证结构的特点是前提列举一个或多个现象，结论给出断定或因果关系。

（2）熟悉常见的因果论证结构与削弱方法。

常见结构1：前提列现象→结论（断定或因果关系）。

削弱方法：前提列举的现象仅是结论的一个原因，还有其他原因，即他因削弱；前提的现象不一定是导致结果的原因，即有因无果。

常见结构2：前提列现象1，同时有现象2→结论（现象1导致现象2）。

削弱方法：现象1与现象2只是同时发生，不一定是现象1导致现象2，也可能是现象2导致现象1，即因果倒置。

常见结构3：前提列现象1，同时有现象2→结论（断定）。

削弱方法：现象1与现象2只是同时发生，不具有代表性，没有这个现象也可能得出结果，即无因有果。

（3）了解并掌握因果削弱法：因果倒置、有因无果、他因削弱、无因有果。

【例6】最近进行的一项调查表明，师大附中的学生对滚轴溜冰的着迷程度远远超过其他任何游戏，同时调查发现，经常玩滚轴溜冰的学生的平均学习成绩相对其他学生更好一些。看来，玩滚轴溜冰可以提高学生的学习成绩。

以下哪项如果为真，最能削弱上面的推论？

A. 师大附中与学生家长签订了协议，如果孩子学习成绩的名次没有排在前20名，双方将共同禁止学生玩滚轴溜冰。

B. 玩滚轴溜冰能够锻炼身体，保证学习效率的提高。

C. 玩滚轴溜冰的同学受到了学校的有效指导，其中一部分同学才不致因此荒废学业。

D. 玩滚轴溜冰有助于智力开发，从而提高学习成绩。

E. 玩滚轴溜冰很难，能够锻炼学生克服困难做好一件事情的毅力，这对学习是有帮助的。

【答案】A

【解析】第一步：简化题干论证结构。

结构词：看来。

前提：现象1，师大附中的学生对滚轴溜冰的着迷程度远远超过其他任何游戏；现象2，经常玩滚轴溜冰的学生的平均学习成绩相对其他学生更好一些。（现象1+现象2）

结论：玩滚轴溜冰可以提高学生的学习成绩。（因果关系：现象1→现象2）

第二步：分析论证关系。

要说明现象1与现象2在前提中的因果论证关系不一定成立，可以运用"因果倒置"的方法削弱论证关系，即"学习成绩好的才能玩滚轴溜冰"。

第三步：预判优选项，排除干扰项。

A项，说明学习成绩影响能否玩滚轴溜冰，注意"因果倒置"的方法削弱力度最强。

所以，选择A项。

【例7】旧式美国汽车被认为是空气的严重污染者，美国所有的州都要求这种车通过尾气排放标准检查，不合格的车辆禁止使用，其车主被要求购买新车驾驶。所以，这种旧式美国汽车对全球大气污染的危害在未来将会消失。

以下哪项如果为真，能够对上述论证构成最严重的质疑？

A. 我们不可能把一个州或一个国家的空气分隔开来，因为空气污染是个全球问题。

B. 由于技术的革新，现在的新车开旧后不会像以前的旧车那样造成严重的空气污染。

C. 在非常兴旺的旧车市场上，旧式的美国汽车被出口到没有尾气排放限制的国家。

D. 在美国，要求汽车通过尾气检查的法令在个别州的执行情况不尽如人意。

E. 尽管旧式汽车被停止使用，但空气污染仍然会因为汽车总数的增加而加重。

【答案】C

【解析】第一步：简化题干论证结构。

结构词：所以。

前提：旧式的美国汽车在美国被禁止使用。（现象）

结论：这种旧式美国汽车对全球大气污染的危害在未来将会消失。（断定）

第二步：分析论证关系。

旧式美国汽车虽然在美国被禁用，但不一定在全球被禁用，应当用"有因无果"的方法削弱，即"在其他国家这种旧式汽车还在继续使用，说明断定不一定成立"。

第三步：预判优选项，排除干扰项。

优选项是与"旧式美国汽车"话题相关的 C、D 项。

C 项，说明旧式美国汽车对全球的危害依然存在，用"有因无果"的方式削弱了论证关系，正确。

D 项，表示旧式美国汽车并没有在美国的所有州被禁止使用，仅削弱了前提，没有削弱论证关系，力度较弱，排除。

所以，选择 C 项。

【例 8】一般认为，剑乳齿象是从北美洲迁入南美洲的。剑乳齿象的显著特征是具有笔直的长剑形门齿，颚骨较短，臼齿的齿冠隆起，齿板数目为 7 至 8 个，并呈乳状凸起，剑乳齿象因此得名。剑乳齿象的牙齿结构比较复杂，这表明它能吃草。在南美洲的许多地方都有证据显示史前人类捕捉过剑乳齿象。由此可以推测，剑乳齿象的灭绝可能与人类的过度捕杀有密切关系。

以下哪项如果为真，最能反驳上述论证？

A. 史前动物之间经常发生大规模相互捕杀的现象。

B. 剑乳齿象在遇到人类攻击时缺乏自我保护能力。

C. 剑齿乳象也存在由南美洲进入北美洲的回迁现象。

D. 由于人类活动范围的扩大，大型食草动物难以生存。

E. 幼年剑齿乳象的牙齿结构比较简单，自我生存能力弱。

【答案】A

【解析】第一步：简化题干论证结构。

结构词：由此推测。

前提：现象 1，史前人类捕捉过剑乳齿象；现象 2，剑乳齿象的牙齿结构比较复杂，它能吃草。（现象 1+ 现象 2）

结论：可能是人类的过度捕杀导致了剑乳齿象的灭绝。（断定）

第二步：分析论证关系。

现象 1 与结论的论证关系不一定成立，用"他因削弱"的方法说明可能还有其他原因导致剑乳齿象灭绝，而不一定是人类的捕杀。

第三步：预判优选项，排除干扰项。

A项，说明史前还发生过其他现象，如动物之间的大规模相互捕杀，用"他因削弱"的方式削弱了论证关系，同时"史前"的范围保证了与题干话题相关。

B、D项，支持了论证，说明剑乳齿象的灭绝与人类有关，直接排除。

C项，"剑乳齿象存在由南美洲进入北美洲的回迁现象"好像质疑了题干背景中"剑乳齿象是从北美洲迁入南美洲的"，进而说明其并没有被人类灭绝，但题干确定的时间范围是"史前"，而选项中没有明确的时间范围，关联弱，排除。

E项，仅削弱了前提，相当于削弱背景信息，排除。

所以，选择A项。

【燚语点拨】（1）仅针对论证的背景、前提削弱的选项都是部分削弱，没有削弱论证的关系，力度弱；（2）预判优选项与排除干扰项是同步的，选项中都涉及核心词时，就先用排除法。

【例9】某公司自去年初开始实施一项"办公用品节俭计划"，每位员工每月只能免费领用限量的纸笔等各类办公用品。年末统计时发现，公司用于各类办公用品的支出较上年度下降了30%。在未实施该计划的过去5年间，公司年均消耗办公用品10万元。公司总经理由此得出：该计划去年已经为公司节约了不少经费。

以下哪项如果为真，最能构成对总经理推论的质疑？

A. 在过去的5年间，该公司大力推广无纸办公，并且取得很大成效。

B. 去年，该公司在员工困难补助、交通津贴等方面的开支增加了3万元。

C. "办公用品节俭计划"是控制支出的重要手段，但说该计划为公司"一年内节约不少经费"，没有严谨的数据分析。

D. 另一家与该公司规模及其他基本情况均类似的公司，未实施类似的节俭计划，在过去的5年间办公用品消耗额也为年均10万元。

E. 另一家与该公司规模及其他基本情况均类似的公司，未实施类似的节俭计划，但在过去的5年间办公用品人均消耗额越来越低。

【答案】E

【解析】第一步：简化题干论证结构。

问题：能构成对总经理推论的质疑，确定读题的重点是断定。

结构词：由此得出。

前提：现象1，去年实施"办公用品节俭计划"，年末公司办公用品支出降低30%；现象2，在未实施计划的过去5年间，公司年均消耗办公用品10万元。（现象1+现象2）

结论：该计划去年为公司节约了不少经费。（断定）

第二步：分析论证关系。

现象1与结论不一定有关系，可用"存在他因"或"无因有果"的方法削弱论证。

第三步：预判优选项，排除干扰项。

A项，"无纸办公"不等于"办公用品节俭计划"，与题干话题无关，排除。

B项，"其他经费增加"与本计划无关，排除。

C项，"没有严谨的数据分析"看似削弱了论据，但也没有直接否定计划效果，属于墙头草左右摇摆、态度不明确的选项，排除。

D项，指出与该公司类似的公司，没实施计划时与该公司消耗的办公用品费用一样，但不知这家公司如果实施该计划经费是否会降低，结果不明确，排除。

E项，指出类似的公司没实施节俭计划，但是办公用品费用也降低了，削弱了这个计划与结论的关系，正确。

所以，选择E项。

【燚语点拨】削弱题型的常见干扰项是态度不明确的墙头草（可支持也可削弱）和结果不明确的相关选项。

方法四：否定差比论证结构

（1）差比论证结构的特点是题干出现两个比较对象，对象可以是两类人、两件事或者两组实验，这类题目要注意差比对象是什么。

（2）熟悉常见的差比论证结构与削弱方法。

常见结构1：其他条件相同，前提差→结论差。（要点32：四种因果分析法，②求异法）

（注意，因果关系中的削弱方法在差比结构同样适用，差比结构的重点是论证结构与因果结构不同，找到差比的对象，就可以快速预判优选项。）

削弱方法：存在其他差，不一定是前提差导致结论差。

常见结构2：a比b好→选择a。

削弱方法：b还有其他优势，不一定选择a。

常见结构3：a好→b好。（要点31：论证推理基本方法，③类比推理）

削弱方法：a与b两者属于不同的类型或范围，没有共同点，不具有可比性。

（3）了解并掌握差比削弱法，削弱思路有：存在其他差异、前提差无效果、不具有可比性。

【例10】硕鼠通常不患血癌。在一项实验中发现，给300只硕鼠等量的辐射后，将它们平均分为两组，第一组可以不受限制地吃食物，第二组限量吃食物。结果第一组75只硕鼠患血癌，第二组5只硕鼠患血癌。因此，通过限制硕鼠的进食量，可以控制由实验辐射导致的硕鼠血癌的发生。

以下哪项如果为真，最能削弱上述实验结论？

A. 硕鼠与其他动物一样，有时原因不明就患有血癌。

B. 第一组硕鼠的食物使其易于患血癌，而第二组的食物使其不易患血癌。

C. 第一组硕鼠体质较弱，第二组硕鼠体质较强。

D. 对其他种类的实验动物，实验辐射很少导致患血癌。

E. 不管是否控制进食量，暴露于实验辐射的硕鼠都可能患有血癌。

【答案】B

【解析】第一步：简化题干论证结构。

问题：最能削弱上述实验结论，确定削弱的重点是结论。

结构词：因此。

前提：现象1，第一组不限制吃食物，第二组限制；现象2，第一组比第二组患血癌的数量多。

结论：进食量的差异导致硕鼠患血癌数量的差异。

第二步：分析论证关系。

前提差导致结论差，用"存在其他差异"削弱，即两组硕鼠除了进食的差异，还有其他差异导致患血癌数量的差异。

第三步：预判优选项，排除干扰项。

差比结构的优选项是差比双方均被提及，或选项中"比"的对象、话题与题干一致的选项，选项中两组都提到的是B、C项。

B项，说明两组除了进食量不同，在食物上第一组也更容易患血癌，即还有其他差异导致两组患血癌数量的差异。

C项，说明两组硕鼠的体质不同，但体质差不一定患血癌，与题干话题关联弱，结果也不明确，降低了削弱力度，排除。

所以，选择B项。

【燚语点拨】差比结构的重点是找到差比双方，预判优选项。

【例11】目前果蔬榨汁机畅销，一台榨汁机的售价要千余元人民币，甚至更高。榨汁机的工作原理是粉碎果蔬并分离出其中的液汁以供饮用，据说常喝能减肥，有助消化，甚至还能防癌，榨汁机的保健作用就这样被夸大了。事实上，果蔬经过粉碎由固态变为液态，只会减少而不会增加所包含的营养。因此，省点钱吧。如果你想喝胡萝卜汁，就吃胡萝卜吧。

以下哪项如果为真，最能削弱上述论证？

A. 相比固态的水果，许多消费者更喜欢喝果汁。

B. 摄入固态果蔬中的纤维素有利于人的健康。

C. 相比固态果蔬，果蔬汁中的营养更易被人体吸收。

D. 果蔬在被粉碎榨干过程中流失的营养微乎其微。

E. 一款价格低廉、性能良好的果蔬榨汁机即将上市。

【答案】C

【解析】第一步：简化题干论证结构。

前提：液态果蔬没有固态果蔬的营养多。

结论：不必喝胡萝卜汁，只需要吃胡萝卜。

第二步：分析论证关系。

虽然液态果蔬的营养没有增加，但这不能成为不必喝胡萝卜汁的前提，要说明"前提差无效果"，即指出液态果蔬相比固态果蔬有其他的优势。

第三步：预判优选项，排除干扰项。

差比结构的优选项是差比双方均被提及，或选项中"比"的对象、话题与题干一致的选项，选项中提到液态和固态的是 A、C 项。

A 项，"消费者更喜欢喝果汁"不能得出果汁事实上比固态果蔬有更多营养，主观的判断不一定等于客观的结果，排除。

C 项，果蔬汁相比固态果蔬，营养更容易被吸收，说明前提差没有效果，削弱论证，正确。

所以，选择 C 项。

【燚语点拨】选项中主观判断与客观事实的关联较弱，会导致结果不确定，降低削弱力度。

【例 12】某中学发现有学生课余用扑克玩带有赌博性质的游戏，因此规定学生不得带扑克进入学校。不过即使是硬币，也可以用作赌具，但禁止学生带硬币进入学校是不可思议的，因此，禁止学生带扑克进入学校是荒谬的。

以下哪项如果为真，最能削弱上述论证？

A. 禁止学生带扑克进入学校不能阻止学生在校外赌博。

B. 硬币作为赌具远不如扑克方便。

C. 很难查明学生是否带扑克进入学校。

D. 赌博不但败坏校风，而且影响学习成绩。

E. 有的学生玩扑克不涉及赌博。

【答案】B

【解析】第一步：简化题干论证结构。

前提：硬币可以作为赌具，不可能禁止学生带硬币进学校。

结论：扑克作为赌具，也不应该被禁止带进学校。

第二步：分析论证关系。

论证将"硬币作为赌具"与"扑克作为赌具"进行类比，说明前提具有的特点，结论也同样具有，但类比的前提是两者具有可比性，如果硬币与扑克在作为赌具时有差异，就能说明两者不具有可比性。

第三步：预判优选项，排除干扰项。

优选项是硬币与扑克两者均被提及的选项，只有 B 项。

B 项，说明"硬币"与"扑克"之间没有可比性，正确。

【燚语点拨】差比结构的重点是找到差比的双方，选项优选差比双方均被提及的选项。

方法五：否定目的方法论证结构

（1）目的方法论证结构的特点是题干或问题中直接给出建议、方法等内容。

（2）熟悉常见的目的方法的结构词。

目的的结构词：为了（要达到的目的）、问题（要解决的目的）、效果（要达到的目的）、目的。

方法的结构词：建议、计划、方法、提案、措施等。

（3）了解并掌握目的方法削弱法，削弱思路有：方法无效果、方法不可行。

【例13】某乡间公路附近经常有鸡群聚集。这些鸡群对这条公路上高速行驶的汽车安全造成了威胁。为了解决这个问题，当地交通部门计划购入一群猎狗来驱赶鸡群。

以下哪项如果为真，最能对上述计划构成质疑？

A. 出没于公路边的成群猎狗会对交通安全构成威胁。

B. 猎狗在驱赶鸡群时可能伤害鸡群。

C. 猎狗需要经过特殊训练才能够驱赶鸡群。

D. 猎狗可能会有疫病，有必要进行定期检疫。

E. 猎狗的使用会增加交通管理的成本。

【答案】A

【解析】第一步：简化题干论证结构。

问题：能对上述"计划"构成质疑，确定方法类结构。

结构词：为了。

前提：当地交通部门计划购入一群猎狗来驱赶鸡群。（方法）

结论：为了解决鸡群对这条公路上高速行驶的汽车安全造成了威胁的问题。（目的）

第二步：分析论证关系。

"方法不可行"即说明购入猎狗也会对交通安全造成威胁。"方法无效果"即说明猎狗不能驱赶鸡群。

第三步：预判优选项，排除干扰项。

A项，说明猎狗会对交通安全构成威胁，直接削弱了方法的可行性，正确。

【例14】也许令许多经常不刷牙的人感到意外的是，这种不良习惯已使他们成为易患口腔癌的高危人群。为了帮助这部分人在早期发现口腔癌，市卫生部门发行了一个小册子，教人们如何使用一些简单的家用照明工具，如台灯、手电等，进行每周一次的口腔自我检查。

以下哪项如果为真，最能对上述小册子的效果提出质疑？

A. 有些口腔疾病的病症靠自检难以发现。

B. 预防口腔癌的方案因人而异。

C. 经常刷牙的人也可能患口腔癌。

D. 口腔自检的可靠性不如在医院所做的专门检查。

E. 经常不刷牙的人不大可能做每周一次的口腔自检。

【答案】E

【解析】第一步：简化题干论证结构。

问题：能对上述小册子的"效果"提出质疑，确定方法类结构。

结构词：为了。

前提：发小册子，教人们进行每周一次的口腔自我检查。（方法）

结论：帮助这部分人（经常不刷牙的人）在早期发现口腔癌。（目的）

第二步：分析论证关系。

"方法无效果"即说明教了自我检查的方法，但是这部分人不会自我检查。

第三步：预判优选项，排除干扰项。

优选项是与题干"自检"的方法相关的选项，即 A、D、E 项。

A 项，"难以发现"不代表"不能发现"，有削弱的力度，但"难以"说明结果不确定，降低了削弱力度，排除。

D 项，自检不如医院的检查，与题干话题无关，排除。

E 项，说明经常不刷牙的人不大可能自检，即方法无效果，正确。

所以，选择 E 项。

【燚语点拨】（1）简化论证核心词时，"这"指代的对象或内容要还原；（2）难以、也许、有的等程度副词降低了削弱力度，但不代表不能削弱，需要与其他选项比较，优中选优。

方法六：否定数量比率论证结构

（1）数量比率论证结构的特点是题干的前提与结论有数量或比率的论证关系。

（2）熟悉常见的数量比率论证结构与削弱方法。

常见结构 1：数量大（分子）→比率高，缺少相对比较的数量（分母）。

削弱方法：分母数量也大，比率未必高。

常见结构 2：数量变化比作为评价的标准→断定。

削弱方法：数量基数变化，原有数量不能作为判定的标准。

常见结构 3：比率高作为评价的标准→断定。

削弱方法：同比削弱（其他对象也具有相同的比率）。

常见结构 4：个体数据→整体数据。（要点 31：论证推理基本方法，②归纳推理）

削弱方法：数据范围小、样本少、不具有代表性等。

【例 15】广告：世界上最好的咖啡豆产自哥伦比亚。在咖啡的配方中，哥伦比亚咖啡豆的含量越多，则配制的咖啡越好。克力莫公司购买的哥伦比亚咖啡豆最多，因此，有理由相信，如果你购买了一罐克力莫公司的咖啡，那么，你就买到了世界上配制最好的咖啡。

以下哪项如果为真，最能削弱上述广告中的论证？

A. 克力莫公司配制及包装咖啡所使用的设备和其他咖啡制造商的不一样。

B. 不是所有克力莫公司的竞争者，在他们销售的咖啡中都使用哥伦比亚咖啡豆。

C. 克力莫公司销售的咖啡比任何别的公司销售的咖啡都多得多。

D. 克力莫公司的咖啡的价格是现在的配制咖啡中最高的。

E. 大部分没有配制过的咖啡比最好的配制咖啡好。

【答案】C

【解析】第一步：简化题干论证结构。

前提：克力莫公司比其他公司购买的哥伦比亚咖啡豆多。（分子）

结论：克力莫公司的咖啡是最好的咖啡 = 克力莫公司的咖啡比其他公司所产的咖啡中的哥伦比亚咖啡豆的比例高。（比例）

第二步：分析论证关系。

前提是数量比，结论是比率比，缺少数量的基数比，即如果克力莫公司生产的咖啡总量也高于其他公司，那么哥伦比亚咖啡豆的比例就未必高于其他公司。

第三步：预判优选项，排除干扰项。

A 项，比较配制及包装咖啡的设备，与论证话题无关，排除。

B 项，间接支持结论，竞争者没有都使用哥伦比亚咖啡豆，说明克力莫公司的咖啡更好，排除。

C 项，说明克力莫公司比其他公司销售的咖啡多，即使购买的哥伦比亚咖啡豆多，其比例也不一定高，削弱论证。

D 项，比较咖啡的价格，与论证话题无关，排除。

E 项，比较的对象改变，排除。

所以，选择 C 项。

【燚语点拨】题干是将克力莫公司与其他公司比较，比较的对象改变的选项直接排除。

【例 16】针对当时建筑施工中工伤事故频发的严峻形势，国家有关部门颁布了《建筑业安全生产实施细则》（以下简称《细则》）。但是，在《细则》颁布实施两年间，覆盖全国的统计显示，在建筑施工中伤亡职工的数量每年仍有增加。这说明，《细则》并没有得到有效的实施。

以下哪项如果为真，最能削弱上述论证？

A. 在《细则》颁布后的两年中，施工中的建筑项目的数量有了大的增长。

B. 严格实施《细则》，将不可避免地提高建筑业的生产成本。

C. 在题干所提及的统计结果中，在事故中死亡职工的数量较《细则》颁布前有所下降。

D. 《细则》实施后，对工伤职工的补偿金和抚恤金的标准较之前有所提高。

E. 在《细则》颁布后的两年中，在建筑业施工的职工数量有了很大的增长。

【答案】E

【解析】第一步：简化题干论证结构。

前提：《细则》颁布实施两年间，在建筑施工中伤亡职工的数量每年仍有增加。（数量标准）

结论：《细则》并没有得到有效的实施。（断定）

第二步：分析论证关系。

《细则》实施两年中虽然建筑职工伤亡的数量增加了，但是仅凭这个数据不能证明《细则》是无效的。

第三步：预判优选项，排除干扰项。

优选项是与职工数量有关的选项，即 C、E 项。

C 项，说明《细则》颁布后虽然伤亡职工数量增加，但死亡职工数量下降，可能减少了重大事故的占比，效果不明确，排除。

E 项，说明整体基数变大，虽然伤亡数量增加，但《细则》也可能得到了有效实施，削弱论证。

所以，选择 E 项。

【燚语点拨】根据题干中数量的"核心词"可以快速预判优选项，与题干核心词无关的选项可快速排除。

【例 17】世界卫生组织 1995 年的调查报告显示，70% 的肺癌患者都有吸烟史。这说明，吸烟将极大增加患肺癌的危险。

以下哪项如果为真，将严重削弱上述结论？

A. 有吸烟史的人在 1995 年超过世界总人口的 65%。

B. 1995 年世界吸烟的人数比 1994 年增加了 70%。

C. 被动吸烟被发现同样有致肺癌的危险。

D. 没有吸烟史的人数在 1995 年超过世界总人口的 40%。

E. 1995 年未成年吸烟者的人数有惊人的增长。

【答案】A

【解析】第一步：简化题干论证结构。

前提：70% 的肺癌患者都有吸烟史。（比率标准）

结论：吸烟将极大增加患肺癌的危险。（断定）

第二步：分析论证关系。

肺癌患者中吸烟比率高，不能作为判断吸烟是否能增加患肺癌危险的标准。可能全球吸烟的总人数占比也达到了 70%，从数据正态分布的角度而言，若群体中吸烟的比率也高达 70%，说明这可能是一个普遍的现象，质疑了吸烟增加患肺癌的危险的结论。

第三步：预判优选项，排除干扰项。

优选项是与"70% 比率"有关的选项，即 A、B 项。

A 项，"有吸烟史的人达到全球 65% 以上"说明所有群体中吸烟的比率都高，与肺癌患者这一特定群体无关，削弱论证。

B 项，吸烟人数增加了 70% ≠ 达到 70%，相似但是不一致，排除。

所以，选择 A 项。

【燚语点拨】题干有"比率"，保证话题一致或最相关原则，优选选项中有"比率"的选项。

【例 18】《花与美》杂志受 A 市花鸟协会委托，就 A 市评选市花一事对杂志读者群进行了民意调查，结果 60% 以上的读者将荷花选为市花，于是编辑部宣布，A 市大部分市民赞成将荷花定为市花。

以下哪项如果属实，最能削弱该编辑部的结论？

A. 有些《花与美》的读者并不喜欢荷花。

B.《花与美》杂志的读者主要来自 A 市一部分收入较高的女性市民。

C.《花与美》杂志的有些读者并未在调查中发表意见。

D. 市花评选的最后决定权是 A 市政府而非花鸟协会。

E.《花与美》杂志的调查问卷将荷花放在十种候选花的首位。

【答案】B

【解析】第一步：简化题干论证结构。

前提：对杂志读者群进行了民意调查，结果 60% 以上的读者将荷花选为市花。（部分群体）

结论：A 市大部分市民赞成将荷花定为市花。（整体）

第二步：分析论证关系。

"部分→整体"属于归纳论证，要削弱论证，重点是说明前提的部分存在样本少、范围小、有针对、调查机构不中立等问题，说明部分不具有代表性。

第三步：预判优选项，排除干扰项。

优选项是与话题相关的"杂志读者"有关的选项，即 A、B、C 项。

A 项，"有的读者不喜欢荷花"只削弱了前提，而调查本就没有提及所有人都喜欢，排除。

B 项，说明调查范围小，不具有代表性，削弱论证。

C 项，"有的读者没发表意见"也是只削弱了前提，而调查不需要所有人都给出意见，排除。

所以，选择 B 项。

方法七：否定论点

题目特点：此类题目的选项直接针对论点进行质疑，题干中的结果是某人的观点或断定。

解题思路：通过问题确定读题的重点。

【例 19】3D 立体技术代表了当前电影技术的尖端水准，由于使电影实现了高度可信的空间感，它可能成为未来电影的主流。3D 立体电影中的银屏角色虽然由计算机生成，但是那些包括动作和表情的电脑角色的"表演"，都以真实演员的表演为基础，就像数码时代的化妆技术一样。这也引起了某些演员的担心：随着计算机技术的发展，未来计算机生成的图像和动画会替代真人表演。

以下哪项如果为真，最能减弱上述演员的担心？

A. 所有电影的导演只能和真人交流，而不是和电脑交流。

B. 任何电影的拍摄都取决于制片人的选择，演员可以跟上时代的发展。

C. 3D 立体电影目前的高票房只是人们一时图新鲜的结果，未来尚不可知。

D. 掌握 3D 立体技术的动画专业人员不喜欢去电影院看 3D 电影。

E. 电影故事只能用演员的心灵、情感来表现，其表现形式与导演的喜好无关。

【答案】E

【解析】第一步：根据问题确定论点。

演员担心未来计算机生成的图像和动画会替代真人表演。

第二步：预判优选项，排除干扰项。

优选项应该说明真人（演员）不能被替代，即 A、E 项。

A 项，"导演只能和真人交流"能削弱论点，但题干中"真人"的范围是演员，选项中"真人"的范围扩大了，可以是服装师、道具师、灯光师等，降低了该项的削弱力度，排除。

E 项，"电影只能用演员来表现"说明演员不会被替代，力度更强，正确。

所以，选择 E 项。

【燚语点拨】选项中对象范围扩大后也可以削弱，但会降低削弱的力度，还要与其他选项比较，优中选优。

【例 20】随着互联网的发展，人们的购物方式有了新的选择。很多年轻人喜欢在网络上选择自己满意的商品，通过快递送上门，购物足不出户，非常便捷。刘教授据此认为，那些实体商店的竞争力会受到互联网的冲击，在不远的将来，会有更多的网络商店取代实体商店。

以下哪项如果为真，最能削弱刘教授的观点？

A. 网络购物虽然有某些便利，但容易导致个人信息被不法分子利用。

B. 有些高档品牌的专卖店，只愿意采取街面实体商店的销售方式。

C. 网络商店与快递公司在货物丢失或损坏的赔偿方面经常互相推诿。

D. 购买黄金珠宝等贵重物品，往往需要现场挑选，且不适宜网络支付。

E. 通常情况下，网络商店只有在其实体商店的支撑下才能生存。

【答案】E

【解析】第一步：根据问题确定论点。

刘教授认为：将来，会有更多的网络商店取代实体商店。

第二步：预判优选项，排除干扰项。

优选项应该指明网络商店不会取代实体商店，E 项中话题、对象均被提及，为优选项。

A、C、D 项都指出了网络购物的弊端；B 项指出"高档品牌"实体店有优势，都是部分削弱。

E 项，说明实体商店不可能被网络商店取代，直接削弱论点，力度最强。

所以，选择 E 项。

二、强化训练

【题 1】不仅人上了年纪会难以集中注意力，就连蜘蛛也有类似的情况。年轻蜘蛛结的网整齐均匀，角度完美；年老蜘蛛结的网可能出现缺口，形状怪异。蜘蛛越老，结的网就越没有章法。科学家由此认为，随着时间的流逝，这种动物的大脑也会像人脑一样退化。

以下哪项如果为真，最能质疑科学家的上述论证？

A. 优美的蛛网更容易受到异性蜘蛛的青睐。

B. 年老蜘蛛的大脑较之年轻蜘蛛，其脑容量明显偏小。

C. 运动器官的老化会导致年老蜘蛛结网能力下降。

D. 蜘蛛结网只是一种本能的行为，并不受大脑控制。

E. 形状怪异的蛛网较之整齐均匀的蛛网，其功能没有大的差别。

【题 2】1991 年 6 月 15 日，菲律宾吕宋岛上的皮纳图博火山突然大喷发，2 000 万吨二氧化硫气体充入平流层，形成的霾像毯子一样盖在地球上空，把部分要照射到地球的阳光反射回太空。几年之后，气象学家发现这层霾使得当时地球表面的温度累计下降了 0.5℃，而皮纳图博火山喷发前的一个世纪，因人类活动而造成的温室效应已经使地球表面温度升高 1℃。某位持"人工气候改造论"的科学家据此认为，可以用火箭弹等方式将二氧化硫充入大气层，阻挡部分阳光，达到给地球表面降温的目的。

以下哪项如果为真，最能对该科学家提议的有效性构成质疑？

A. 如果利用火箭弹将二氧化硫充入大气层，会导致航空乘客呼吸不适。

B. 如果在大气层上空放置反光物，就可以避免地球表面强烈阳光的照射。

C. 可以把大气中的碳取出来存储到地下，减少大气层的碳含量。

D. 不论何种方式，"人工气候改造"都将破坏地球的大气层结构。

E. 火山喷发形成的降温效应只是暂时的，经过一段时间温度将再次回升。

【题 3】2000 年，W 国国会降低了单身公民的收入税收比率，这对有两份收入的已婚夫妇十分不利，因为他们必须分别支付比保持单身时更多的税。从 2000 年到 2005 年，未婚同居者的数量上升了 205%，因此，国会通过修改单身公民的收入税收比率，可使更多的未婚同居者结婚。

以下哪项如果为真，将最有力地削弱上述论证？

A. 从 2000 年至 2005 年，W 国的离婚率上升了 185%，高离婚率对当事者特别是单亲子女造成的伤害，成为受到普遍关注特别是受到婚龄段青年人关注的社会问题。

B. 在 H 国，国会并未降低单身公民的收入税收比例，但在 2000 年至 2005 年期间，未婚同居者的数量也有上升。

C. W 国的税收率在相同发展水平的国家中并不算高。

D. 从 2000 年至 2005 年，W 国的未婚同居者的数量并不呈直线上升，而是在 2004 年有所回落。

E. W 国的未婚同居现象，并不像在有些国家中那样受到道德上的指责。

【题 4】有些土壤学家声称森林地面的腐烂物比降在湖中的酸雨更会增加高山湖水酸性。因此，他们认为减少酸雨并不一定能明显地降低高山湖泊的酸性水平。

下面哪个论述如果正确，最严重地削弱了上面的论点？

A. 高山湖泊的酸性比其他湖泊高是很正常的事。

B. 人们严重低估了湖水酸性水平升高的危害。

C. 能在城市和重工业地区发现酸雨。

D. 土壤学家对酸雨的成因意见分歧很大。

E. 如果有植物生命存在，酸雨会显著增加自然环境中腐烂的有机物的数量。

【题 5】人们普遍认为适量的体育运动能够有效降低中风风险，但科学家还注意到有些化学物质也有降低中风风险的效用。番茄红素是一种让番茄、辣椒、西瓜和番木瓜等蔬果呈现红色的化学物质。研究人员选取一千余名年龄在 46 至 55 岁之间的人，进行了长达 12 年的跟踪调查，发现其中番茄红素水平最高的四分之一的人中有 11 人中风，番茄红素水平最低的四分之一的人中有 25 人中风。他们由此得出结论：番茄红素能降低中风的发生率。

以下哪项如果为真，能对上述研究结论提出质疑？

A. 番茄红素水平较低的中风者中有三分之一的人病情较轻。

B. 吸烟、高血压和糖尿病等会诱发中风。

C. 如果调查 56 岁至 65 岁之间的人，情况也许不同。

D. 番茄红素水平高的人中约有四分之一喜爱进行适量的体育运动。

E. 被跟踪的另一半人中有 50 人中风。

【题 6】只有具备足够的资金投入和技术人才，一个企业的产品才能拥有高科技含量。而这种高科技含量，对于一个产品长期稳定地占领市场是必不可少的。

以下哪项情况如果存在，最能削弱以上断定？

A. 苹果牌电脑拥有高科技含量并长期稳定地占领着市场。

B. 西子洗衣机没能长期稳定地占领市场，但该产品并不缺乏高科技含量。

C. 长江电视机没能长期稳定地占领市场，因为该产品缺乏高科技含量。

D. 清河空调长期稳定地占领着市场，但该产品的厂家缺乏足够的资金投入。

E. 开开电冰箱没能长期稳定地占领市场，但该产品的厂家有足够的资金投入和技术人才。

【题 7】在我国北方严寒冬季的夜晚，车辆前挡风玻璃会因低温而结冰霜。第二天对车辆发动预热后，玻璃上的冰霜会很快融化。何宁对此不解，李军解释道：因为车辆仅有的除霜孔位于前挡风玻璃，而车辆预热后除霜孔完全开启，因此，是开启除霜孔使车辆玻璃冰霜融化。

以下哪项如果为真，最能质疑李军对车辆玻璃冰霜迅速融化的解释？

A. 车辆一侧玻璃窗没有出现冰霜现象。

B. 尽管车尾玻璃窗没有除霜孔，其玻璃上的冰霜融化速度与前挡风玻璃没有差别。

C. 当吹在车辆玻璃上的空气气温增加，其冰霜的融化速度也会增加。

D. 车辆前挡风玻璃除霜孔排出的暖气流排出后可能很快冷却。

E. 即使启用车内空调的暖风功能，除霜孔的功用也不能被取代。

【题 8】有关负责人表示，今年将在部分地区进行试点，为全面清理"小产权房"做制度和政策准备。要求各地对农村集体土地进行确权登记发证，凡是小产权房均不予确权登记，不受法律保护。因此，河西村的这片新建房屋均不受法律保护。

以下哪项如果为真，最能削弱上述论证？

A. 河西村的这片新建房屋已经得到相关部门的默许。

B. 河西村的这片新建房屋都是小产权房。

C. 河西村的这片新建房屋均建在农村集体土地上。

D. 河西村的这片新建房屋有些不是建在农村集体土地上。

E. 河西村的这片新建房屋有些不是小产权房。

【题 9】2013 年夏天，中国长江中下游流域发生了波及面积很广的高温酷暑天气，关于高温酷暑天气的原因，中国气象局认为是由于大气环流发生异常变化所导致。中国气象局的上述观点也驳斥了一些人的猜想：高温酷暑是由于在长江上游修筑大型水库的结果。

下面哪项如果正确，构成了对中国气象局的质疑？

A. 2013 年以前，我们记录的大部分高温酷暑都是由于大气环流异常所造成的。

B. 中国长江中下游流域在过去 50 年一直存在气候转暖的趋势，平均气温 50 年以来上升了大约 5 摄氏度。

C. 长江中下游流域的污染物排放很严重，有些污水甚至没有经过任何处理就直接排放到长江中。

D. 这次高温酷暑对于长江造成的影响随着长江上游大型水库的放水而逐渐消除。

E. 人们对于大型水库在工程和力学方面的知识是充分的，但是对于大型水库对大气环流可能产生的影响却知之甚少。

【题 10】某教育专家认为："男孩危机"是指男孩调皮捣蛋，胆小怕事，学习成绩不如女孩好等现象。近些年，这种现象已经成为儿童教育专家关注的一个重要问题。这位专家在列出一系列统计数据后，提出了"今日男孩为什么从小学、中学到大学全面落后于同年龄段的女孩"的疑问，这无疑加剧了无数男孩家长的焦虑。该专家通过分析指出，恰恰是家庭和学校不适当的教育方法导致了"男孩危机"现象。

以下哪项如果为真，最能对该专家的观点提出质疑？

A. 家庭对独生子女的过度呵护，在很大程度上限制了男孩发散思维的拓展和冒险性格的养成。

B. 现在的男孩比以前的男孩在女孩面前更喜欢表现出"绅士"的一面。

C. 男孩在发展潜能方面要优于女孩，大学毕业后他们更容易在事业上有所成就。

D. 在家庭、学校教育中，女性充当了主要角色。

E. 现代社会游戏泛滥，男孩天性比女孩更喜欢游戏，这耗去了他们大量的精力。

参考答案与解析

【题1】

【答案】D

【解析】第一步：简化题干论证结构。

结构词：由此认为。

前提：年老蜘蛛结网没有章法。

结论：蜘蛛的大脑也会退化。

第二步：分析论证关系。

前提与结论没有直接的关系，直接"拆桥"即可。

第三步：预判优选项，排除干扰项。

A、B、E项，与论证内容无关，排除。

C项，说明运动器官的老化导致前提"年老蜘蛛结网没有章法"，只与前提有关，力度弱，排除。

D项，说明蜘蛛结网并不受大脑控制，直接"拆桥"，否定了前提与结论的关系，正确。

所以，选择D项。

【题2】

【答案】E

【解析】第一步：简化题干论证结构。

问题：对该科学家提议的"有效性"构成质疑，确定目的性题型。

结构词：目的。

前提：（1）用火箭弹等方式将二氧化硫充入大气层；（2）火山喷发产生的2 000万吨二氧化硫气体形成的霾把部分要照射到地球的阳光反射回太空，使得当时地球表面的温度下降了。（题干中的背景信息解释了为何用这个方法）

结论：达到给地球表面降温的目的。

第二步：分析论证关系。

"方法无效"即说明用向大气中充入二氧化硫的方法不能达到降温的目的。

第三步：预判优选项，排除干扰项。

优选项需要保证话题相关，即提到"向大气中充入二氧化硫的方法"与"降温的目的"，为A、E项。

A项，说明向大气中充入二氧化硫的方法带来了"航空乘客呼吸不适"的恶果，但没有质疑降温的效果，力度弱。

E项，说明向大气中充入二氧化硫的方法不能达到降温的目的，削弱论证关系，正确。

所以，选择E项。

【燚语点拨】A、D项都是方法有恶果，但能否达到目的不知道，结果不明确，力度弱，这是目的方法论证结构常有的干扰项。

【题3】

【答案】A

【解析】第一步：简化题干论证结构。

结构词：因此。

前提：现象1，W国降低了单身公民的收入税收比率，已婚夫妇的税更高；现象2，未婚同居者数量增加。

结论：修改单身公民的收入税收比率，可使更多的未婚同居者结婚。（现象1→现象2）

第二步：分析论证关系。

要说明现象1与现象2在前提中的因果论证关系不一定成立，可以运用他因削弱的方法，即说明可能还有其他原因导致未婚同居者增加。

第三步：预判优选项，排除干扰项。

优选项为与题干话题"W国的未婚同居者数量"有关的A、D项。

A项，说明"高离婚率"影响了婚龄段人群，采用"他因削弱"的方法削弱论证关系。

D项，说明未婚同居者的数量并不呈直线上升，某年有所回落，只削弱了现象2，部分削弱。

综上，从削弱力度强弱比较而言，A项的力度最大，所以，选择A项。

【燚语点拨】因果削弱力度的比较：因果倒置＞有因无果＞他因削弱＞无因有果。

【题4】

【答案】E

【解析】第一步：简化题干论证结构。

结构词：因此。

前提：腐烂物→增加高山湖水酸性。

结论：减少酸雨→不一定降低高山湖水酸性。

第二步：分析论证关系。

如果能证明酸雨与腐烂物有直接的关系，就能说明酸雨会增加腐烂物的数量进而增加高山湖水酸性，从而间接否定论证关系。

第三步：预判优选项，排除干扰项。

E项，说明酸雨会显著增加自然环境中腐烂的有机物的数量，间接"拆桥"，正确。

【题5】

【答案】E

【解析】第一步：简化题干论证结构。

前提：（1）番茄红素水平最高的四分之一的人中有11人中风；（2）番茄红素水平最低的四分之一的人中有25人中风。（数量标准）

结论：番茄红素能降低中风的发生率。（断定）

第二步：分析论证关系。

由番茄红素水平最高的比水平最低的中风人数少，得出番茄红素能降低中风的发生率，要说明前提的数量标准不能作为断定的依据，就要说明番茄红素中间水平的中风率小于或等于番茄红素水平最高的，或番茄红素中间水平的中风率大于或等于番茄红素水平最低的。

第三步：预判优选项，排除干扰项。

优选项是选项中也有数量的选项，即A、D、E项。

A项，与论证话题无关，排除。

D项，只削弱了前提（1），属于部分削弱，力度弱。

E项，"被跟踪的另一半人"即番茄红素水平中等的人，有50人中风，那么平均下来，四分之一的番茄红素水平中等的人中有25人中风，等于番茄红素水平最低的中风人数，说明番茄红素水平的高低不一定影响中风的发生率，削弱论证。

所以，选择E项。

【燚语点拨】题干有"数量"，保证话题一致或最相关原则，优选含有"数量"的选项。

【题6】

【答案】D

【解析】第一步：简化题干论证结构。

长期稳定地占领市场→拥有高科技含量→资金投入∧技术人才。

第二步：分析论证关系。

假言判断的论证关系，直接找矛盾"肯前∧否后"拆桥即可。

第三步：预判优选项，排除干扰项。

D项，说明"长期稳定地占领市场∧缺乏足够的资金投入"，直接"拆桥"，正确。

【题7】

【答案】B

【解析】第一步：简化题干论证结构。

结构词：因为＋因此。

前提：现象 1，车辆仅有的除霜孔位于前挡风玻璃；现象 2，车辆预热后，除霜孔完全开启，玻璃上的冰霜会很快融化。

结论：开启除霜孔使车辆玻璃冰霜融化。

第二步：分析论证关系。

要说明现象 1 与现象 2 在前提中的因果论证关系不一定成立，可以运用"无因有果"的方法削弱论证关系，即说明没有除霜孔的其他玻璃冰霜也融化了。

第三步：预判优选项，排除干扰项。

A、C、E 项与论证无关，快速排除。

B 项，说明没有除霜孔的后挡风玻璃上冰霜融化的速度与前挡风玻璃一样，采用"无因有果"的方法削弱。

D 项，说明除霜孔完全开启后，不一定会使玻璃上的冰霜很快融化，仅削弱了现象 2，部分削弱。

所以，选择 B 项。

【题 8】

【答案】E

【解析】第一步：简化题干论证结构。

前提：小产权房→不受法律保护。

结论：河西村的这片新建房屋→不受法律保护。

第二步：分析论证关系。

前提"小产权房"与结论"河西村的这片新建房屋"没有直接的关系，直接"拆桥"即可。

第三步：预判优选项，排除干扰项。

E 项，"河西村的这片新建房屋"有些不是"小产权房"，直接否定关系，正确。

【题 9】

【答案】E

【解析】第一步：简化题干论证结构。

前提：大气环流→导致高温酷暑。

结论：水库没有导致高温酷暑。

第二步：分析论证关系。

只要说明"水库"与"大气环流"有直接的关系，即水库影响了大气环流进而导致高温酷暑，就能间接否定论证关系。

第三步：预判优选项，排除干扰项。

E 项，说明大型水库可能会影响大气环流，间接"拆桥"，正确。

【题 10】

【答案】E

【解析】第一步：通过问题确定论点。

专家论点：是家庭和学校不适当的教育方法导致了"男孩危机"现象。

背景："男孩危机"是指男孩学习成绩不如女孩好等现象。

第二步：预判优选项，排除干扰项。

优选项是男孩与女孩比较的选项，即 C、E 项。

C 项，男孩与女孩相比，大学毕业后事业上更好，话题范围改变，排除。

E 项，男孩与女孩相比，更喜欢打游戏，他因削弱，说明既不是家庭也不是学校方面的原因，而是由于社会的原因，即游戏泛滥导致了"男孩危机"。

所以，选择 E 项。

【燚语点拨】考生需要注意，论证的结构与方法不是独立的，很多考题是可以将因果与差比结构结合、因果与目的方法结构结合或与数量题型结合，要通过学习方法提升预判优选项的能力。

三、技巧总结

技巧 42：快速读题法，通过问题与结构词确定论证位置。

        ①注意问题中的对象、题型与特殊问题，如除了、最不能；

        ②通过前提与结论的结构词快速锁定论证位置；

        ③通过事实描述与断定确定前提与结论的内容；

        ④背景介绍、定义等部分一般可以略过或不读。

技巧 43：锁定论证的核心、对象话题与结果，快速排除无关项。

技巧 44：选项态度不明确，左右摇摆墙头草，直接排除看其他。

技巧 45：选项结果不明确，降低力度不优选，相互比较定结果。

技巧 46：选项常见干扰项，主观客观不一致，比较对象不一致，相关结果不确定。

技巧 47：优中选优的原则，话题范围更一致，核心内容更相关。

技巧 48：优中排除的原则，程度副词降力度，范围扩大降力度。

技巧 49：差中选优的原则，选项题干有关联，其他选项却无关。

技巧 50：识别差比结构题，抓住差比的对象，快速预判优选项。

技巧 51：识别目的与方法，结构词项找论证，确定论证核心词，锁定方法找优选。

技巧 52：识别数量与比率，题干选项要一致，题干选项都比率，题干选项都数量。

技巧 53：识别拆桥的题型，确定论证核心词，圈出关键找答案。

技巧 54：识别因果结构题，熟记削弱四方法，分析关系找优选。

技巧 55：削弱关系是重点，背景前提是论据，仅否论据力度弱，直接排除干扰项。

技巧 56：削弱优选的原则，他因他差更相关，方法目标更一致。

技巧 57：削弱排除的原则，他因他差关联弱，方法恶果是陷阱。

技巧 58：题干有数量，结论有比例，削弱找基数。

技巧 59：题干比率做标准，同比削弱要记牢。

技巧 60：削弱题型的关键，拆桥倒置力度强，肯前否后很重要，补新论据要比较。

第二十一讲　支持题型

一、题型精讲

1. 题型特点

支持题型的特点是在题干中给出一个看似完整的论证过程或某种观点，但由于前提的条件不足以推出结论，因此需要用某个选项去补充新论据，使论证成立的可能性增大。

支持题型常见的提问方式：

（1）以下哪项如果为真，最能加强上述观点？

（2）下述哪项如果为真，最能支持上述结论？

（3）下述哪项如果为真，最能支持上述论证？

（4）以下各项都能支持上述结论，除了。

2. 应对方法

方法一：搭桥法

（1）搭桥法是直接建立前提和结论的关系的方法；

（2）搭桥法一般适用题干中"前提与结论"的对象或话题无关的题型；

（3）熟悉常见的论证结构与支持方法。

常见结构1：a，因此b。

支持方法：直接建立a与b的关系，常见表达为只有a才b、没有a没有b。

常见结构2：a和b有关系，因此，a和c有关系。

支持方法：直接建立b与c的关系。

常见结构3：a和b有关系，因此，a和c无关系。

支持方法：只需要补充b与c无关即可。

【例1】英国约克大学和曼彻斯特大学的考古人员在北约克郡的斯塔卡发现一处有一万多年历史的人类房屋遗迹。测量结果显示，它为一个高约3.5米的木质圆形小屋，存在于公元前8500年，比之前发现的英国最古老房屋至少早500年。考古人员还在附近发现一个木头平台和一个保存完好的大树树干。此外他们还发现了经过加工的鹿角饰品，这说明当时的人已经有了一些仪式性的活动。

以下哪项如果为真，最能支持上述观点？

A. 当时的英国人已经有了相对稳定的住址，而不是之前认为的居无定所的游猎者。

B. 人类是群居动物，附近还有更多的木屋等待发掘。

C. 人类在一万多年前就已经在约克郡附近进行农耕活动。

D. 只有举行仪式性的活动，才会出现经过加工的鹿角饰品。

E. 木头平台是人类建造小木屋的工作场所。

【答案】D

【解析】第一步：简化题干论证结构。

问题：能支持上述观点，确定读题的重点是观点。

结构词：这说明。

前提：发现了经过加工的鹿角饰品。

结论：当时的人已经有了一些仪式性的活动。

第二步：分析论证关系。

前提"鹿角饰品"与结论"仪式性的活动"没有直接的关系，直接"搭桥"即可。

第三步：预判优选项，排除干扰项。

优选项是与核心词有关的 D 项，只有举行仪式性的活动，才会出现经过加工的鹿角饰品，正确。

【燚语点拨】搭桥时重点是建立前提与结论核心词的关系。

【例 2】长期以来，人们认为地球是已知唯一能支持生命存在的星球，不过这一情况开始出现改观。科学家近期指出，在其他恒星周围，可能还存在着更加宜居的行星。他们尝试用崭新的方法开展地外生命搜索，即搜寻放射性元素钍和铀。行星内部含有这些元素越多，其内部温度就会越高，这在一定程度上有助于行星的板块运动，而板块运动有助于维系行星表面的水体，因此，板块运动可被视为行星存在宜居环境的标志之一。

以下哪项如果为真，最能支持上述论证？

A. 行星如能维系水体，就可能存在生命。

B. 行星板块运动都是由放射性元素钍和铀驱动的。

C. 行星内部温度越高，越有助于它的板块运动。

D. 没有水的行星也可能存在生命。

E. 虽然尚未证实，但地外生命一定存在。

【答案】A

【解析】第一步：简化题干论证结构。

结构词：因此。

前提：板块运动（a）有助于维系行星表面的水体（b）。

结论：板块运动（a）可被视为行星存在宜居环境（c）的标志之一。

第二步：分析论证关系。

前提"行星表面的水体"与结论"行星存在宜居环境"没有直接的关系，直接"搭桥"即可。

第三步：预判优选项，排除干扰项。

优选项是与核心词有关的 A 项，行星如能维系水体，就可能存在生命，正确。

【燚语点拨】选项中的"存在生命"与题干核心"行星存在宜居环境"是等价替换的关系。在题干第一句的背景信息中指出"人们认为地球是已知唯一能支持生命存在的星球……科学家近期指出，在其他恒星周围，可能还存在着更加宜居的行星"。考生注意在论证模块的学习中一定不要把生活中的常识带入到解题中来，一般是在有背景交代的情况下建立前提和结论中两个概念的关系或"核心的等价替换"。

【例3】有些土壤学家声称森林地面的腐烂物比降在湖中的酸雨更会增加高山湖水的酸性。因此，他们认为减少酸雨并不一定能明显地降低高山湖泊的酸性水平。

下面哪项如果正确，最能支持上面的论点？

A. 高山湖泊的酸性比其他湖泊高是很正常的事。

B. 人们严重低估了湖水酸性升高的危害。

C. 能在城市和重工业地区发现酸雨。

D. 土壤学家对酸雨的成因意见分歧很大。

E. 如果有植物生命存在，酸雨不会增加自然环境中腐烂的有机物的数量。

【答案】E

【解析】第一步：简化题干论证结构。

结构词：因此。

前提：腐烂物→增加高山湖水酸性。

结论：减少酸雨不一定降低高山湖水酸性。

第二步：分析论证关系。

说明"酸雨"与"腐烂物"没有直接的关系，酸雨不会增加腐烂物的数量，所以不会增加高山湖水的酸性，间接肯定论证关系。

第三步：预判优选项，排除干扰项。

E项，说明酸雨不会增加自然环境中腐烂的有机物的数量，间接"搭桥"，正确。

方法二：肯定因果论证结构

（1）因果论证结构的特点是前提列举一个或多个现象，结论给出断定或因果关系。

（2）熟悉常见的因果论证结构与支持方法。

常见结构1：前提列现象→结论（断定或因果关系）。

支持方法1：前提列举的现象与结论存在一定因果关系，即因果相关。

支持方法2：若前提的现象不发生，对应的结果也不会发生，即无因无果。

支持方法3：除了前提中的现象，没有其他现象可以导致结果发生，即没有他因。

常见结构2：前提列现象1，同时有现象2→结论（现象1导致现象2）。

支持方法：现象2不是导致现象1的原因，进而肯定是现象1导致现象2，即因果不倒置。

（3）了解并掌握因果支持法：因果相关、因果不倒置、无因无果、没有他因。

【例4】一份对北方山区先天性精神分裂症患者的调查统计表明，大部分患者都出生在冬季。专家们指出，其原因很可能是那些临产的孕妇营养不良，因为在这一年最寒冷的季节中，人们很难买到新鲜食品。

以下哪项如果为真，最能支持题干中专家的结论？

A. 在精神分裂症患者中，先天性患者只占很小的比例。

B. 调查中有相当比例的患者有家族史。

C. 与引起精神分裂症有关的大脑区域的发育，大部分发生在产前一个月。

D. 新鲜食品与腌制食品中的营养成分对大脑发育的影响相同。

E. 虽然生活在北方山区，但被调查对象的家庭大部分经济条件良好。

【答案】C

【解析】第一步：简化题干论证结构。

问题：支持题干中专家的结论。

结构词：原因。

前提：临产的孕妇在冬季很难买到新鲜的食品。（现象）

结论：北方山区先天性精神分裂症患者大部分都出生在冬季。（断定）

第二步：分析论证关系。

"临产的孕妇"与"北方山区先天性精神分裂症患者"有一定的因果关系，需要补充相关的新论据肯定两者之间的因果论证关系。

第三步：预判优选项，排除干扰项。

优选项是与核心词"精神分裂症患者"相关的A、C项。

A项，精神分裂症患者中，先天性患者的比例小，与题干话题无关，排除。

C项，与引起精神分裂症有关的大脑区域的发育发生在产前一个月，说明冬季出生的确容易导致婴儿患先天性精神分裂症，建立了前提与结论的因果关系，正确。

所以，选择C项。

【燚语点拨】支持题的重点是建立前提和结论之间的关系，除了直接搭桥，一般都会补充相关的新论据建立两者之间的关系。

【例5】一项调查显示，某班参加挑战杯比赛的同学，与那些未参加此项比赛的同学相比，学习成绩一直保持在较高的水平。此项调查得出结论：挑战杯比赛通过开阔学生的视野，增加学生的学习兴趣，激发学生的创造潜力，有效地提高了学生的学习成绩。

以下哪项如果为真，最能加强上述调查结论的说服力？

A. 没有参加挑战杯比赛的同学如果通过其他活动开阔视野，也能获得好成绩。

B. 整天在教室内读书而不参加课外科技活动的学生，他们的视野、学习兴趣和创造力都会受到影响。

C. 没有参加挑战杯比赛的同学大都学习很努力。

D. 参加挑战杯比赛并不以学习成绩好为条件。

E. 参加挑战杯比赛的同学约占全班的半数。

【答案】D

【解析】第一步：简化题干论证结构。

问题：支持题干中的调查结论。

结构词：得出结论。

前提：某班参加挑战杯比赛的同学学习成绩比未参加此项比赛的同学更好。（现象）

结论：挑战杯比赛→提高了学生的学习成绩。（因果关系）

第二步：分析论证关系。

要保证是"挑战杯比赛提高了学生的学习成绩"，可以用"因果不倒置"的方法，即说明不是结论导致前提，不是学习成绩好才能参加挑战杯比赛。

第三步：预判优选项，排除干扰项。

优选项是与核心词"学习成绩好与挑战杯比赛"相关的 A、D 项。

A 项，没参加挑战杯比赛也能获得好成绩，是无因有果的削弱，排除。

D 项，参加挑战杯比赛并不以学习成绩好为条件，肯定了因果不倒置的关系，正确。

所以，选择 D 项。

【例 6】壳牌石油公司连续三年在全球最大 500 家公司利润总额排名中位列第一，其主要原因是该公司比其他公司有更多的国际业务。

下列哪项如果为真，则最能支持上述说法？

A. 与壳牌公司规模相当但国际业务少的石油公司的利润都比壳牌公司低。

B. 历史上全球最大 500 家公司的净利润冠军都是石油公司。

C. 近三年来全球最大的 500 家公司都在努力走向国际化。

D. 近三年来石油和成品油的价格都很稳定。

E. 壳牌石油公司是英国和荷兰两国所共同拥有的。

【答案】A

【解析】第一步：简化题干论证结构。

结构词：主要原因。

前提：壳牌比其他公司有更多的国际业务。（现象）

结论：壳牌的利润比其他公司高。（断定）

第二步：分析论证关系。

建立"国际业务"与"公司利润高"的因果关系，用"因果不倒置"的方法，即不是因为利润高带来了更多的国际业务；用"无因无果"的方法，即没有更多的国际业务，就没有更多的利润。

第三步：预判优选项，排除干扰项。

优选项是论证核心词"国际业务"与"利润"均提及的 A 项。

A 项，国际业务少的石油公司的利润都比壳牌石油公司低，保证了无因无果的关系，正确。

【例 7】3 年来，在河南信阳息县淮河河滩上，连续发掘出 3 艘独木舟。其中，2010 年息县城郊乡徐庄村张庄组的淮河河滩下发现的第一艘独木舟，被证实为目前我国考古发现最早、最大的独木舟。该艘独木舟长 9.3 米，最宽处 0.8 米，高 0.6 米。根据碳 -14 测定，这些独木舟的选材竟和云南热带地区所产的木头一样。这说明，3 000 多年前的古代，河南的气候和现在热带的气候很相似。淮河中下游两岸气候温暖湿润，林木高大茂密，动植物种类繁多。

以下哪项如果为真，最能支持以上论证？

A. 这些独木舟的原料不可能从遥远的云南原始森林运来，只能就地取材。

B. 这些独木舟在水中浸泡了上千年，十分沉重。

C. 刻舟求剑故事的发生地，就是包括当今河南许昌以南在内的楚地。

D. 独木舟舟体两头呈尖状，由一根完整的原木凿成，保存较为完整。

E. 在淮河流域的原始森林中，今天仍然生长着一些热带植物。

【答案】A

【解析】第一步：简化题干论证结构。

结构词：这说明。

前提：（1）在河南信阳发现独木舟；（2）这些独木舟的选材竟和云南热带地区所产的木头一样。（现象 1+ 现象 2）

结论：古代河南的气候和现在热带的气候很相似。（断定）

第二步：分析论证关系。

根据题干现象与断定，要建立两者的论证关系，就要证明独木舟的木材就是河南本地的木材，用"没有他因"的方法支持，即这些木材不是来自云南热带地区。

第三步：预判优选项，排除干扰项。

优选项是与核心词"河南木材或云南"相关的 A 项。

A 项，说明这些独木舟的原料都是就地取材，不可能从云南取材，肯定了前提与结论的因果关系，正确。

【例 8】某个实验把一批吸烟者作为对象。实验对象分为两组：第一组是实验组；第二组是对照组。实验组的成员被强制戒烟，对照组的成员不戒烟。三个月后，实验组成员的平均体重增加了 10%，而对照组成员的平均体重基本不变。实验结果说明，戒烟会导致吸烟者的体重增加。

以下哪项如果为真，最能加强上述实验结论的说服力？

A. 实验组和对照组成员的平均体重基本相同。

B. 实验组与对照组的人数相等。

C. 除戒烟外，对每个实验对象来说，可能影响体重变化的生存条件基本相同。

D. 除戒烟外，对每个实验对象来说，可能影响体重变化的生存条件基本保持不变。

E. 上述实验的设计者是著名的保健专家。

【答案】D

【解析】第一步：简化题干论证结构。

问题：最能加强上述实验结论的说服力。

结构词：结果说明。

前提：（1）实验组被强制戒烟，平均体重增加了10%；（2）对照组不戒烟，平均体重基本不变。（现象1+现象2）

结论：戒烟会导致吸烟者的体重增加。（因果关系）

第二步：分析论证关系。

要得出结论"戒烟→体重增加"，用"因果不倒置"的方法，即不是体重增加导致戒烟，但在表达上不符合事实逻辑；用"无因无果"的方法，即没戒烟的吸烟者体重不增加，肯定了前提（2）；用"没有他因"的方法，即两组除了戒烟这一个因素外，没有其他的差异。

第三步：预判优选项，排除干扰项。

优选项是与话题最相关的C、D项。

C项，"影响每个实验对象体重的生存条件基本相同"是实验组与对照组之间的比较，例如两组吃同样分量的食物，但题干中"体重增加"是与自己戒烟前的体重比，是自己与自己的比较。该选项与题干相似但与题干比较对象不同，无关项。

D项，"影响每个实验对象体重的生存条件基本保持不变"是指实验对象实验前与实验后的生存条件没有改变，与题干话题一致。

所以，选择D项。

【燚语点拨】注意支持题选项中常见的与题干论证内容相似但是不一致的干扰项，如比较对象改变的无关选项。

方法三：肯定差比论证结构

（1）差比论证结构的特点是题干出现两个比较对象，可以是两类人、两件事或者两组实验，这类题要注意差比对象是什么。

（2）熟悉常见的差比论证结构与支持方法。

常见结构1：其他条件相同，前提差→结论差。

支持方法1：除了前提没有其他差异，说明就是前提差导致结论差，即没有他差。

支持方法2：前提差对结论差起到直接影响，即前提差有效果。

常见结构2：a好→b好。（要点31：论证推理基本方法，③类比推理）

支持方法：a与b两者具有共同的特点，具有可比性。

（3）了解并掌握差比支持法：前提差有效果、没有他差、两者具有可比性。

【例 9】在美国，本国制造的汽车的平均耗油量是每 21.5 英里一加仑，而进口汽车的平均耗油量是每 30.5 英里一加仑。显然，美国车的买主在汽油上的花费要远高于进口汽车的买主。因此，美国汽车制造商在和外国汽车制造商的竞争中将失去很大一部分国内市场。

下面哪项最能支持上述论证？

A. 美国制造的汽车和进口汽车的价格性能比大致相同。

B. 汽车在使用过程中的花费是买主在购买汽车时的主要考虑因素之一。

C. 美国汽油的价格呈上涨趋势。

D. 美国汽车的最高时速要高于进口汽车。

E. 目前在美国国内，国产汽车的销售要优于进口汽车。

【答案】B

【解析】第一步：简化题干论证结构。

结构词：因此。

前提：美国车的买主在汽油上的花费比进口汽车的买主高。

结论：美国汽车制造商相比外国汽车制造商没有竞争优势，将失去一部分国内市场。

第二步：分析论证关系。

要保证前提差有效果，就要直接搭桥，肯定汽油花费对汽车市场有影响，即汽油的花费影响了汽车市场的竞争优势；要保证没有他差，就要说明美国汽车与进口汽车在其他方面都相同，间接肯定前提差导致结论差。

第三步：预判优选项，排除干扰项。

A 项，保证了美国汽车与进口汽车在价格性能比上没有差别，间接肯定了前提与结论的关系。

B 项，直接肯定了"汽车使用过程中的花费"是买主购买的关键，直接搭建了前提与结论的关系，力度更强。

D 项，说明美国汽车在其他方面有优势，削弱论证。

所以，选择 B 项。

【燚语点拨】支持题的重点在于，不仅要保证论证关系的搭建，还要比较力度的强弱，直接搭桥的力度大于间接补充新论据的力度。

方法四：肯定目的方法论证结构

（1）目的方法论证结构的特点是题干或问题中直接给出建议、方法等内容。

（2）熟悉常见的目的方法的结构词。

目的的结构词：为了（要达到的目的）、问题（要解决的目的）、效果（要达到的目的）、目的。

方法的结构词：建议、计划、方法、提案、措施等。

（3）了解并掌握目的方法支持法：方法有效果、方法可行。

【例10】目前食品包装袋上没有把纤维素的含量和其他营养成分一起列出。因此，作为提高民众健康水平的一项措施，国家应该规定食品包装袋上需要明确列出纤维素的含量。

以下哪项如果是真的，能作为论据支持上述论证？

Ⅰ.大多数消费者购买食品时能注意包装袋上关于营养成分的说明。

Ⅱ.高纤维食品对于预防心脏病、直肠癌和糖尿病有重要作用。

Ⅲ.很多消费者都具有纤维食品营养价值的常识。

A.仅Ⅰ。　　　　B.仅Ⅱ。　　　　C.仅Ⅲ。　　　　D.仅Ⅰ和Ⅲ。　　　　E.Ⅰ、Ⅱ和Ⅲ。

【答案】E

【解析】第一步：简化题干论证结构。

结构词：措施。

前提：国家应该规定食品包装袋上需要明确列出纤维素的含量。（方法）

结论：提高民众健康水平。（目的）

第二步：根据问题，选项代入验证。

问题是支持论证，即与题干论证内容正相关即可。

复选项Ⅰ，消费者购买食品时能注意包装袋上关于营养成分的说明，肯定了方法有效果。

复选项Ⅱ，采用举例的形式肯定了结论，表明多吃高纤维食品确实可以提高民众健康水平，属于部分支持。

复选项Ⅲ，肯定了方法可行。

所以，选择E项。

方法五：肯定数量比率论证结构

（1）数量比率论证结构的特点是题干的前提与结论有数量或比率的论证关系。

（2）熟悉常见的数量比率论证结构与支持方法。

常见结构1：数量大（分子）→比率高，缺少相对比较的数量（分母）。

支持方法：分母数量相同，可以仅通过比较分子大小来判断比率高低。

常见结构2：数量变化比作为评价的标准→断定。

支持方法：数量基数没变化，原有数量能作为判定的标准。

常见结构3：比率高作为评价的标准→断定。

支持方法：差比支持（其他对象不具有相同的比率）。

【例11】经A省的防疫部门检测，在该省境内接受检疫的长尾猴中，有1%感染上了狂犬病。但是只有与人及其宠物有接触的长尾猴才接受检疫。防疫部门专家因此推测，该省长尾猴中感染有狂犬病的比例，将大大小于1%。

以下哪项如果为真，将最有力地支持专家的推测？

A. 在 A 省境内，与人及其宠物有接触的长尾猴，只占长尾猴总数的不到 10%。

B. 在 A 省境内，感染有狂犬病的宠物，约占宠物总数的 0.1%。

C. 在与 A 省毗邻的 B 省境内，至今没有关于长尾猴感染狂犬病的疫情报告。

D. 与和人的接触相比，健康的长尾猴更愿意与人的宠物接触。

E. 与健康的长尾猴相比，感染有狂犬病的长尾猴更愿意与人及其宠物接触。

【答案】E

【解析】第一步：简化题干论证结构。

前提：A 省检疫中与人及其宠物接触感染狂犬病的长尾猴 /A 省检疫中与人及其宠物接触的长尾猴 =1%。

结论：A 省感染狂犬病的长尾猴 / 全省的长尾猴 < 1%。

第二步：分析论证关系。

前提中"A 省与人及其宠物接触的长尾猴"的数量小于结论中"全省的长尾猴"的数量，要保证论证关系中的比例成立，就要肯定前提与结论的分子是同一批感染狂犬病的长尾猴。

第三步：预判优选项，排除干扰项。

A 项，"与人及其宠物接触的长尾猴不到长尾猴总数的 10%"说明前提中分母数量不到全省长尾猴的 10%，只能说明前提的"分母数量"小于结论的"分母数量"，但没有比较分子的大小，不能得出结论，排除。

B 项，"感染狂犬病的宠物"扩大了题干的话题范围，排除。

C 项，"B 省"与论证无关，排除。

D 项，由"健康的长尾猴"无法判断"感染狂犬病的长尾猴"的情况，排除。

E 项，间接肯定了感染狂犬病的长尾猴大多是与人及其宠物接触的长尾猴，即保证了前提与结论的分子相同，支持了论证关系。

所以，选择 E 项。

【燚语点拨】（1）重复题干信息或部分肯定前提与结论的选项都是常见干扰项，考生要注意排除；（2）简单的论证题预判优选项后答案很明显，难的论证题更需要先排除无关的选项。

【例 12】"本公司自 2008 年以来生产的轿车，至今仍有一半在公路上奔驰；其他公司自 2008 年以来生产的轿车，目前至多有三分之一没有被淘汰。"公司希望以此广告向消费者显示，该汽车公司生产的轿车耐用性能极佳。

下列哪项如果为真，能够最有效地支持上述广告的观点？

A. 扣除通货膨胀的因素，该公司目前生产的新车的价格只比 2008 年生产的稍高一点。

B. 自 2008 年以来，其他公司轿车的年产量有显著增长。

C. 该公司轿车的车主都把车保养得很好。

D. 自 2008 年以来，该公司在生产轿车上的改进远远小于其他公司对轿车的改进。

E. 自 2008 年以来，该公司每年生产的轿车数量没有显著增长。

【答案】E

【解析】第一步：简化题干论证结构。

前提：2008 年以来该公司生产的轿车仍旧在使用的数量比例高于其他公司。

结论：该公司生产的轿车的耐用性能好。

第二步：分析论证关系。

前提中用该公司旧车仍旧在使用的比例比其他公司高作为评判"轿车耐用性"的标准，要支持论证关系就要说明该公司与其他公司的数量标准没有变化，例如本公司 2008 年以后没有增加每年轿车的产量，若增加了每年轿车的产量就削弱了论证关系。

第三步：预判优选项，排除干扰项。

题干论证范围是 2008 年以后，因为要保障论题的一致或相关性，优选项为 B、D、E 项。

B 项，"其他公司轿车的产量有增加"间接肯定了本公司的车耐用，也有支持的力度，但是弱于直接肯定"该公司轿车的产量没有增加"。

D 项，"该公司在轿车上的改进小于其他公司"看似相关，但是改进与耐用性没有直接的关联。

E 项，"该公司每年生产的轿车数量没有增加"直接有效地支持了上述广告的观点，力度最强。

所以，选择 E 项。

【燚语点拨】（1）支持力度的大小取决于话题的相关程度，即前提和结论的核心词的支持力度＞间接支持的力度；（2）对象、范围改变的选项直接排除，也要注意新论据好像和论证内容有关，但是实际上无关的选项。

【例 13】据世界卫生组织 1995 年的调查报告显示，70% 的肺癌患者有吸烟史，其中有80% 的人吸烟超过 10 年。这说明吸烟会增加人们患肺癌的危险。

以下哪项最能支持上述论断？

A. 1950 年至 1970 年期间男性吸烟者人数增加较快，女性吸烟者也有增加。

B. 虽然各国对吸烟有害健康进行了大量宣传，但自 50 年代以来，吸烟者所占的比例还是明显逐年上升。到 90 年代，成人吸烟者已达到成人总数的 50%。

C. 没有吸烟史或戒烟时间超过 5 年的人数在 1995 年超过了人口总数的 40%。

D. 1995 年未成年吸烟者的人数也在增加，成为一个令人头疼的社会问题。

E. 医学研究工作者已经用动物实验发现了尼古丁的致癌作用，并开始从事预防药物的研究。

【答案】B

【解析】第一步：简化题干论证结构。

前提：70% 的肺癌患者都有吸烟史。（比率标准）

结论：吸烟将极大增加患肺癌的危险。（断定）

第二步：分析论证关系。

肺癌患者中吸烟比率高，但不能断定吸烟会增加患肺癌的危险。要想加强论证，需要说明其他群体中吸烟者的比例远低于肺癌患者，例如假设全国吸烟的总人数占全国总人数的比例都不到50%，从数据正态分布的角度而言，可得，小于50%的女性吸烟、小于50%的男性吸烟、小于50%的老人吸烟、小于50%的肺癌患者吸烟……但是肺癌患者中吸烟的比例远高于50%，此时就说明吸烟更容易患肺癌。单一的比例难以证明论证的关系，需要补充对照组进行比较，同比削弱，差比支持。

第三步：预判优选项，排除干扰项。

题干有比率，优选与"比率"相关的选项，即B、C项。

B项，"成人吸烟者已达到成人总数的50%"，成人吸烟的比例＞全国人口中吸烟的比例，即全国人口吸烟的比例＜50%，与题干肺癌患者70%的吸烟比率形成较大的差异，支持了论证。

C项，"没有吸烟史或戒烟超5年的人数"超过了40%，可能是50%，也可能是70%，难以判断"吸烟人数的比率"，范围扩大，支持力度弱。

所以，选择B项。

【燚语点拨】题干有"比率"，保证话题一致或最相关原则，优选有"比率"的选项。

方法六：肯定论点

题目特点：选项直接针对论点进行肯定，也可以补充新的论据肯定某人观点、断定的题型。

解题思路：通过问题确定读题的重点。

【例14】某研究中心通过实验对健康男性和女性听觉的空间定位能力进行了研究。起初，每次只发出一种声音，要求被试者说出声源的准确位置，男性和女性都非常轻松地完成了任务；后来多种声音同时发出，要求被试者只关注一种声音并对声源进行定位，与男性相比，女性完成这项任务要困难得多，有时她们甚至认为声音是从声源相反的方向传来的。研究人员由此得出结论：在嘈杂环境中准确找出声音来源的能力，男性要胜过女性。

以下哪项如果为真，最能支持研究者的结论？

A. 在实验使用的嘈杂环境中，有些声音是女性熟悉的声音。

B. 在实验使用的嘈杂环境中，有些声音是男性不熟悉的声音。

C. 在安静的环境中，女性注意力更易集中。

D. 在嘈杂的环境中，男性注意力更易集中。

E. 在安静的环境中，人的注意力容易分散；在嘈杂的环境中，人的注意力容易集中。

【答案】D

【解析】第一步：根据问题确定论点。

在嘈杂环境中准确找出声音来源的能力，男性要胜过女性。

第二步：预判优选项，排除干扰项。

快速排除对象为"在安静的环境中"的 C、E 项。

A、B 项，"有些"程度副词降低了力度。

所以，选择 D 项。

【燚语点拨】程度副词影响支持力度的强弱，注意比较。

【例 15】近年来，我国海外代购业务量快速增长。代购者们通常从海外购买产品，通过各种渠道避开关税，再卖给内地顾客从中牟利，让政府损失了税收收入。某专家由此指出，政府应该严厉打击海外代购行为。

以下哪项如果为真，最能支持上述专家的观点？

A. 去年，我国奢侈品海外代购规模几乎是全球奢侈品国内门店销售额的一半，这些交易大多避开了关税。

B. 国内一些企业生产的同类产品与海外代购产品相比，无论质量还是价格都缺乏竞争优势。

C. 海外代购提升了人们的生活水准，满足了国内部分民众对于高品质生活的向往。

D. 国内民众的消费需求提高是伴随我国经济发展而产生的正常现象，应以此为契机促进国内同类消费品产业的升级。

E. 近期，有位前空乘服务员因在网上开设海外代购店而被我国地方法院判定犯有走私罪。

【答案】A

【解析】第一步：根据问题确定论点。

专家指出：政府应该严厉打击海外代购行为，因为代购让政府损失了税收收入。

第二步：预判优选项，排除干扰项。

优选项是与论点"税收与代购"相关的选项，只有 A 项。

A 项，说明海外代购规模大、销售额多，且大多避开了关税，补充了新论据，肯定了论点。

E 项，某空乘服务员海外代购被判定走私罪，没有直接建立代购与税收的关系，而且特例支持力度弱。

所以，选择 A 项。

【燚语点拨】补充新论据支持论点时，优选与论点关联强的选项。

二、强化训练

【题 1】自闭症会影响社会交往、语言交流和兴趣爱好等方面的行为。研究人员发现，实验鼠体内神经连接蛋白的蛋白质如果合成过多，就会导致自闭症。由此他们认为，自闭症与神经连接蛋白的蛋白质合成量具有重要关联。

以下哪项如果为真，最能支持上述观点？

A. 生活在群体之中的实验鼠较之独处的实验鼠患自闭症的比例要小。

B. 如果将实验鼠控制蛋白合成的关键基因去除，其体内的神经连接蛋白就会增加。

C. 雄性实验鼠患自闭症的比例是雌性实验鼠的 5 倍。

D. 抑制神经连接蛋白的蛋白质合成可缓解实验鼠的自闭症状。

E. 神经连接蛋白正常的老年实验鼠患自闭症的比例很低。

【题2】近年来，我国南北方都出现了酸雨。一项相关的研究报告得出结论：酸雨并没有对我国的绝大多数森林造成危害。专家建议将此结论修改为：我国的绝大多数森林没有出现受酸雨危害的显著特征，如非正常的落叶、高枯死率等。

以下哪项如果为真，最有助于说明专家所做的修改是必要的？

A. 酸雨对森林造成的危害结果有些是不显著的。

B. 我国有些森林出现了非正常的落叶、高枯死率的现象。

C. 非正常落叶、高枯死率是森林受酸雨危害的典型特征，如果没有出现这种特征，说明森林未受酸雨危害。

D. 酸雨是工业污染，特别是燃煤污染的直接结果。

E. 我国并不是酸雨危害最严重的国家。

【题3】生活成本与一个地区的主导行业支付的工资的平均水平呈正相关，例如，某省雁南地区的主导行业是农业，而龙山地区的主导行业是汽车制造业。由此，我们可以得出结论，龙山地区的生活成本一定比雁南地区高。

以下哪项最能支持上述论证？

A. 龙山地区的生活质量比雁南地区高。

B. 雁南地区参与汽车制造业的人比龙山地区少。

C. 汽车制造业支付的工资平均水平比农业高。

D. 龙山地区的生活成本比其他地区都高。

E. 龙山地区的居民希望离开龙山地区，到生活成本较低的地区生活。

【题4】小红说："如果中山大道只允许通行轿车和不超过 10 吨的货车，大部分货车将绕开中山大道。"

小兵说："如果这样的话，中山大道的车流量将减少，从而减少中山大道的撞车事故。"

以下哪项如果为真，最能加强小兵的结论？

A. 中山大道的撞车事故主要发生在 10 吨以上的货车之间。

B. 在中山大道上，大客车很少发生撞车事故。

C. 中山大道因为常发生撞车事故，交通堵塞严重。

D. 许多原计划购买 10 吨以上货车的单位转而购买 10 吨以下的货车。

E. 近来中山大道周围的撞车事故减少了。

【题5】莱特威尔和爱克派斯都为它们的文字处理软件客户提供全天候的电话帮助。由于客户只有在发现软件难用的时候才会打热线电话，并且莱特威尔的热线收到的电话是爱克派斯的热线收到的电话的四倍，所以莱特威尔的文字处理软件一定比爱克派斯的文字处理软件使用起来更加困难。

下面哪项如果为真，最能加强上述论证？

A. 给爱克派斯的热线打电话的时间平均来讲是给莱特威尔的热线打电话时间的两倍。

B. 爱克派斯的文字处理软件客户数量是莱特威尔的三倍。

C. 爱克派斯收到的对其文字处理软件的投诉信数量是莱特威尔收到的投诉信的数量的两倍。

D. 这两条热线收到的电话数量都一直在逐渐增加。

E. 莱特威尔热线号码比爱克派斯热线号码更广泛地为人所知。

【题6】1989年以前，我国文物被盗情况严重，国家主要的博物馆中也发生了多起文物被盗案件，丢失珍贵文物多件。1989年后，国家主要的博物馆安装了技术先进的多功能防范系统，结果，此类重大盗窃案数量显著下降，这说明多功能防范系统对于保护文物安全起到了重要作用。

以下哪项如果为真，最能加强上述结论？

A. 90年代被窃的文物中包括一件珍贵的传世工艺品。

B. 从90年代早期开始，私人收藏和小展馆中发生的文物失盗案件数量明显上升。

C. 上述多功能防范系统经过国家级的技术鉴定。

D. 在1989年到1999年之间，主要博物馆为馆内重要的珍贵文物所付的保险金有了较大幅度的增加。

E. 在20世纪90年代初，文物失盗案件北方比南方严重，因为南方经济较发达，保护文物方法较先进。

【题7】在最近的一则广告里，一家大型谷物食品公司表示，受教育越好的人，在他们还是孩子的时候，经常吃燕麦粥的可能性就越大。该公司引用了对全国大学毕业生的随机调查报告来作为例证。报告显示，在被调查的人中有4/5的人在他们幼年的时候每周至少吃一次燕麦粥。

下面哪项是支持谷物食品公司的结论的附加信息？

A. 现在的大学毕业生中有4/5的人经常吃燕麦粥。

B. 没有取得大学学位的人在他们还是孩子时经常吃燕麦粥的比例不到4/5。

C. 在那些没有接受过大学教育，只接受过其他教育的人中，有4/5的人在他们还是孩子时经常吃燕麦粥。

D. 在大学毕业生与非大学毕业生总人口中，有多于4/5的人在他们还是孩子时经常吃燕麦粥。

E. 即使是那些在他们是孩子时不经常吃燕麦粥的大学生，也会偶尔吃燕麦粥。

【题8】在法庭的被告中，被指控偷盗、抢劫的定罪率，要远高于被指控贪污、受贿的定罪率。其重要原因是后者能聘请收费昂贵的私人律师，而前者主要由法庭指定的律师辩护。

以下哪项如果为真，最能支持题干的叙述？

A. 被指控偷盗、抢劫的被告，远多于被指控贪污、受贿的被告。

B. 一个合格的私人律师，与法庭指定的律师一样，既忠实于法律，又努力维护委托人的合法权益。

C. 被指控偷盗、抢劫的被告中罪犯的比例，不高于被指控贪污、受贿的被告。

D. 一些被指控偷盗、抢劫的被告，有能力聘请私人律师。

E. 司法腐败导致对有权势的罪犯的庇护，而贪污、受贿等职务犯罪的构成要件是当事人有职权。

【题9】提高教师应聘标准并不是引起目前中小学师资短缺的主要原因。引起中小学师资短缺的主要原因，是近年来中小学教学条件的改进缓慢，以及教师工资的增长未能与其他行业同步。

以下哪项如果为真，最能加强上述断定？

A. 虽然还有别的原因，但收入低是许多教师离开教育岗位的理由。

B. 许多教师把应聘标准的提高视为师资短缺的理由。

C. 有些能胜任教师的人，把应聘标准的提高作为自己不愿执教的理由。

D. 许多在岗但不能胜任的教师，把低工资作为自己不努力进取的理由。

E. 决策部门强调提高应聘标准是师资短缺的主要原因，以此作为不给教师加工资的理由。

【题10】统计数字表明，近年来，民用航空飞行的安全性有很大提升，例如，某国 2008 年每飞行 100 万次发生恶性事故的次数为 0.2 次，而 1989 年为 1.4 次。从这些年的统计数字看，民用航空恶性事故发生率总体呈下降趋势。由此看出，乘飞机出行越来越安全。

以下哪项不能加强上述结论？

A. 近年来，飞机事故中"死里逃生"的概率比以前提高了。

B. 各大航空公司越来越注意对机组人员的安全培训。

C. 民用航空公司的空中交通控制系统更加完善。

D. 避免"机鸟互撞"的技术与措施日臻完善。

E. 虽然飞机坠毁很可怕，但从统计数字上讲，驾车仍然要危险得多。

参考答案与解析

【题1】

【答案】D

【解析】第一步：简化题干论证结构。

结构词：由此认为 + 导致。

前提：实验鼠体内神经连接蛋白的蛋白质合成过多。

结论：自闭症。

第二步：分析论证关系。

"神经连接蛋白的蛋白质"与"自闭症"没有直接的关系，直接"搭桥"即可。

第三步：预判优选项，排除干扰项。

优选项是与核心词有关的 D 项，"¬ 神经连接蛋白的蛋白质合成 → ¬ 自闭症"是"无因无果"的支持，正确。

B 项，补充新论据，只支持了前提的核心词，属于部分支持，力度弱，排除。

所以，选择 D 项。

【燚语点拨】直接搭桥的常见结构为 a+b 或 ¬a+¬b。

【题 2】

【答案】A

【解析】第一步：根据问题确定论点。

专家建议将此结论修改为：我国的绝大多数森林没有出现受酸雨危害的显著特征。

第二步：预判优选项，排除干扰项。

优选项是与论点"显著特征"最相关的选项，只有 A 项。

A 项，说明酸雨可能造成了一些不显著的危害，支持了论点，有必要修改为"没有出现受酸雨危害的显著特征"。

C 项，没有出现受酸雨危害的典型特征，说明森林未受到酸雨危害，支持了研究报告，否定了修改的必要。

所以，选择 A 项。

【燚语点拨】支持论点类题型，考生一定要确定论点，不要自己理解题干的意思。

【题 3】

【答案】C

【解析】第一步：简化题干论证结构。

前提：（1）生活成本与本地区主导行业工资平均水平正相关；（2）龙山地区的主导行业是汽车制造业，雁南地区的主导行业是农业。

结论：龙山地区生活成本 > 雁南地区生活成本。

第二步：分析论证关系。

结论"龙山地区生活成本高于雁南地区"结合前提（1），需要补充缺口"龙山地区主导行业工资平均水平 > 雁南地区主导行业工资平均水平"。

第三步：预判优选项，排除干扰项。

与工资平均水平相关的只有 C 项，"汽车制造业工资平均水平 > 农业工资平均水平"恰好补充了论证缺失的关键论据。

所以，选择 C 项。

【题 4】

【答案】A

【解析】第一步：根据问题确定论点。

小兵的结论：中山大道 10 吨以上的货车减少→中山大道撞车事故减少。

第二步：预判优选项，排除干扰项。

优选项是在前提与结论之间直接搭桥的 A 项。直接搭桥力度最强，可以直接选。

所以，选择 A 项。

【燚语点拨】支持的力度比较原则是话题最相关，直接搭桥的力度＞间接搭桥的力度＞补充新论据建立前提与结论的关系的力度。若选项是直接搭桥，可以直接确定答案，若是其他方法支持论证，需要多加比较。

【题 5】

【答案】B

【解析】第一步：简化题干论证结构。

前提：（1）客户只有在发现软件难用的时候才会打热线电话；（2）莱特威尔的热线收到的电话比爱克派斯多。

结论：莱特威尔的文字处理软件比爱克派斯的文字处理软件难用。

第二步：分析论证关系。

题干结构为"前提差→结论差"，要保证论证关系成立，可以保证没有其他差，例如两家公司的客户数量基本相同。

第三步：预判优选项，排除干扰项。

A 项，打电话的时间长≠电话数量多，相似但是无关，排除。

B 项，莱特威尔的客户数量＜爱克派斯的客户数量，但莱特威尔的热线收到的电话比爱克派斯还多，更加说明莱特威尔的软件难用，支持了论证关系。

C 项，文字处理软件的投诉信数量是全新的论据，与论证话题无关，排除。

D 项，两条热线的电话数量都在增加，不知道分别增加了多少、哪边增加的更多，效果不明确，排除。

E 项，莱特威尔的号码知道的人比爱克派斯多，削弱了论证关系，排除。

所以，选择 B 项。

【题 6】

【答案】B

【解析】第一步：简化题干论证结构。

前提：现象 1，国家主要的博物馆安装了技术先进的防范系统；现象 2，珍贵文物盗窃案件数量下降。（现象 1＋现象 2）

结论：多功能防范系统减少了国家主要博物馆的盗窃案。（现象 1→现象 2）

第二步：分析论证关系。

要保证结论成立，可以用"无因无果"的方法，即没有多功能防范系统→文物盗窃案没有减少；也可以用"没有他因"的方法，即国家主要博物馆盗窃案的减少没有其他因素的改变。

第三步：预判优选项，排除干扰项。

A、D、E 项的话题与论证内容无关，直接排除。

优选项是与文物盗窃案数量有关的选项，只有 B 项。

B 项，"私人收藏和小展馆"约等于没有装多功能防范系统的博物馆，因为现象 1 仅提到防范系统安装在国家主要博物馆，运用了"无因无果"的方法建立论证关系。

C 项，肯定了多功能防范系统技术有保障，只与论证的前提有关，部分支持，力度弱。

所以，选择 B 项。

【题 7】

【答案】B

【解析】第一步：简化题干论证结构。

问题：支持谷物食品公司的结论。

结构词：报告显示。

前提：被调查的大学生中有 4/5 的人在他们幼年的时候每周至少吃一次燕麦粥。

结论：受教育越好的人，在他们还是孩子的时候，经常吃燕麦粥的可能性就越大。

第二步：分析论证关系。

题干论证重点是"受教育好的人中有 4/5 在幼年时每周至少吃一次燕麦粥"，用"无因无果"的方法，即没有受到好的教育的人，幼年时吃燕麦粥的概率小，保证对照组不具有这一特点。

第三步：预判优选项，排除干扰项。

优选项是与题干核心词相关的 B、C、D 项。

B 项，保证了无因无果的论证关系，正确。

C 项，"没有接受过大学教育的人中 4/5 在幼年时也经常吃燕麦粥"属于无因有果的削弱，排除。

D 项，"大学毕业生与非大学毕业生"与话题无关，排除。

所以，选择 B 项。

【题 8】

【答案】C

【解析】第一步：简化题干论证结构。

结构词：原因。

前提：偷盗、抢劫的被告是法庭指定的律师，贪污、受贿的被告能聘请私人律师。

结论：偷盗、抢劫的定罪率 > 贪污、受贿的定罪率。

第二步：分析论证关系。

论证结构是律师的差异→定罪率的差异，要保证前提差有效果，就要肯定"律师影响定罪率"；要间接肯定前提差的作用，就要保证没有其他差。

第三步：预判优选项，排除干扰项。

优选项是差比双方均被提及的 A、C 项。

A 项，"偷盗、抢劫的被告人数 > 贪污、受贿的被告人数"是他差削弱，排除。

C 项，偷盗、抢劫的被告中犯罪的比例不高于贪污、受贿的被告中犯罪的比例，说明没有他差，正确。

所以，选择 C 项。

【题 9】

【答案】A

【解析】第一步：简化题干论证结构。

结构词：原因。

前提：中小学教学条件改进缓慢以及教师的工资增长慢。

结论：引起中小学师资短缺。

第二步：分析条件关系。

要保证"中小学教学条件改进缓慢或教师工资增长慢"与"中小学师资短缺"有因果关系，直接搭桥即可。

第三步：预判优选项，排除干扰项。

A 项，直接建立了"工资收入"与"师资短缺"之间的关系，直接搭桥力度最大，直接选。

【题 10】

【答案】E

【解析】第一步：简化题干论证结构。

结构词：由此看出。

前提：近年来飞机恶性事故率总体呈下降趋势。

结论：乘飞机出行越来越安全（飞机自己与自己比）。

第二步：问题是"不能加强"，排除与题干正相关的选项。

A 项，事故逃生的概率提高了，支持了乘飞机出行更加安全的结论，排除。

B、C、D 项，均补充了新论据来说明乘飞机出行的安全性在很多方面得到了完善，均是支持论证，排除。

E 项，乘飞机比驾车危险，是飞机与其他交通工具比较，对象改变，属于无关项，不能支持论证。

所以，选择 E 项。

【燚语点拨】注意问题的要求，不能支持是选无关或削弱项。

三、技巧总结

技巧 61：识别搭桥的题型，确定论证核心词，注意等价替换项。

技巧 62：识别因果结构题，熟记支持四方法，分析关系找优选。

技巧 63：支持关系是重点，重复前提力度弱，部分肯定力度弱。

技巧 64：支持优选的原则，补新论据更相关，方法目标要一致。

技巧 65：支持排除的原则，补新论据关联弱，相似无关是陷阱。

技巧 66：题干有数量，结论有比例，支持找基数。

技巧 67：题干比率做标准，同比削弱差比支持，辨清二者不要混。

技巧 68：支持题型的关键，直接搭桥力度强，补充缺口很重要，补新论据要比较。

第二十二讲　假设题型

一、题型精讲

1.题型特点

假设题型的特点是在题干中给出一个看似完整的论证过程或某种观点，由于前提的条件不足以推出结论，因此需要用某个选项去建立前提与结论的关系，是支持类型的一种，但假设属于必要条件的支持。

假设题型常见的提问方式：

（1）上文的说法基于以下哪一个假设？

（2）上述结论隐含的前提是。

（3）再加上下列哪个条件能够得出结论？

2.应对方法

方法一：保前提法

（1）前提 A →结论 B 的论证过程中，缺失了一些不可或缺的必要前提，若没有这些前提，结论是一定不能成立的，所以需要补充这些前提（假设）C，保障论证成立。

（2）这些前提一般会被考生默认成立，可采用加非验证，判断是否为必要条件。若否定 C 一定能否定论证或否定 B，那么就判断 C 为不可或缺的前提。

【例 1】张教授指出，生物燃料是指利用生物资源生产的燃料乙醇或生物柴油，它们可以替代由石油制取的汽油和柴油，是可再生能源开发利用的重要方向。受世界石油资源短缺、环保和全球气候变化的影响，20 世纪 70 年代以来，许多国家日益重视生物燃料的发展，并取得显著成效。所以，应该大力开发和利用生物燃料。

以下哪项最可能是张教授论证的预设？

A. 发展生物燃料会减少粮食供应，而当今世界有数以百万计的人食不果腹。

B. 生物燃料在生产与运输过程中需要消耗大量的水、电和石油等。

C. 生物柴油和燃料乙醇是现代社会能源供给体系的适当补充。

D. 目前我国生物燃料的开发和利用已经取得很大的成绩。

E. 发展生物燃料可有效降低人类对石油等化石燃料的消耗。

【答案】E

【解析】第一步：简化题干论证结构。

结构词：所以。

前提：（1）生物燃料可以替代由石油制取的汽油和柴油，是可再生能源；（2）石油资源短缺。

结论：应该大力开发和利用生物燃料。

第二步：分析论证关系。

要达到目标的前提是"方法可行"，即"人们会选择生物燃料替代石油"。考生注意，前提中"生物燃料可以替代石油"≠"人们会选择生物燃料"。例如"人们知道每周锻炼身体有利于身体健康"≠"人们能做到每周锻炼身体"。

第三步：预判优选项，排除干扰项。

A 项，发展生物燃料会减少粮食供应，说明方法有弊端，排除。

B 项，生物燃料的生产和运输需要消耗石油，削弱题干论证，排除。

C 项，生物柴油和燃料乙醇是现代社会"能源"供给体系的适当补充，话题范围扩大，论证中只要能替代"石油"即可，排除。

D 项，"我国生物燃料的开发和利用取得成绩"肯定了结论"大力开发和利用生物燃料"后的结果，属于支持结论的部分支持，排除。

E 项，是保证论证成立的隐含前提。（加非验证，即如果发展生物燃料不能有效降低对石油的消耗，说明石油资源短缺等问题依然存在，就否定了论证，即不一定要大力开发和利用生物燃料。）

所以，选择 E 项。

【燚语点拨】（1）隐含的假设如果考生不好判断，可以采用排除法，排除无关、削弱与部分支持的选项；（2）加非验证一般是在两个备选项间不确定时可选择的验证方法，若排除法可以得出结论，就不用加非验证。

【例 2】某些精神失常患者可以通过心理疗法而痊愈，例如，癔病和心因性反应等。然而，某些患者精神失常是因为大脑神经递质化学物质不平衡，例如精神分裂症患者和重症抑郁患者，这类患者只能通过药物进行治疗。

上述论述是基于以下哪项假设？

A. 心理疗法对大脑神经递质化学物质的不平衡所导致的精神失常无效。

B. 对精神失常患者，药物治疗往往比心理疗法见效快。

C. 大多数精神失常都不是由大脑神经递质化学物质的不平衡导致的。

D. 对精神失常患者，心理疗法比药物治疗疗效差些。

E. 心理疗法仅仅是减轻精神失常患者的病情，根治还是需要药物治疗。

【答案】A

【解析】第一步：简化题干论证结构。

结构词：因为。

前提：某些患者精神失常是因为大脑神经递质化学物质不平衡。

结论：某些精神失常患者只能通过药物进行治疗。

第二步：分析论证关系。

若要保证这类患者只能通过药物进行治疗，隐含的前提是其他方法对于这类原因导致的精神失常是无效的。

第三步：预判优选项，排除干扰项。

A 项，"心理疗法无效"肯定了这类精神失常患者不能通过心理疗法痊愈，所以只能通过药物进行治疗，肯定了论证隐含的前提。

B、D 项，与论证话题无关，排除。

C 项，质疑了前提，削弱论证，排除。

E 项，精神失常患者的病情"根治"需要药物治疗，与题干话题无关，排除。

所以，选择 A 项。

方法二：肯定支持

（1）假设本就属于支持的一种，所以支持的方法在假设题型中同样适用。

（2）常见的方法是搭桥法、肯定因果与肯定差比的论证结构。

【例 3】人们一直在争论猫与狗谁更聪明。最近，有些科学家不仅研究了动物脑容量的大小，还研究了其大脑皮层神经细胞的数量，发现猫平常似乎总摆出一副智力占优的神态，但猫的大脑皮层神经细胞的数量只有普通金毛犬的一半。由此，他们得出结论：狗比猫更聪明。

以下哪项最可能是上述科学家得出结论的假设？

A. 猫的脑神经细胞数量比狗少，是因为猫不像狗那样"爱交际"。

B. 狗可能继承了狼群捕猎的特点，为了互相配合，它们需要做出一些复杂行为。

C. 动物大脑皮层神经细胞的数量与动物的聪明程度呈正相关。

D. 狗善于与人类合作，可以充当导盲犬、陪护犬、搜救犬、警犬等，就对人类的贡献而言，狗能做的似乎比猫多。

E. 棕熊的脑容量是金毛犬的 3 倍，但其脑神经细胞的数量却少于金毛犬，与猫很接近，而棕熊的脑容量却是猫的 10 倍。

【答案】C

【解析】第一步：简化题干论证结构。

结构词：由此。

前提：狗的大脑皮层神经细胞的数量比猫多。

结论：狗比猫更聪明。

第二步：分析论证关系。

"大脑皮层神经细胞的数量"与"聪明"没有关系，直接搭桥。

C 项，建立了前提与结论的论证关系，正确。

方法三：注意过度假设

（1）过度假设一般是假设的范围超过了题干原有的范围。

（2）常见的过度假设为：①范围扩大；②绝对化表达；③充分条件。

（3）假设题优选程度副词弱、范围刚刚好的选项。

【例4】研究显示，大多数有创造性的工程师，都有在纸上乱涂乱画并记下一些看起来稀奇古怪想法的习惯。他们的大多数最有价值的设计，都直接与这种习惯有关。而现在的许多工程师都用电脑工作，在纸上乱涂乱画不再是一种普遍的习惯。一些专家担心，这会影响工程师的创造性思维，建议在用于工程设计的计算机程序中匹配模拟的便条纸，能让使用者在上面涂鸦。

以下哪项最可能是上述建议所假设的？

A. 在纸上乱涂乱画，只可能产生工程设计方面的灵感。

B. 计算机程序中匹配的模拟便条纸只能用于乱涂乱画，或记录看起来稀奇古怪的想法。

C. 所有用计算机工作的工程师都不会备有纸笔以随时记下有意思的想法。

D. 工程师在纸上乱涂乱画所记下的看起来稀奇古怪的想法，大多数都有应用价值。

E. 乱涂乱画所产生的灵感，并不一定通过在纸上的操作获得。

【答案】E

【解析】第一步：简化题干论证结构。

结构词：建议。

前提：在用于工程设计的计算机程序中匹配模拟的便条纸。

结论：让使用者在上面涂鸦，保持原来在纸上乱涂乱画的习惯，带来有价值的设计。

第二步：分析论证关系。

保证"方法有效果"的前提是模拟便条纸可以替代纸张让工程师依旧保持乱涂乱画的习惯。加非验证，即如果模拟便条纸无法让工程师保持乱涂乱画的习惯，那么就达不到目标，可以削弱论证。

第三步：预判优选项，排除干扰项。

必要条件支持的假设，优选程度副词较小的选项。

A项，在纸上乱涂乱画，"只可能"产生工程设计方面的灵感，过于绝对化，可以有其他的灵感。

B项，计算机程序中匹配的模拟便条纸，"只能"用于乱涂乱画，过于绝对化，也可以用于其他方面，如背单词。

C项，"所有"用计算机工作的工程师"都不会"备有纸笔以随时记下有意思的想法，过于绝对化，"有的"不会即可。

D项，工程师在纸上乱涂乱画的想法，"大多数都有"应用价值，过于绝对化，"有的"有价值即可。

E 项，乱涂乱画所产生的灵感，"并不一定"通过在纸上的操作获得，肯定了方法有效果的论证关系。

所以，选择 E 项。

【燚语点拨】支持题一般优选程度副词强的选项，但假设是必要条件的支持，只需要有即可，优选程度副词较弱的选项，例如不一定、可能、也许、有的。

【例 5】张华是甲班学生，对围棋感兴趣。该班学生或者对国际象棋感兴趣，或者对军棋感兴趣；如果对围棋感兴趣，则对军棋不感兴趣，因此，张华对中国象棋感兴趣。

以下哪项可能是上述论证的假设？

A. 如果对国际象棋感兴趣，则对中国象棋感兴趣。

B. 甲班对国际象棋感兴趣的学生都对中国象棋感兴趣。

C. 围棋和中国象棋比军棋更具挑战性。

D. 甲班学生感兴趣的棋类只限于围棋、国际象棋、军棋和中国象棋。

E. 甲班所有学生都对中国象棋感兴趣。

【答案】B

【解析】第一步：简化题干论证结构。

前提：甲班的张华对围棋感兴趣→¬ 对军旗感兴趣→对国际象棋感兴趣。

结论：张华对中国象棋感兴趣。

第二步：预判优选项，排除干扰项。

论证属于 a，b→a，c 的结构，直接建立 b 和 c 的关系，优选 A、B 项。

A 项，范围扩大，题干的范围是"甲班"，过度假设，排除。

B 项，可以使前提推出结论，且范围适当，正确。

所以，选择 B 项。

二、强化训练

【题 1】众所周知，西医利用现代科学技术手段可以治愈很多中医无法解决的病症，而中医依靠对人体经络和气血的特殊理解也解决了很多令西医束手无策的难题，据此，针对某些复杂疾病，很多人认为中西医结合的治疗方法是有必要的。

上述这些人在论断时做的假设是：

A. 针对这些疾病，中医和西医的治疗方法可以相互结合，扬长避短。

B. 这些疾病单独用中医疗法或者单独用西医疗法并不能有效治疗。

C. 针对这些疾病，医疗界已经掌握了中西医疗法结合的方法。

D. 针对这些疾病，医学界已经尝试了中西医结合的疗法，取得了良好的效果。

E. 这些疾病中医或者西医能解决。

【题2】大城市相对于中小城市，尤其是小城镇来讲，其生活成本是比较高的。这必然限制农村人口的进入，因此，仅靠发展大城市实际上无法实现城市化。

以下哪项是上述论证所假设的？

A. 城市化是我国发展的必由之路。

B. 单纯发展大城市不利于城市化的推进。

C. 要实现城市化，就必须让城市充分吸纳农村人口。

D. 大城市对外地农村人口的吸引力明显低于中小城市。

E. 城市化不能单纯发展大城市，也要充分重视发展其他类型的城市。

【题3】交通部科研所最近研制了一种自动照相机，凭借其对速度的敏锐反应，当且仅当违规超速的汽车经过镜头时，它会自动按下快门。在某条单向行驶的公路上，在一个小时中，这样的一架照相机共摄下了50辆超速的汽车的照片。从这架照相机出发，在这条公路前方的1千米处，一批交通警察于隐蔽处在进行目测超速汽车能力的测试。在上述同一个小时中，某个警察测定，共有25辆汽车超速通过。由于经过自动照相机的汽车一定经过目测处，因此，可以推定，这个警察目测超速汽车的准确率不高于50%。

要使题干的推断成立，以下哪项是必须假设的？

A. 在该警察测定为超速的汽车中，包括在照相机处不超速而到目测处超速的汽车。

B. 在该警察测定为超速的汽车中，包括在照相机处超速而到目测处不超速的汽车。

C. 在上述一个小时中，在照相机前不超速的汽车，到目测处不会超速。

D. 在上述一个小时中，在照相机前超速的汽车，都一定超速通过目测处。

E. 在上述一个小时中，通过目测处的非超速汽车一定超过25辆。

【题4】某纺织厂从国外引进了一套自动质量检验设备。开始使用该设备的10月份和11月份，产品的质量不合格率由9月份的0.04%分别提高到0.07%和0.06%。因此，使用该设备对减少该厂的不合格产品进入市场起到了重要的作用。

以下哪项是上述论证最可能假设的？

A. 上述设备检测为不合格的产品中，没有一件事实上是合格的。

B. 上述设备检测为合格的产品中，没有一件事实上是不合格的。

C. 9月份检测为合格的产品中，至少有一些是不合格的。

D. 9月份检测为不合格的产品中，至少有一些是合格的。

E. 上述设备是国内目前同类设备中最先进的。

【题5】一项实验显示，那些免疫系统功能较差的人，比起那些免疫系统功能一般或较强的人，在接受心理健康的测试时结果明显较差。因此，这项实验的设计和实施者得出结论，人的免疫系统，不仅保护人类抵御生理疾病，而且保护人类抵御心理疾病。

上述结论是基于以下哪项假设？

A. 免疫系统功能较强的人比功能一般的人更能抵御心理疾病。

B. 患有某种心理疾病的人，一定患有某种相关的生理疾病。

C. 免疫系统具有较强功能的人，不会患心理疾病。

D. 心理疾病不会引起免疫系统功能的降低。

E. 心理疾病不能依靠药物治疗，而只能依靠心理治疗。

参考答案与解析

【题1】

【答案】A

【解析】第一步：简化题干论证结构。

结构词：据此。

前提：（1）西医可以治愈很多中医无法解决的病症；（2）中医可以解决很多令西医束手无策的难题。

结论：中西医结合的治疗方法是有必要的。

第二步：分析论证关系。

要得到结论，隐含前提是"中西医两个方法不互斥，可以结合"。

第三步：预判优选项，排除干扰项。

A项，是论证必须要有的前提。加非验证，若两者不可以结合，一定能否定结论。

B项，重复题干原有前提，部分支持，排除。

C项，医疗界"已经掌握"了中西医疗法结合的方法，过度假设，属于充分条件的支持，如果已经掌握了中西医结合的方法，一定可以得出结论。

D项，"取得了良好的效果"是结论"中西医结合"后的好处，仅支持了结论，属于部分支持，排除。

E项，削弱了原有的前提，排除。

所以，选择A项。

【题2】

【答案】C

【解析】第一步：简化题干论证结构。

结构词：因此。

前提：大城市生活成本高，限制农村人口的进入。

结论：仅靠发展大城市实际上无法实现城市化。

第二步：分析论证关系。

没有农村人口，就不能实现城市化，两个话题不同，直接搭桥建立关系。

第三步：预判优选项，排除干扰项。

C项，直接搭桥建立题干论证关系，正确。

【燚语点拨】直接搭桥的结构的关键是简化题干论证核心词。

【题 3】

【答案】D

【解析】第一步：简化题干论证结构。

结构词：因此。

前提：（1）照相机前 50 辆汽车超速；（2）警察目测出 25 辆汽车超速。

结论：警察目测超速汽车的准确率不高于 50%。

第二步：分析论证关系。

要保证题干结论成立，需要确定通过警察目测处的超速汽车数量不少于 50 辆，结合已知前提（1），即要保证假设话题范围的一致性，照相机前超速的 50 辆汽车，也同时超速通过了警察目测处，否则，如果在照相机前超速的汽车，到目测处不再超速，意味着很有可能是因为路过警察身边的超速汽车较少导致警察目测到的超速汽车较少，而不是警察漏测了超速汽车，这样上述警察的目测准确率就可能高于 50%，题干论证就不成立了。

第三步：预判优选项，排除干扰项。

优选项是涉及超速汽车的数量的 A、B、D 项。

A 项，包括在照相机处不超速而到目测处超速的汽车，属于过度假设的支持。

B 项，包括在照相机处超速而到目测处不超速的汽车，削弱了论证，若有些在照相机处超速的汽车到目测处不超速，说明警察准确率可能高于 50%。

D 项，保证了 50 辆汽车通过目测处时都超速。

所以，选择 D 项。

【题 4】

【答案】C

【解析】第一步：简化题干论证结构。

结构词：因此。

前提：（1）10 月份和 11 月份开始使用该设备；（2）产品的质量不合格率由 9 月份的 0.04% 分别提高到 0.07% 和 0.06%。

结论：该设备减少了不合格产品进入市场。

第二步：分析论证关系。

若要保证结论成立，需要肯定 9 月检测为合格的产品中确实存在不合格产品，否则 0.04% 就是实际的不合格率，即 9 月没有不合格产品进入市场。

第三步：预判优选项，排除干扰项。

假设题优选范围一致、话题最相关的选项，即 C、D 项。

C 项，确保了设备的有效性。

D 项，不一定能减少不合格产品的数量，排除。

所以，选择 C 项。

【题 5】

【答案】D

【解析】第一步：简化题干论证结构。

结构词：因此。

前提：免疫系统功能较差的人比功能一般或较强的人心理健康的测试结果更差。（现象）

结论：人的免疫系统保护人类抵御心理疾病。（断定）

第二步：分析论证关系。

题干前提给出现象，但不能判断免疫系统与心理健康的关系。可能存在两种情况：（1）心理健康影响免疫系统功能的强弱；（2）免疫系统功能的强弱影响心理健康。所以要保证结论成立，就要否定情况（1）。

第三步：预判优选项，排除干扰项。

A 项，"免疫系统功能较强的人比功能一般的人"与题干中比较的对象不一致，题干是免疫系统功能较差的人与功能一般或较强的人比较，排除。

B 项，"相关的生理疾病"与题干话题无关，排除。

C 项，该项的话题是"患心理疾病"，题干的话题是"抵御心理疾病"，选项与题干相似但是无关，排除。

D 项，保证了因果不倒置，即保证了论证关系的成立。

E 项，"药物治疗"与题干话题无关，排除。

所以，选择 D 项。

三、技巧总结

技巧 69：隐含前提不好找，无关削弱先排除，部分相关也不要，加非验证定结果。

技巧 70：加非验证很简单，否定选项否题干，不是所有均要用，二选一时更好用。

技巧 71：支持假设要区分，支持优选力度强，假设优选力度弱，过于绝对要排除。

技巧 72：支持假设有区别，支持可选范围大，充分必要都可以，假设范围要一致。

技巧 73：假设常见优选项，隐含前提的假设，建立论证的关系，范围扩大要注意。

第二十三讲 解释题型

一、题型精讲

1. 题型特点

解释题型的特征一般是题干给出关于某些事实或现象的客观描述，通常是给出一个看似矛盾但实际上并不矛盾的现象，要求从备选项中寻找能够解释的选项。

解释题型常见的提问方式：

（1）以下哪项如果为真，能最好地解释上面的矛盾？

（2）以下哪项如果为真，最不能解释题干中的问题？

（3）以下最能解释上述现象的是。

2. 应对方法

方法一：解释矛盾

（1）通过题干中的转折词或表达转折意思的词语找到矛盾的双方。

（2）题干的矛盾现象仅是表面的矛盾，需要找到正确选项说明矛盾并不存在。

【例1】2010年某省物价总水平仅上涨2.4%，涨势比较温和，涨幅甚至比2009年回落了0.6个百分点。可是，普通民众觉得物价涨幅较高，一些统计数据也表明，民众的感觉有据可依。2010年某月的统计报告显示，该月禽蛋类商品价格涨幅达12.3%，某些反季节蔬菜涨幅甚至超过20%。

以下哪项如果为真，最能解释上述看似矛盾的现象？

A. 人们对数据的认识存在偏差，不同来源的统计数据会产生不同的结果。

B. 影响居民消费品价格总水平变动的各种因素互相交织。

C. 虽然部分日常消费品涨幅很小，但居民感觉很明显。

D. 在物价指数体系中占相当权重的工业消费品价格持续走低。

E. 不同的家庭，其收入水平、消费偏好、消费结构都有很大的差异。

【答案】D

【解析】第一步：通过转折词找到矛盾现象。

转折词：可是。

现象1：物价总体涨势比较温和。

现象2：普通民众觉得物价涨幅较高。

第二步：预判优选项，排除干扰项。

物价总水平＝生活类物价水平＋其他类物价水平，只要说明其他类物价水平降低即可解释矛盾现象。

A、B、C 项，都只从现象 2 解释为何民众觉得物价高，部分解释，排除。

D 项，"工业消费品价格持续走低"从"其他类物价水平降低"这一方面解释了矛盾。

E 项，与题干话题无关。

所以，选择 D 项。

【燚语点拨】（1）解释矛盾一般是从矛盾双方的差异或区别说明这个矛盾现象其实是不存在的；（2）仅针对部分内容的解释不符合话题最相关、力度最强的原则。

【例 2】烟草业仍然是有利可图的。在中国，尽管今年吸烟者中成人的人数减少，烟草生产商销售的烟草总量还是增加了。

以下哪项不能用来解释上述现象？

A. 今年，开始吸烟的妇女数量多于戒烟的男子数量。

B. 今年，开始吸烟的未成年人数量多于同期戒烟的成人数量。

C. 今年，非吸烟者中咀嚼烟草及嗅鼻烟的人多于戒烟者。

D. 今年和往年相比，那些有长年吸烟史的人平均消费了更多的烟草。

E. 今年中国生产的香烟中用于出口的数量高于往年。

【答案】A

【解析】第一步：通过转折词找到矛盾现象。

转折词：尽管。

现象 1：今年吸烟者中成人的人数减少。

现象 2：烟草总销量还是增加了。

第二步：根据问题"不能用来解释上述现象"排除能解释的选项。

A 项，妇女数量与男子数量都属于成人数量，没有解释题干的矛盾，正确。

B 项，开始吸烟的未成年人数量＞同期戒烟的成人数量，从吸烟人数增加的角度解释了题干矛盾，排除。

C 项，非吸烟者中咀嚼烟草等的人＞戒烟者，从烟草消费量增加的角度解释了矛盾，排除。

D 项，"平均消费了更多的烟草"从烟草消费量增加的角度解释了矛盾，排除。

E 项，"用于出口的数量高于往年"从烟草出口的角度解释了矛盾，排除。

所以，选择 A 项。

方法二：解释现象

（1）找到题干中的关键现象，给出合理的理由，说明为何会发生这个现象。

（2）一般属于信息判断题的一种，选项代入验证即可。

【例 3】随着文化知识越来越重要，人们花在读书上的时间越来越多，文人学子中近视患者的比例也越来越高。即便在城里工人、乡镇农民中，也能看到不少人戴近视眼镜。然而，在中国古代很少发现患有近视的文人学子，更别说普通老百姓了。

以下除哪项外，均可以解释上述现象？

A. 古时候，只有家庭条件好或者有地位的人才读得起书。即便读书，用在读书上的时间也很少，那种头悬梁、锥刺股的读书人更是凤毛麟角。

B. 古时交通工具不发达，出行主要靠步行、骑马，足量的运动对于预防近视有一定的作用。

C. 古人生活节奏慢，不用担心交通安全，所以即使患了近视，其危害也非常小。

D. 古代自然科学不发达，那时学生读的书很少，主要是四书五经，一本《论语》要读好几年。

E. 古人书写用的是毛笔，眼睛和字的距离比较远，写的字也相对大些。

【答案】C

【解析】第一步：简化题干的关键现象。

现象：中国古代很少发现患有近视的文人学子。

第二步：问题要求找"不能解释这一现象"的选项，即排除相关的话题。

A项，古时候，能读书的人少，解释了为何患近视的人少，排除。

B项，古时足量的运动可以预防近视，解释了为何患近视的人少，排除。

C项，"古人即使患了近视"说的是患近视之后的情况，没有说明为何患近视的人少，正确。

D项，古时学生读的书很少，解释了为何患近视的人少，排除。

E项，古人书写用的是毛笔，眼睛和字的距离比较远，解释了为何患近视的人少，排除。

所以，选择C项。

方法三：解释差比

（1）题干中的关键现象一般是两个比较对象，找到差比的双方，可以快速预判优选项。

（2）问题中一般会明确提及"解释差异"等指示词。

【例4】河北省商业许可办公室声称，他们通过把申请人在面谈那天填制旧式的申请表改为先邮寄计算机可读的表格并让计算机安排面谈，将手续时间减少了一星期。而商人们反驳说，现在得到一个许可证平均要多花一个星期时间。

下面哪一项如果正确，能最有助于解释上面提出的明显的差异？

A. 该省的企业只有获得许可证之后才能营业，在审批期间，他们会损失很多收入。

B. 许可办公室认为这一过程是从面谈后开始的，但申请人认为这一审批过程从他们提交申请表就开始了。

C. 自从许可办公室改变了程序，该省申请许可证的申请人就减少了。

D. 采用计算机可识别的表格，缩短了许可办公室验证申请表格上的陈述所必需的时间，所以缩短了面谈时间。

E. 自从许可办公室开始在计算机上记录申请，申请的格式就没有改变过。

【答案】B

【解析】第一步：简化题干的差异现象。

现象1：许可办公室声称，手续时间减少了一星期。

现象2：商人们反驳说，现在得到一个许可证平均要多花一个星期时间。

第二步：预判优选项，排除干扰项。

优选项是许可办公室与商人双方均被提及的B、C项。

B项，说明双方界定的时间段不同，解释了产生矛盾的原因。

C项，申请许可证的申请人减少与题干话题无关，排除。

所以，选择B项。

二、强化训练

【题1】为了更好地理解人类个性的特征及其发展，一些心理学家对动物的个性进行了研究。

以下各项如果为真，都能对上述行为提供解释，除了：

A. 人类和动物的行为都产生于类似的本能，但动物的本能较为明显。

B. 对人的某些实验受到法律的限制，但对动物的实验一般不受限制。

C. 和对动物的实验相比，对人的实验的费用较为昂贵。

D. 在数年中可完成对某些动物个体从幼年至老年个性发展的全程观察。

E. 对人的个性的科学理解，能为恰当理解动物的个性提供模式。

【题2】乘客使用手机及便携式计算机等电子设备会通过电磁波谱频繁传输信号，机场的无线电话和导航网络等也会使用电磁波谱，但电信委员会已根据不同用途把电磁波谱分成了几大块。因此，用手机打电话不会对专供飞机通信系统或全球定位系统使用的波段造成干扰。尽管如此，各大航空公司仍然规定，禁止机上乘客使用手机等电子设备。

以下哪项如果为真，能解释上述现象？

Ⅰ. 乘客在空中使用手机等电子设备可能对地面导航网络造成干扰。

Ⅱ. 乘客在起飞和降落时使用手机等电子设备，可能影响机组人员工作。

Ⅲ. 便携式计算机或者游戏设备可能导致自动驾驶仪出现断路或仪器显示发生故障。

A. 仅Ⅰ。　　　　　　　　　　B. 仅Ⅱ。　　　　　　　　　　C. 仅Ⅰ和Ⅱ。

D. 仅Ⅱ和Ⅲ。　　　　　　　　E. Ⅰ、Ⅱ和Ⅲ。

【题3】在十九世纪，法国艺术学会是法国绘画及雕塑的主要赞助部门，当时个人赞助者已急剧减少。由于该艺术学会并不鼓励艺术创新，十九世纪的法国雕塑缺乏新意；然而，同一时期的法国绘画却表现出很大程度的创新。

以下哪项如果为真，最有助于解释十九世纪法国绘画与雕塑之间创新的差异？

A. 在十九世纪，法国艺术学会给予绘画的经费支持比雕塑多。

B. 在十九世纪，雕塑家比画家获得更多的来自艺术学会的支持经费。

C. 由于颜料和画布的价格比雕塑用的石料便宜，十九世纪法国的非赞助绘画作品比非赞助雕塑作品多。

D. 十九世纪极少数的法国艺术家既进行雕塑创作，也进行绘画创作。

E. 尽管艺术学会仍对雕塑家和画家给予赞助，十九世纪的法国雕塑家和画家得到的经费支持明显下降。

【题4】尽管对包办酒席的机构的卫生检查程序比对普通餐馆的检查程序更严格是一个事实，但是上报到市卫生部门的食物中毒案例更多地是由包办酒席服务的机构引起的，而不是由餐馆的饭菜引起的。

下面哪一项如果是正确的，有助于解释上面陈述中明显的矛盾？

A. 在任何时候，在餐馆吃饭的人比参加包办宴会酒席的人多得多。

B. 包办酒席的机构知道他们将招待多少人，因此比餐馆提供剩饭的可能性小，而剩饭是食物中毒的一个主要来源。

C. 很多餐馆除了提供个人饭菜之外，也提供包办酒席的服务。

D. 上报的在酒席宴会上发生的食物中毒案例与食品原料来源无关。

E. 人们不太可能将其所吃的一顿饭与之后的疾病联系起来，除非一群相互有联系的人都得了这种病。

【题5】美国某大学医学院的研究人员在《小儿科杂志》上发表论文指出，在对2 702个家庭的孩子进行跟踪调查后发现，如果孩子在5岁前每天看电视超过2小时，他们长大后出现行为问题的风险将会增加1倍多。所谓行为问题是指性格孤僻、言行粗鲁、侵犯他人、难与他人合作等。

以下哪项最好地解释了以上论述？

A. 电视节目会使孩子产生好奇心，容易导致孩子出现暴力倾向。

B. 电视节目中有不少内容容易使孩子长时间处于紧张、恐惧的状态。

C. 看电视时间过长，会影响孩子与其他人的交往，久而久之，孩子便缺乏与他人打交道的经验。

D. 儿童模仿能力强，如果只对电视节目感兴趣，长此以往，会阻碍他们分析能力的发展。

E. 每天长时间地看电视，容易使孩子神经系统产生疲劳，影响身心发展。

参考答案与解析

【题1】

【答案】E

【解析】第一步：简化题干的关键现象。

现象：为了更好地理解人类个性，心理学家对动物的个性进行了研究。

第二步：问题要求找"不能解释这一现象"的选项，即排除相关的话题。

A 项，"人类与动物有类似的本能"解释了为何研究动物，排除。

B 项，"对动物的实验一般不受限制"解释了为何研究动物，排除。

C 项，"对人的实验的费用较为昂贵"解释了为何研究动物，排除。

D 项，"可完成对动物个性发展的全程观察"解释了为何研究动物，排除。

E 项，"对人的个性的理解，有利于理解动物的个性"与题干话题相反。

所以，选择 E 项。

【题 2】

【答案】E

【解析】第一步：通过转折词找到矛盾现象。

转折词：尽管如此。

现象 1：用手机打电话不会对专供飞机通信系统或全球定位系统使用的波段造成干扰。

现象 2：各大航空公司仍然规定，禁止机上乘客使用手机等电子设备。

第二步：问题为"能解释"，选项代入验证，与题干话题相关即可。

复选项 I，对地面导航网络有干扰，他因解释了为何禁止使用电子设备。

复选项 II，对机组人员有影响，他因解释了为何禁止使用电子设备。

复选项 III，对仪器有干扰，他因解释了为何禁止使用电子设备。

所以，选择 E 项。

【题 3】

【答案】C

【解析】第一步：简化题干的差异现象。

现象 1：法国绘画及雕塑的主要赞助都来自法国艺术学会。

现象 2：法国雕塑缺乏新意；然而，法国绘画却表现出很大程度的创新。

第二步：预判优选项，排除干扰项。

优选项是"法国雕塑与法国绘画"双方均被提及的 A、C 项。

A 项，"法国艺术学会给予绘画的经费支持比雕塑多"与题干话题矛盾，排除。

C 项，不受艺术学会影响的非赞助绘画作品较多，解释了为何出现了差异的现象。

所以，选择 C 项。

【题 4】

【答案】E

【解析】第一步：通过转折词找到矛盾现象。

转折词：但是。

现象 1：对包办酒席的机构的卫生检查程序比对普通餐馆的检查程序更严格。

现象 2：食物中毒案例更多地是由包办酒席服务的机构引起，而不是餐馆的饭菜。

第二步：预判优选项，排除干扰项。

优选项是"普通餐馆和包办酒席服务的机构"双方均被提及的 A、B、E 项。

A 项，"在餐馆吃饭的人比参加包办宴会酒席的人多"加强了题干的矛盾，排除。

B 项，"包办酒席的机构提供剩饭的可能性小"加强了题干的矛盾，排除。

E 项，"一顿饭"一般是普通餐馆，"一群相互有联系的人"一般是包办酒席，说明了两者的区别，起到了解释的作用。

所以，选择 E 项。

【题 5】

【答案】C

【解析】第一步：简化题干的关键现象。

现象：孩子在 5 岁前每天看电视超过 2 小时，他们长大后出现行为问题的风险将会增加。

第二步：预判优选项，排除干扰项。

优选项是与"看电视时间长"相关的 C、E 项。

C 项，看电视时间过长，会影响孩子与他人打交道，与题干话题一致。

E 项，影响身心发展≠出现行为问题，与题干话题无关，排除。

所以，选择 C 项。

三、技巧总结

技巧 74：解释现象与矛盾，根据问题来判断，注意除了的问题，确定题型找关键。

技巧 75：解释矛盾的重点，通过转折找核心，部分解释不优选，他因解释很关键。

技巧 76：解释现象的题型，圈出题干的重点，再与选项做比较，排除相似干扰项。

第二十四讲 评价题型

一、题型精讲

1. 题型特点

若题目要求对"前提→结论"的论证方式或论证关系做出评价，则主要评价"论证的推理过程"，即主要针对的是推理成立的隐含假设寻找一个能够对推理过程起到正反两方面作用的选项。

评价题型常见的提问方式：

（1）以下哪项的回答最有助于评价上面的论述？

（2）为了对上述论证做出评价，回答以下哪项最重要？

（3）如果上述结论可信，那么以下哪项对上述论证的评价最恰当？

2. 应对方法

（1）简化题干的论证结构词，找缺失的关键信息；

（2）选项代入验证，如果回答"是"则是支持论证，如果回答"否"就是削弱论证。

【例】针对某种溃疡最常用的一种疗法可在 6 个月内将 44% 的患者的溃疡完全治愈。针对这种溃疡的一种新疗法在 6 个月的试验中使治疗的 80% 的溃疡取得了明显改善，61% 的溃疡得到了痊愈。由于该试验只治疗了那些病情比较严重的溃疡，因此这种新疗法显然在疗效方面比最常用的疗法更显著。

对下列哪项的回答能最有效地对上文论述做出评价？

A. 这两种疗法使用的方法有何不同？

B. 这两种疗法的使用成本是否存在很大差别？

C. 在 6 个月中以最常用疗法治疗的该种溃疡的患者中，有多大比例取得了明显改善？

D. 这种溃疡如果不进行治疗的话，病情显著恶化的速度有多快？

E. 在参加 6 个月的新疗法试验的患者中，有多大比例的人对康复的比例不满意？

【答案】C

【解析】第一步：简化题干论证结构。

结构词：因此。

前提：（1）某种溃疡最常用疗法在 6 个月内将 44% 的患者的溃疡完全治愈；（2）新疗法在 6 个月内使 61% 的溃疡得到了痊愈，80% 的溃疡取得了明显改善。

结论：新疗法显然在疗效方面比最常用的疗法更显著。

第二步：分析论证关系。

要得出结论"新疗法比最常用的疗法更好"，就需要说明新疗法中"明显改善"的比例也高于最常用疗法。

第三步：预判优选项，排除干扰项。

与论证话题最相关的优选项只有 C 项。

C 项，若比例大于 80% 就削弱了论证，若比例小于等于 80% 就支持了论证，能起到正反两方面的作用。

所以，选择 C 项。

二、强化训练

【题1】我国博士研究生中女生的比例近年来有显著的增长。说明这一结论的一组数据是：2000 年，报考博士生的女性考生的录取比例是 30%；而 2004 年这一比例上升为 45%。另外，这两年报考博士生的考生中男女的比例基本不变。

为了评价上述论证，对 2000 年和 2004 年的以下哪项数据进行比较最为重要？

A. 报考博士生的男性考生的录取比例。

B. 报考博士生的考生的总数。

C. 报考博士生的女性考生的总数。

D. 报考博士生的男性考生的总数。

E. 报考博士生的考生中报考理工科的比例。

【题2】随着年龄的增长，人体对卡路里的日需求量逐渐减少，而对维生素的需求却日趋增多。因此，为了摄取足够的维生素，老年人应当服用一些补充维生素的保健品，或者应当注意比年轻时食用更多的含有维生素的食物。

为了对上述断定做出评价，回答以下哪个问题最为重要？

A. 对老年人来说，人体对卡路里需求量的减少幅度，是否小于对维生素需求量的增加幅度？

B. 保健品中的维生素，是否比日常食品中的维生素更易被人体吸收？

C. 缺乏维生素所造成的后果，对老年人是否比对年轻人更严重？

D. 一般地说，年轻人的日常食物中的维生素含量，是否较多地超过人体的实际需要？

E. 保健品是否会产生危害健康的副作用？

参考答案与解析

【题1】

【答案】A

【解析】第一步：简化题干论证结构。

前提：（1）2004 年比 2000 年报考博士生的女性考生的录取比例上升；（2）这两年报考博士生的考生中男女的比例基本不变。

结论：我国博士研究生中女生的比例近年来有显著的增长。

第二步：预判优选项，排除干扰项。

前提与结论的核心数据都是"比例"，所以优选项也是与比例相关的 A、E 项。

A 项，代入题干，如果在 2000 年到 2004 年，报考博士生的男性考生的录取比例没有太大的增长，则支持题干的结论；若男性考生的录取比例也增大了，说明录取人数整体增长，博士生中女生比例未必增加，削弱了论证。

E 项，"理工科"的话题与题干"女生"无关，排除。

所以，选择 A 项。

【题 2】

【答案】D

【解析】第一步：简化题干论证结构。

前提：（1）随着年龄的增长，人体对卡路里的日需求量逐渐减少，而对维生素的需求却日趋增多；（2）老年人应当服用一些补充维生素的保健品，或比年轻时食用更多的含有维生素的食物（方法）。

结论：为了摄取足够的维生素。（目的）

第二步：预判优选项，排除干扰项。

优选项是与题干话题一致，有"维生素含量"的 A、D 项。

A 项，与论证话题无关，排除。

D 项，代入题干，老年人应当注意比年轻时食用更多含有维生素的食物，那么年轻人的食物中维生素是否过多呢？如果过多，就不需要补充更多的维生素，削弱论证；如果没有过多，就需要补充更多的维生素，支持论证。

所以，选择 D 项。

三、技巧总结

技巧 77：论证核心要简化，找准缺失的关键，选项代入做验证，支持削弱都要有。

第二十五讲　对话分歧题型

一、题型精讲

1. 题型特点

对话分歧题型的特点是双方在同一个问题上存在不同的分析，需要在选项中找到分歧的焦点。分歧的焦点可以是观点，也可以是理由。

对话分歧题型常见的提问方式：

（1）以下哪项是双方分歧的焦点？

（2）以下哪项是双方争论的焦点？

2. 应对方法

（1）分别简化双方题干的论证结构，注意双方对话时省略的内容；

（2）先找双方讨论的焦点，再找分歧点。

【例1】郑女士：衡远市过去十年的 GDP（国内生产总值）增长率比易阳市高，因此衡远市的经济前景比易阳市好。

胡先生：我不同意你的观点。衡远市的 GDP 增长率虽然比易阳市高，但易阳市的 GDP 数值却更大。

以下哪项最为准确地概括了郑女士和胡先生争议的焦点？

A. 易阳市的 GDP 数值是否确实比衡远市大？

B. 衡远市的 GDP 增长率是否确实比易阳市高？

C. 一个城市的 GDP 数值大，是否经济前景一定好？

D. 一个城市的 GDP 增长率高，是否经济前景一定好？

E. 比较两个城市的经济前景，GDP 数值与 GDP 增长率哪个更重要？

【答案】E

【解析】第一步：简化题干论证结构。

郑女士：衡远市的 GDP 增长率比易阳市高（前提）→衡远市的经济前景比易阳市好（结论）。

胡先生：易阳市的 GDP 数值比衡远市大（前提）→衡远市的经济前景不如易阳市好（结论）。

第二步：预判优选项，排除干扰项。

两人的焦点是结论，分歧是判断经济前景的依据，所以优选项是和"GDP 数值与 GDP 增长率"相关的 E 项。GDP 数值与 GDP 增长率哪个对城市的经济前景更重要，准确地说明了分歧。

A、C 项，仅与胡先生的话题有关，排除。

B、D 项，仅与郑女士的话题有关，排除。

所以，选择 E 项。

【燚语点拨】对话焦点题常见干扰项是仅与其中一人的话题相关的选项。

【例 2】甲：每年数以百计的交通事故都归因于我市街道条件太差，因此必须维修道路以挽救生命。

乙：城市可用少于维修街道的花费来改进其众多运输系统，从而大大减少交通拥挤，这对避免交通事故大有裨益。城市负担不起同时进行两项改善，因此它应该改进众多运输系统，因为除了能减少交通拥挤，还有其他好处。

下列哪项最好地描述了甲和乙争论的观点？

A. 某一问题实际上是否存在。

B. 某一问题怎样出现。

C. 谁负责处理某一问题。

D. 该城市是否有足够的财力来处理某一问题。

E. 城市如何能够最佳地处理好某一问题。

【答案】E

【解析】第一步：简化题干论证结构。

甲的论证：街道条件差造成交通事故（前提）→维修道路减少交通事故（结论）。

乙的论证：改进运输系统可以避免交通事故，还有其他好处（前提）→应该改进运输系统（结论）。

第二步：预判优选项，排除干扰项。

两人的焦点是"减少交通事故"，分歧是用哪个方法更好，优选项是 E 项"城市如何能够最佳地处理好某一问题"。

A、B、C 项与题干话题无关；D 项仅与乙的部分话题相关。

所以，选择 E 项。

二、强化训练

【题 1】陈先生：未经许可侵入别人的电脑，就好像开偷来的汽车撞伤了人，这些都是犯罪行为。但后者性质更严重，因为它既侵占了有形财产，又造成了人身伤害，而前者只是在虚拟世界中捣乱。

林女士：我不同意。例如，非法侵入医院的电脑，有可能扰乱医疗数据，甚至危及病人的生命。因此，非法侵入电脑同样会造成人身伤害。

以下哪项最为准确地概括了两人争论的焦点？

A. 非法侵入别人电脑和开偷来的汽车伤人是否同样会危及人的生命？

B. 非法侵入别人电脑和开偷来的汽车伤人是否同样构成犯罪？

C. 非法侵入别人电脑和开偷来的汽车伤人是否是同样性质的犯罪？

D. 非法侵入别人电脑犯罪性质是否和开偷来的汽车伤人一样严重？

E. 是否只有侵占有形财产才构成犯罪？

【题2】赵明与王洪都是某高校辩论协会成员，在为今年华语辩论赛招募新队员问题上，两人发生了争执。

赵明：我们一定要选拔喜爱辩论的人。因为一个人只有喜爱辩论，才能投入精力和时间研究辩论并参加辩论赛。

王洪：我们招募的不是辩论爱好者，而是能打硬仗的辩手。无论是谁，只要能在辩论赛中发挥应有的作用，他就是我们理想的人选。

以下哪项最可能是两人争论的焦点？

A. 招募的标准是对辩论的爱好还是辩论的能力。

B. 招募的标准是从现实出发还是从理想出发。

C. 招募的目的是为了集体荣誉还是满足个人爱好。

D. 招募的目的是为了培养新人还是赢得比赛。

E. 招募的目的是研究辩论规律还是培养实战能力。

参考答案与解析

【题1】

【答案】D

【解析】第一步：简化题干论证结构。

陈先生：侵入别人电脑与开偷来的车撞伤人比（前提），后者犯罪性质更严重（结论）。

林女士：侵入别人电脑可能会危及病人生命（前提），侵入电脑的犯罪性质不比后者轻（结论）。

第二步：预判优选项，排除干扰项。

两人共同的话题是对"非法侵入别人电脑和开偷来的汽车伤人"的犯罪性质进行比较。

分歧是陈先生觉得"汽车伤人"犯罪性质更严重，林女士认为"侵入别人电脑"犯罪性质不比其轻。优选项是与"犯罪性质严重程度"相关的D项。

A项，"是否同样会危及人的生命"仅林女士提及，排除。

B项，"是否同样构成犯罪"仅陈先生提及，排除。

C项，"是否是同样性质的犯罪"是与题干相似但是无关的干扰项，该项只是在界定两种犯罪的性质是否相同，例如后者是刑事罪，前者是民事罪，与"犯罪性质哪个更严重"无关，排除。

D项，核心词是"犯罪性质是否一样严重"，陈先生认为不一样，林女士认为一样。

E项，"是否只有侵占有形财产才构成犯罪"与论证话题无关，两人都认为是犯罪，排除。

所以，选择D项。

【题2】

【答案】A

【解析】第一步：简化题干论证结构。

赵明：选拔喜爱辩论的人。

王洪：招募能打硬仗的辩手。

第二步：预判优选项，排除干扰项。

两人的焦点是选拔标准，分歧是选拔"喜爱辩论的辩手"还是"能力强的辩手"。

优选项是针对分歧的选项，即A项"招募的标准是对辩论的爱好还是辩论的能力"。

所以，选择A项。

三、技巧总结

技巧78：对话分歧的难点，简化双方的论证，先找对话的焦点，再看双方的分歧。

技巧79：对话分歧的干扰，仅与某人话相关，部分相关要排除，无关话题快排除。

【练1】自从 20 世纪中叶化学工业在世界范围内成为一个产业以来，人们担心造成的污染将会严重影响人类的健康。但统计数据表明，这半个世纪以来，化学工业发达的国家的人均寿命增长率，大大高于化学工业不发达的发展中国家。因此，人们关于化学工业危害人类健康的担心是多余的。

以下哪项是上述论证必须假设的？

A. 20 世纪中叶，发展中国家的人均寿命低于发达国家。

B. 如果出现发达的化学工业，发展中国家的人均寿命增长率会因此更低。

C. 如果不出现发达的化学工业，发达国家的人均寿命增长率不会因此更高。

D. 化学工业带来的污染与它带给人类的巨大效益相比是微不足道的。

E. 发达国家在治理化学工业污染方面投入巨大，效果明显。

【练2】一个部落或种族在历史的发展中灭绝了，但它的文字会留传下来。"亚里洛"就是这样一种文字。考古学家是在内陆发现这种文字的。经研究，"亚里洛"中没有表示"海"的文字，但有表示"冬""雪""狼"的文字。因此，专家们推测，使用"亚里洛"文字的部落或种族在历史上生活在远离海洋的寒冷地带。

以下哪项如果为真，最能削弱上述专家的推测？

A. 蒙古语中有表示"海"的文字，尽管古代蒙古人从没见过海。

B. "亚里洛"中有表示"鱼"的文字。

C. "亚里洛"中有表示"热"的文字。

D. "亚里洛"中没有表示"山"的文字。

E. "亚里洛"中没有表示"云"的文字。

【练3】科学家们发现，一种曾在美洲普遍栽培的经济作物比目前的主食作物，如大米和小麦，含有更多的蛋白质成分。科学家们宣称，推广这种作物，对那些人口稠密、人均卡路里和蛋白质摄入量均不足的国家是很有利的。

下列哪项如果为真，最能对科学家的宣称构成质疑？

A. 这种作物的亩产量大大低于目前主食作物的亩产量。

B. 许多重要的食物如西红柿，都原产于美洲。

C. 小麦蛋白质含量比大米高。

D. 这种作物的卡路里含量高于目前主食作物的含量。

E. 只有 20 种不同的作物提供了地球上主要的食物供应。

【练4】由于含糖饮料的卡路里含量高，容易导致肥胖，因此无糖饮料开始流行。经过一段时期的调查，李教授认为：无糖饮料尽管卡路里含量低，但不意味着它不会导致体重增加。因为无糖饮料可能导致人们对于甜食的高度偏爱，这意味着可能食用更多的含糖类食物。而且无糖饮料几乎没什么营养，喝得过多就限制了其他健康饮品的摄入，比如茶和果汁等。

以下哪项如果为真，最能支持李教授的观点？

A. 茶是中国的传统饮料，长期饮用有益健康。

B. 有些瘦子也爱喝无糖饮料。

C. 有些胖子爱吃甜食。

D. 不少胖子向医生报告他们常喝无糖饮料。

E. 喝无糖饮料的人很少进行健身运动。

【练5】甲：如果一件艺术作品的复制品与其真品看起来没有差别，那么复制品应与其真品等值。毕竟，如果两件作品看起来没有差别，那么它们具有相同的质量；如果它们拥有相同的质量，价格应该相等。

乙：你对艺术的理解太肤浅了！即使某个人可以复制视觉上不能与其真品区分开来的完美复制品，但是复制品与真品的历史不同，因此，就不会与真品有相同的质量。

下面哪一个是甲、乙争论的焦点？

A. 一件艺术作品的复制品是否能在视觉上与真品区分不开。

B. 对一件艺术作品的再创造是否会比真品更值钱。

C. 一件艺术作品的复制品是否会被误认为是真品。

D. 一件艺术作品的复制品是否在质量上与真品的所有方面都一样。

E. 独创性是否是艺术作品拥有的唯一有价值的属性。

【练6】人类学家发现早在旧石器时代，人类就有了死后复生的信念。在发掘出的那个时代的古墓中，死者的身边有衣服、饰物和武器等陪葬物，这是最早的关于人类具有死后复生信念的证据。

以下哪项是上述议论所假定的？

A. 死者身边的陪葬物是死者生前所使用过的。

B. 死后复生是大多数宗教信仰的核心信念。

C. 宗教信仰是大多数古代文明社会的特征。

D. 放置陪葬物是后人表示对死者的怀念与崇敬。

E. 陪葬物是为了给死者在复生后使用而准备的。

【练7】戏剧演员和戏曲演员不同，戏剧演员要想成功，必须通过表演特点反映相关观众的兴趣点和价值观来给观众带来乐趣。一个戏曲演员需要几年才能成名，但戏剧演员必须是一举成名，否则便会销声匿迹。因此，我国目前获得成功的戏剧演员的表演特点是当今时代典型品位和态度的反映。

上文的作者假定：

A. 戏曲演员的表演特点不用符合现代观众的口味。

B. 戏剧作为一种叙述艺术要比戏曲更高级。

C. 当今的戏剧观众是当代所有人口的代表。

D. 去剧院的人和看戏曲的人是两个不同的群体。

E. 当今的戏剧牺牲了评论界的赞誉，在大众间取得了成功。

【练 8】发达国家中冠心病的发病率是发展中国家的将近三倍。有人认为，这要归咎于发达国家中人们高脂肪、高蛋白、高热量的食物摄入。相对来说，发展中国家较少有人具有生这种"富贵病"的条件。其实，这种说法很难成立。因为它忽略了这样一个事实：目前发达国家的人均寿命高于 70 岁，而发展中国家则不到 50 岁。

以下哪项如果为真，最能加强上述反驳？

A. 一般地说，一个人的寿命越长，在其有生之年患有某种疾病的概率越高。

B. 统计资料显示，冠心病相对集中地出现在中老年阶段，即 45 岁以上。

C. 发展中国家的人们的高脂肪、高蛋白、高热量食物的摄入量，无论是总量还是人均量，都在逐年增长。

D. 目前冠心病患者呈年轻化趋势。

E. 相对于发展中国家来说，发达国家的人们具有较多的防治冠心病的知识和较好的医疗条件。

【练 9】成品油生产商的利润很大程度上受国际原油市场价格的影响，因为大部分原油是按国际市场价购进的。近年来，随着国际原油市场价格的不断提高，成品油生产商的运营成本大幅度增加，但某国成品油生产商的利润并没有减少，反而增加了。

以下哪项如果为真，最有助于解释上述看似矛盾的现象？

A. 原油成本只占成品油生产商运营成本的一半。

B. 该国成品油价格根据市场供需确定，随着国际原油市场价格的上涨，该国政府为成品油生产商提供了相应的补贴。

C. 在国际原油市场价格不断上涨期间，该国成品油生产商降低了个别高薪雇员的工资。

D. 在国际原油市场价格上涨之后，除进口成本增加外，成品油生产的其他成本也有所提高。

E. 该国成品油生产商的原油有一部分来自国内，这部分受国际市场价格波动影响较小。

【练 10】新西兰奥克兰大学的研究人员与来自英国和美国的研究小组在 4 年内共同对将近 12 万名老人进行了 11 项调查。其中一半的老人服用钙片，而另一半则服用没有药物成分的安慰剂。结果显示，前一组当中，每 1 000 人中突发心肌梗塞、中风甚至死亡的案例比后一组分别多 14 起、10 起和 13 起。因此服用钙片更容易诱发心肌梗塞、中风和其他心血管疾病。

以下哪项最能反驳上述结论？

A. 诱发心肌梗塞、中风和其他心血管疾病的因素很复杂，不能简单地归结为服用钙片。

B. 选择服用钙片的老人大都身体较弱，并且患有程度不同的心血管疾病。

C. 有的老人把发给他们的钙片偷偷扔掉了，并没有全都服用。

D. 没有充分的证据证明钙片会增加患心脏病的风险。

E. 服用安慰剂组的这一半老人平均年龄比服用钙片组的老人要年轻近 2 岁。

【练 11】新挤出的牛奶中含有溶菌酶等抗菌活性成分。将一杯原料奶置于微波炉加热至 50 度，其溶菌酶活性降低至加热前的 50%。但是，如果用传统热源加热原料奶至 50 度，其溶菌酶活性几乎与加热前一样，因此，对酶产生失活作用的不是加热，而是产生热量的微波。

以下哪项如果属实，最能削弱上述论证？

A. 将原料奶加热至 100 度，其中的溶菌酶会完全失活。

B. 加热对原料奶酶的破坏可通过添加其他酶予以补偿，而微波对酶的破坏却不能补偿。

C. 用传统热源加热液体奶达到 50 度的时间比微波炉加热至 50 度的时间长。

D. 经微波炉加热的牛奶口感并不比用传统热源加热的牛奶口感差。

E. 微波炉加热液体会使内部的温度高于液体表面达到的温度。

【练 12】调查表明，最近几年来，成年人中患肺结核的病例逐年减少。但是，以此还不能得出肺结核发病率逐年下降的结论。

以下哪项如果为真，最能加强上述论证？

A. 上述调查的重点是在城市，农村中肺结核的发病情况缺乏准确的统计。

B. 肺结核早就不是不治之症。

C. 和心血管病、肿瘤等比较，近年来对肺结核的防治缺乏足够的重视。

D. 防治肺结核病的医疗条件近年来有较大的改善。

E. 近年来未成年人中的肺结核病例明显增多。

【练 13】在 19 世纪，英国的城市人口增加而乡村人口减少。一位历史学家推论说，工业化并非这种变化的原因。这种变化产生于人口向城市地区的一系列的迁移，每次迁移都是由农业经济的衰退引起的。为了检验这个假说，这位历史学家打算将经济数据与人口调查数据进行比较。

下列哪项如果为真，将为这位历史学家提供最有力的支持？

A. 工业经济增长最快的时期伴随着同样迅速的乡村人口的减少。

B. 农业经济增长最慢的时期伴随着同样慢的人口增长。

C. 当农业经济相对强劲而工业经济相对疲软时，伴随着特别快速的乡村人口减少。

D. 当农业经济和工业经济都强劲时，伴随着城市人口的快速增长。

E. 在农业经济最强劲时，伴随着城市人口的相当低的增长速度。

【练 14】宏达山钢铁公司由五个子公司组成。去年，其子公司火龙公司试行与利润挂钩的工资制度，其他子公司则维持原有的工资制度。结果，火龙公司的劳动生产率比其他子公司的平均劳动生产率高出 13%。因此，在宏达山钢铁公司实行与利润挂钩的工资制度有利于提高该公司的劳动生产率。

以下哪项如果为真，**最能削弱**上述论证？

A. 实行了与利润挂钩的工资制度后，火龙公司从其他子公司挖走了不少人才。

B. 宏达山钢铁公司去年从国外购进的先进技术装备，主要用于火龙公司。

C. 火龙公司是三年前组建的，而其他子公司都有 10 年以上的历史。

D. 红塔钢铁公司去年也实行了与利润挂钩的工资制度，但劳动生产率没有明显提高。

E. 宏达山公司的子公司金龙钢铁公司去年没有实行与利润挂钩的工资制度，但它的劳动生产率比火龙公司略高。

【练 15】人们对于搭乘航班的恐惧其实是毫无道理的。据统计，2005 年，全世界死于地面交通事故的人数超出 80 万，而在自 2000 年至 2009 年的 10 年间，全世界平均每年死于空难的还不到 500 人，而在这 10 年间，我国平均每年罹于空难的还不到 25 人。

为了评价上述论证的正确性，回答以下哪个问题**最为重要**？

A. 在上述 10 年间，我国平均每年有多少人死于地面交通事故？

B. 在上述 10 年间，我国平均每年有多少人加入地面交通，有多少人加入航运？

C. 在上述 10 年间，全世界平均每年有多少人加入地面交通，有多少人加入航运？

D. 在上述 10 年间，2005 年全世界死于地面交通事故的人数是否是最高的？

E. 在上述 10 年间，哪一年死于空难的人数最多？人数是多少？

【练 16】一项关于婚姻状况的调查显示，那些起居时间明显不同的夫妻之间，虽然每天相处的时间相对较少，但每月爆发激烈争吵的次数，比起那些起居时间基本相同的夫妻明显要多。因此，夫妻之间应当注意尽量保持基本相同的起居规律，以便维护良好的夫妻关系。

以下哪项如果为真，**最能削弱**上述论证？

A. 夫妻间不发生激烈争吵，不一定关系就好。

B. 夫妻闹矛盾时，一方往往用不同时间起居的方式以示不满。

C. 个人的起居时间一般随季节变化。

D. 起居时间的明显变化会影响人的情绪和健康。

E. 起居时间的不同很少是夫妻间争吵的直接原因。

【练 17】对常兴市 23 家老人院的一项评估显示，爱慈老人院在疾病治疗水平方面受到的评价相当低，而在其他不少方面评价不错。虽然各老人院的规模大致相当，但爱慈老人院医生与住院老人的比率在常兴市的老人院中几乎是最小的。因此，医生数量不足是造成爱慈老人院在疾病治疗水平方面评价偏低的原因。

以下哪项如果为真，**最能加强**上述论证？

A. 和祥老人院也在常兴市，对其疾病治疗水平的评价比爱慈老人院还要低。

B. 爱慈老人院的医务护理人员比常兴市其他老人院都要多。

C. 爱慈老人院的医生发表的相关学术文章很少。

D. 爱慈老人院位于常兴市的市郊。

E. 爱慈老人院某些医生的医术一般。

【练18】某校的一项抽样调查显示：该校经常泡网吧的学生中家庭经济条件优越的占80%；学习成绩下降的也占80%。因此家庭条件优越是学生泡网吧的重要原因，泡网吧是学习成绩下降的重要原因。

以下哪项为真，最能削弱上述论证？

A. 该校位于高档住宅区且学生9成以上家庭条件优越。

B. 经过清理整顿，该校周围网吧符合规范。

C. 有的家庭条件优越的学生并不泡网吧。

D. 家庭条件优越的家长并不赞成学生泡网吧。

E. 被抽样调查的学生占全校学生的30%。

【练19】目前，北京市规定在公共场所禁止吸烟。京华大学国际工商学院将自己的教学楼整个划定为禁烟区，结果发现有不少人在教学楼厕所里偷偷吸烟，这一情况违反了法规和校纪。有人建议，应当把教学楼的厕所定为吸烟区，这样，将使得烟民们有一个抽烟的地方而不会违反规定。

下列哪项如果为真，最能削弱上述建议的可行性？

A. 新的规定会把厕所的卫生和环境搞得非常糟糕，对不吸烟的人是不公平的。

B. 抽烟的人会使厕所变成一个"烟囱"，而且不利于烟民们戒烟。

C. 当新规定实施后，那些烟民中的有些人又会逐渐在教学楼厕所以外的禁烟区吸烟。

D. 在厕所吸烟的人多了，在其他戒烟区发现违法者的可能性就小多了。

E. 这个新规定对于解决因为吸烟造成的学生宿舍失火的问题不起作用。

【练20】最近的战争中，在一场激烈的战斗中执行任务的医疗人员，即使是那些免受身体伤害的，比起那些在不太激烈的战斗中执行任务的医疗人员来，现在都显得收入较低而离婚率较高，而且在关于总体幸福感的心理状况测试中得分也较低。这一证据证明：即使没有受到身体伤害，身处激烈的战斗环境也会对人产生严重的不利影响。

下列哪项如果为真，最能加强上文推出的结论？

A. 服役前，在激烈的战斗中执行任务的医疗人员比其他医疗人员所受的学校教育要少。

B. 在激烈的战斗中执行任务的医疗人员比其他医疗人员在入伍时更年轻。

C. 在激烈的战斗中执行任务的医疗人员的父母与其他医疗人员的父母相比，在收入、离婚率以及总体幸福感方面都没有显示出明显的差别。

D. 在激烈的战斗中执行任务的医疗人员当建筑工人时所具有的收入水平、离婚率以及总体幸福感水平与原来是相同的。

E. 在激烈的战斗中执行任务的医疗人员与在更早前的战斗中执行任务的其他医疗人员相比，在收入、离婚率以及总体幸福感方面都没有显示出明显的差别。

参考答案与解析

【练1】

【答案】C

【解析】第一步：简化题干论证结构。

前提：化学工业发达的国家比化学工业不发达的发展中国家人均寿命增长率更高。

结论：化学工业不会危害人类健康。

第二步：分析论证关系。

前提列举的现象"化学工业发达的国家人均寿命增长率更高"不能直接说明化学工业对人均寿命没有影响，需要排除"因果倒置"，即不是因为人均寿命高促进了化学工业的发达，或者证明"无因无果"，即这些国家如果没有发达的化学工业，人均寿命增长率不会更高。

第三步：预判优选项，排除干扰项。

优选项是与核心词"化学工业"和"人均寿命"均相关的B、C项。

B项，出现发达的化学工业降低了发展中国家的人均寿命增长率，削弱了结论，排除。

C项，采用"无因无果"的方法建立了论证的因果关系。

所以，选择C项。

【燚语点拨】本题中"健康"与"寿命"为等价关系，考生在简化论证时只需精简核心概念即可。

【练2】

【答案】E

【解析】第一步：简化题干论证结构。

问题：最能削弱上述专家的推测，确定读题的重点。

结构词：因此。

前提："亚里洛"中没有表示"海"的文字。（现象）

结论：使用"亚里洛"文字的部落或种族在历史上生活在远离海洋的寒冷地带。（断定）

第二步：分析论证关系。

没有某文字，就得出这个地方不存在这个现象，考虑用"有因无果"的方法削弱，即没有某文字，但这个地方存在这个现象。

第三步：预判优选项，排除干扰项。

优选项是"没有某文字"的D、E项。

D项，没有表示"山"的文字，但这个地方是否有山并不知道，不能否定论证关系，排除。

E项，没有表示"云"的文字，但这个地方一定有云，正确。

A项，"蒙古语"与题干中的"亚里洛"无关，排除。

B、C项，虽然有表示"鱼""热"的文字，但这个地方是否存在对应现象无法判断，排除。

所以，选择E项。

【练3】

【答案】A

【解析】第一步：简化题干论证结构。

前提：某种经济作物比主食作物含有更多的蛋白质成分。

结论：这种作物对人口稠密、人均卡路里和蛋白质摄入量均不足的国家是很有利的。

第二步：分析论证关系。

前提仅保证了某种经济作物蛋白质含量高的优势，但结论却得出这种经济作物在人均卡路里和蛋白质方面都有优势的结论，论证中没有说明"该种经济作物的产量或卡路里含量比主食作物高"。

第三步：预判优选项，排除干扰项。

优选项是指出"该种经济作物与主食作物有其他差异"的A、D项。

A项，"这种经济作物比主食作物的产量低"削弱了论证的关系。

D项，"这种经济作物比主食作物的卡路里含量高"支持论证，排除。

所以，选择A项。

【练4】

【答案】D

【解析】第一步：简化题干论证结构。

问题：支持李教授的观点，确定读题重点。

论点：无糖饮料会导致体重增加。

第二步：预判优选项，排除干扰项。

优选项是与"无糖饮料和体重"相关的B、D项。

B项，"有些瘦子也爱喝无糖饮料"削弱了观点，排除。

D项，"不少胖子经常喝无糖饮料"支持了观点。

所以，选择D项。

【练5】

【答案】D

【解析】第一步：简化题干论证结构。

甲：艺术作品的复制品与其真品看起来没有差别（前提）→它们具有相同的质量（结论）。

乙：艺术作品的复制品与其真品的历史不同（前提）→复制品不会与其真品有相同的质量（结论）。

第二步：预判优选项，排除干扰项。

甲、乙的分歧是"复制品与其真品的质量是否相同"，与之相关的只有D项，所以，选择D项。

【练6】

【答案】E

【解析】第一步：简化题干论证结构。

前提：死者的身边有陪葬物。

结论：这是最早的关于人类具有死后复生信念的证据。

第二步：分析论证关系。

"陪葬物"与"死后复生"属于不同的话题，直接建立两者的关系。

第三步：预判优选项，排除干扰项。

优选项是与核心词"陪葬物"与"死后复生"均相关的选项，只有E项。

E项，"陪葬物是为了给死者在复生后使用而准备的"建立了前提与结论的关系，正确。

【练7】

【答案】C

【解析】第一步：简化题干论证结构。

前提：戏剧演员要想成功，必须通过表演特点（a）反映相关观众的兴趣点和价值观来给观众带来乐趣（b）。

结论：我国目前获得成功的戏剧演员的表演特点（a）是当今时代典型品位和态度的反映（c）。

第二步：分析论证关系。

题干的论证结构是 ab → ac，直接建立 b 和 c 的关系即可。

第三步：预判优选项，排除干扰项。

优选项是核心词"相关观众的兴趣点和价值观"与"当今时代品味和态度的反映"均有提及的选项，只有C项。

其他选项与论证话题无关，排除。所以，选择C项。

【练8】

【答案】B

【解析】第一步：简化题干论证结构。

问题：加强上述反驳，确定读题重点。

前提：目前发达国家的人均寿命高于70岁，而发展中国家则不到50岁。

结论：发达国家比发展中国家冠心病发病率高的原因，不是高脂肪、高蛋白、高热量的食物摄入。

第二步：分析论证关系。

要支持论证就要说明更长的寿命可能更容易导致冠心病。

第三步：预判优选项，排除干扰项。

优选项是补充"寿命长与冠心病有关"的A、B项。

A 项，说明"寿命越长，越容易患某种疾病"，某种疾病≠冠心病，范围扩大，降低力度。

B 项，说明"冠心病大多集中在 45 岁以上"，而发展中国家人均寿命不到 50 岁，与此相对，发达国家人均寿命高于 70 岁，说明发展中国家的人相对于发达国家更没机会得冠心病，补充了新论据支持了论证。

所以，选择 B 项。

【燚语点拨】题干有年龄的具体数值，优中选优的原则是选择与题干话题最接近的相关选项。

【练 9】

【答案】B

【解析】第一步：通过转折词找到矛盾现象。

转折词：但。

现象 1：随着国际原油市场价格的不断提高，成品油生产商的运营成本大幅度增加。

现象 2：某国成品油生产商的利润并没有减少，反而增加了。

第二步：预判优选项，排除干扰项。

运营成本增加但利润也增加，只要说明有其他成本降低或收入增加，即可解释矛盾现象。

A 项，间接肯定了某国成品油成本增加，没有解释矛盾，排除。

B 项，用他因"成本补贴"解释了矛盾，且选项的内容与题干话题最相关。

C 项，降低雇员的工资属于特例，力度弱，排除。

D 项，"成品油生产的其他成本也有所提高"加强了矛盾，排除。

E 项，"受国际市场价格波动影响较小"也是受到了影响，没有解释矛盾，排除。

所以，选择 B 项。

【练 10】

【答案】B

【解析】第一步：简化题干论证结构。

结构词：因此。

前提：现象 1，一半老人服用钙片，另一半老人服用没有药物成分的安慰剂；现象 2，前一组比后一组中突发心肌梗塞、中风甚至死亡的案例多。（现象 1＋现象 2）

结论：服用钙片更容易诱发心肌梗塞、中风和其他心血管疾病。（因果关系）

第二步：分析论证关系。

两个现象同时列举，不一定说明是钙片的差异导致疾病的差异，也可能是老人的身体本身就存在疾病的差异。从"因果倒置"而言，是前一组老人身体有心血管疾病导致需要吃钙片；从"他因削弱"而言，是因为两组老人的身体本身就存在差异，前一组身体更差，得心血管疾病概率更高，而不是钙片的原因。

第三步：预判优选项，排除干扰项。

A 项，虽然有削弱作用，但是也没有否定钙片的影响，态度不明确。

B 项，选择服用钙片的老人本身就患有心血管疾病，用"因果倒置"的方法削弱论证关系，力度最大。

E 项，虽然指出他因，但是年纪大不一定就会得心血管疾病，与题干关联弱，排除。

所以，选择 B 项。

【燚语点拨】因果削弱力度大小的排序是：因果倒置 > 有因无果 > 他因削弱 > 无因有果。

【练 11】

【答案】E

【解析】第一步：简化题干论证结构。

结构词：因此。

前提：现象 1，原料奶在微波炉加热至 50 度，溶菌酶活性降低；现象 2，用传统热源加热原料奶至 50 度，溶菌酶活性没变。（现象 1+ 现象 2）

结论：对酶产生失活作用的不是加热，而是产生热量的微波。（因果关系）

第二步：分析论证关系。

论证判断是加热方式的差异导致溶菌酶活性的差异，用"他因削弱"的方法削弱，即有其他原因影响溶菌酶活性，但是他因的内容要与论证前提及结论的内容都相关，力度才更强。

第三步：预判优选项，排除干扰项。

A、C、D 项的内容与论证话题无关，直接排除。

B 项，指出"传统加热可通过添加其他酶予以补偿酶活性，但微波不可以"，他因仅与结论有关。

E 项，微波炉加热液体会使内部的温度高于液体表面，即微波炉加热的原料奶内部温度与传统热源的不一致，他因与前提和结论都有关，力度更强。

所以，选择 E 项。

【燚语点拨】他因削弱中，新论据与前提及结论的内容都有关的削弱力度 > 部分相关的新论据的削弱力度 > 与论证话题无关的新论据的削弱力度。

【练 12】

【答案】E

【解析】第一步：简化题干论证结构。

前提：成年人中患肺结核的病例逐年减少。

结论：还不能得出肺结核发病率逐年下降的结论。

第二步：分析论证关系。

论证以成年人患肺结核的病例减少作为依据，认为以此还不能得出肺结核发病率逐年下降的结论。要支持论证，只需指出"成年人的情况不具有代表性"即可。

第三步：预判优选项，排除干扰项。

优选项是说明其他群体中患肺结核的病例增加的选项，E 项指出，未成年人中的肺结核病例明显增多，支持了论证的结论。所以，选择 E 项。

【练 13】

【答案】E

【解析】第一步：简化题干论证结构。

结构词：引起。

前提：农业经济衰退。

结论：人口向城市地区迁移。

第二步：分析论证关系。

要支持历史学家的推论，就要肯定"农业经济衰退使城市人口增加，农村人口减少"。用"无因无果"的方法，即"农业经济增长导致城市人口减少，农村人口增加"。

第三步：预判优选项，排除干扰项。

A、C、D 项，"工业经济"带来的影响与题干话题无关，注意虽然 C、D 项中有农业经济，但并不能说明是农业还是工业带来的对人口变化的影响，结果不明，直接排除。

B 项，伴随同样慢的人口增长，并不清楚是城市人口还是农村人口，排除。

E 项，用"无因无果"的方法支持了论证关系。

所以，选择 E 项。

【练 14】

【答案】B

【解析】第一步：简化题干论证结构。

结构词：因此。

前提：现象 1，宏达山钢铁公司由五个子公司组成，其中火龙公司试行与利润挂钩的工资制度，其他子公司则维持原有的工资制度；现象 2，火龙公司的劳动生产率比其他子公司的平均劳动生产率高。（现象 1+ 现象 2）

结论：宏达山钢铁公司实行与利润挂钩的工资制度有利于提高劳动生产率。（因果关系）

第二步：分析论证关系。

两个现象的差异之间，因果关系不必然成立，用"他因削弱"的方法削弱，即火龙公司与其他子公司还有另外的差别。

第三步：预判优选项，排除干扰项。

优选项一定是差比对象与题干一致的选项。

A 项，火龙公司从其他子公司挖走了不少人才，但不知道两者人才比的结果是否存在变化，可能其他子公司也招聘了不少人才，排除。

B 项，说明火龙公司与其他子公司还有别的差异，且直接影响劳动生产率，削弱了论证关系。

C 项，火龙公司比其他子公司成立时间短，与论证内容"劳动生产率"关联弱，排除。

D、E 项，这两项中的对象"红塔钢铁公司"与"金龙钢铁公司"是其他公司的特例，削弱力度弱，排除。

所以，选择 B 项。

【燚语点拨】削弱力度大小的比较必须先保证"对象一致，内容相关"。

【练 15】

【答案】C

【解析】第一步：简化题干论证结构。

结构词：据统计。

前提：（1）2005 年，全世界死于地面交通事故的人数超出 80 万；（2）2000 年至 2009 年这 10 年间，全世界平均每年死于空难的还不到 500 人。

结论：搭乘航班出行更安全。

第二步：分析论证关系。

要评价上述论证的正确性，必须要知道每年使用地面交通和搭乘航班的人数。因为在对航班和地面交通的安全性进行比较时，比较事故罹难者的绝对数量是没有意义的，正确的方法应是比较事故发生率和事故死亡率。为了进行这种比较，不光要知道统计年限内航班和地面交通事故罹难者的绝对数字，而且要知道有多少人使用地面交通，有多少人搭乘航班。

第三步：预判优选项，排除干扰项。

A、B 项，"我国"的数据与论证话题无关，排除。

C 项，补充了论证的关键信息"地面交通与航运人数的比较"，正确。

D、E 项，"2005 年死于地面交通事故的人数是否最高"与"哪年死于空难的人数最多"与论证话题无关，排除。

所以，选择 C 项。

【练 16】

【答案】B

【解析】第一步：简化题干论证结构。

结构词：因此。

前提：起居时间不同的夫妻之间，每月爆发激烈争吵的次数比起居时间基本相同的夫妻明显要多。（现象）

结论：保持基本相同的起居规律有利于维护良好的夫妻关系。（因果关系）

第二步：分析论证关系。

前提中现象的列举只能说明"起居时间与夫妻关系"存在关联，但到底是"夫妻关系影响起居时间"，还是"起居时间影响夫妻关系"在现象中难以判断。用"因果倒置"的方法削弱，即"是夫妻关系影响起居时间"；用"否定因果"的方法削弱，即"起居时间与夫妻关系无关"。

第三步：预判优选项，排除干扰项。

A 项，话题仅与题干部分内容相关，排除。

B项，用"因果倒置"的方法削弱了论证关系。

C、D项，与论证话题无关，排除。

E项，起居时间的不同"很少"是夫妻争吵的直接原因，但也可能是原因，"很少"这个程度副词降低了削弱力度。

所以，选择B项。

【练17】

【答案】B

【解析】第一步：简化题干论证结构。

结构词：因此。

前提：（1）各个老人院规模相当；（2）爱慈老人院医生与住院老人的比率比其他老人院低。

结论：医生数量不足造成了爱慈老人院在疾病治疗水平方面评价偏低。

第二步：分析论证关系。

要支持是"医生与住院老人的比率差"导致了"疾病治疗水平差"，就要说明爱慈老人院在医疗服务方面与其他老人院是相同的，甚至比其他老人院更好。

第三步：预判优选项，排除干扰项。

优选项是保证差比对象与"爱慈老人院""其他老人院"一致的B、C、D、E项。

B项，是没有他因的支持，爱慈老人院的医务护理人员比其他老人院多，排除了爱慈老人院疾病治疗水平低的原因是护理人员少，支持了论证关系。

C、D、E项，与论证内容无关，排除。

所以，选择B项。

【练18】

【答案】A

【解析】第一步：简化题干论证结构。

前提：现象1，经常泡网吧的学生中家庭经济条件优越的占80%；现象2，学习成绩下降的也占80%。（现象1+现象2）

结论：家庭条件优越导致学生泡网吧，泡网吧导致学习成绩下降。（因果关系）

第二步：分析论证关系。

题干以"数据比例"为标准判断因果关系，可以用同比削弱的方法否定论证关系。

第三步：预判优选项，排除干扰项。

优选项是与数据比例相关的A、E项。

A项，说明该校90%的学生家庭条件优越，即家庭条件优越与泡网吧没有关系，削弱了论证关系。

E项，说明调查样本少，质疑背景，力度弱，排除。

所以，选择A项。

【练 19】

【答案】C

【解析】第一步：简化题干论证结构。

问题：削弱上述建议，确定论证结构与读题重点。

结构词：建议。

前提：把教学楼的厕所定为吸烟区。（方法）

结论：烟民们有一个抽烟的地方而不会违反公共场所禁止吸烟的规定。（目的）

第二步：分析论证关系。

要削弱建议的可行性，就要证明教学楼厕所改为吸烟区后还是有人在公共场所吸烟，说明方法不能达到目的。

第三步：预判优选项，排除干扰项。

与论证话题相关的优选项为 A、C 项。

A 项，虽然有不好的结果，但如果达到了目的，就支持了方法可行，所以该项结果不明确，力度弱。

C 项，即使把厕所定为吸烟区也还是有人在禁烟区吸烟，说明方法无效，削弱了论证关系。

所以，选择 C 项。

【练 20】

【答案】C

【解析】第一步：简化题干论证结构。

前提：在激烈的战斗中执行任务的医疗人员比在不太激烈的战斗中执行任务的医疗人员的收入更低而离婚率更高，总体幸福感的心理状况测试得分也更低。

结论：身处激烈的战斗环境会对人产生严重的不利影响。

第二步：分析论证关系。

题干由前提"激烈战斗比不激烈战斗的差"得出结论"不利影响的差"，若要支持论证，需要说明两组比较对象在其他方面没有差异。

第三步：预判优选项，排除干扰项。

优选项是保证差比对象与题干一致的选项，即为"激烈战斗与不激烈战斗"的 A、B、C 项。

A、B 项，"学校教育少""入伍时更年轻"与收入、离婚率和总体幸福感的话题无关，排除。

C 项，说明参加过激烈的战斗的医疗人员在战后出现的收入较低、离婚率较高、总体幸福感较差等问题与遗传和家庭环境等因素无关，用没有他差的方法支持了论证关系。

所以，选择 C 项。